财政国库集中支付制度下推行会计核算网络监管
创新模式研究，项目编号:YY201606。

高等院校会计
GAODENG YUANXIAO KUAIJI

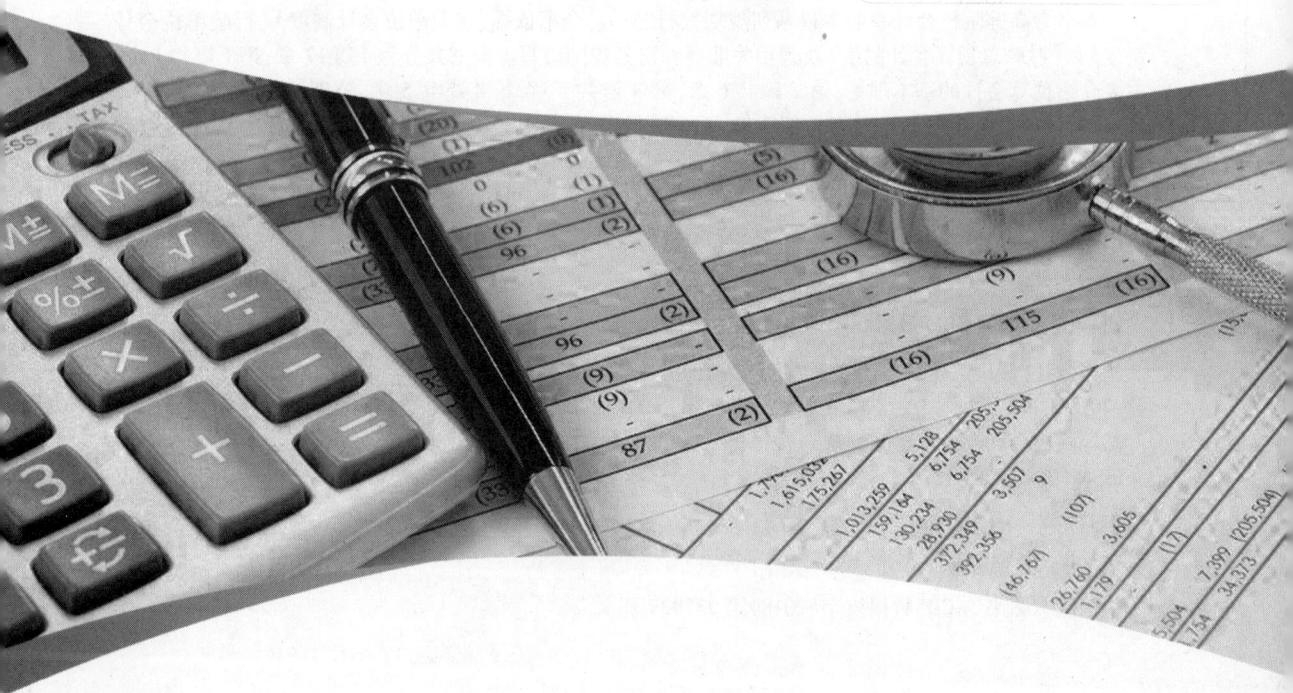

预算会计

YUSUAN KUAIJI

主 编 / 聂庆芝
副主编 / 张 艳 吴木洋

重庆大学出版社

内容提要

本书为高等院校会计专业本科系列规划教材之一。全书依据《事业单位会计制度》《行政单位会计制度》和《财政总预算会计制度》及其相关准则和财务规则编写。全书共分为4篇17章:第1篇共1章,主要介绍预算会计的基本理论;第2篇共6章,第3篇共5章,第4篇共5章,分别从资产、负债、净资产、收入、费用、会计报表等方面介绍财政总预算会计、行政单位会计和事业单位会计的核算内容和方法。

本书可作为高等院校会计专业及相关专业学生的教材,也可作为相关从业人员的培训用书。

图书在版编目(CIP)数据

预算会计/聂庆芝主编.--重庆:重庆大学出版社,2018.6

高等院校会计专业本科系列规划教材

ISBN 978-7-5689-1176-4

Ⅰ.①预… Ⅱ.①聂… Ⅲ.①预算会计—高等学校—教材 Ⅳ.①F810.6

中国版本图书馆 CIP 数据核字(2018)第 137923 号

预算会计

主 编 聂庆芝

副主编 张 艳 吴木洋

策划编辑:丁 佳

责任编辑:李定群 邹 忌 版式设计:丁 佳

责任校对:万清菊 责任印制:张 策

*

重庆大学出版社出版发行

出版人:易树平

社址:重庆市沙坪坝区大学城西路 21 号

邮编:401331

电话:(023) 88617190 88617185(中小学)

传真:(023) 88617186 88617166

网址:http://www.cqup.com.cn

邮箱:fxk@ cqup.com.cn(营销中心)

全国新华书店经销

重庆升光电力印务有限公司印刷

*

开本:787mm×1092mm 1/16 印张:18.25 字数:401 千

2019 年 1 月第 1 版 2019 年 1 月第 1 次印刷

ISBN 978-7-5689-1176-4 定价:49.00 元

前言

2013 年以来，国家财政部相继公布并实施了行政事业单位财务规则、会计准则和会计制度以及《政府会计准则》和《财政总预算会计制度》。这些制度和准则的实施有力地促进了政府会计改革，有利于构建统一、科学、规范的政府会计标准体系，能全面反映政府整体财务状况和预算执行情况，从而提高会计信息质量。

预算会计制度和准则的全面改革，对会计实务工作者来说，面临着需要调整知识结构，掌握操作技能的现实问题；对预算会计教学工作来说，需要按照预算会计准则和制度的要求设置教学目标和学科体系。为了贯彻落实党的十九大精神，根据习近平总书记在全国高校思想政治工作会议上的讲话精神，以及中共中央宣传部关于习近平新时代中国特色社会主义思想"进课堂，进教材，进头脑"的总体要求，贯彻落实预算会计准则和制度，我们编写了本书。

本书依据《事业单位会计制度》《行政单位会计制度》和《财政总预算会计制度》及其相关准则和财务规则编写。全书共分为 4 篇 17 章；第 1 篇共 1 章，主要介绍预算会计的基本理论、基本方法和规范体系；第 2 篇共 6 章，第 3 篇共 5 章，第 4 篇共 5 章，分别从资产、负债、净资产、收入、费用、会计报表等方面介绍财政总预算会计、行政单位会计和事业单位会计的核算内容和方法。

本书由荆楚理工学院聂庆芝担任主编，负责拟订编写大纲和编写要求，同时负责全书的统稿工作。荆楚理工学院张艳、吴木洋担任副主编。具体编写分工如下：张艳编写第 1 章至第 7 章；吴木洋编写第 8 章至第 12 章；聂庆芝编写第 13 章至第 17 章。

本书以强化预算会计理论的应用和实际操作能力为目标，结合当前最新的预算会计制度理论体系，对我国财政总预算会计、行政单位会计和事业单位会计进行了全面、系统的介绍。本书的主要特色体现在以下三个方面：

①内容全面，知识体系合理。本书不仅包含了财政总预算会计、行政单位会计和事业单位会计核算内容和方法，还吸收了我国

财政预算体制改革的相关内容,如国库集中支付、政府采购等内容,便于读者清晰地了解我国财政资金的流程和规定,更好地掌握预算会计理论和实务。

②充分体现了理论与实践相结合的教学理念。本书的编写者既有从事预算会计教学的教师,也有从事行政事业单位会计核算的实务工作者。在编写的过程中,他们将丰富的教学理论知识和多年积淀的实践经验相结合,实现了理论与实务的无缝对接;书中例解通俗易懂,使读者易于理解,提高阅读和学习兴趣。

③注重三种会计核算内容和方法的差别分析。本书在编写的过程中注重三种会计制度的对照理解,特别是在介绍行政单位会计和事业单位会计时,对二者存在差别的地方加以比较分析,更容易让读者掌握不同预算会计的核算方法和内容。

在本书的编写过程中,我们参阅了大量的学术著作和网络资料,并借鉴了相关教材的内容,在此向相关作者一并致以诚挚的谢意!

由于编者水平有限,书中难免出现疏漏和不足之处,敬请读者批评指正!

编　者

2018 年 4 月

目录

第3篇 行政单位会计

第1篇

预算会计总论

第1章 预算会计基本理论

【学习目标】

通过本章的学习,理解预算会计的概念、核算的基本前提、一般原则等基本理论,以及预算会计体系;掌握预算会计要素的含义和会计等式。

1.1 预算会计的概念

预算会计是以预算管理为中心的宏观管理信息系统和管理手段,是核算、反映和监督中央与地方各级政府财政总预算以及各级各类行政、事业单位收支预算执行情况及其结果的一种专业会计。

各级政府和行政、事业单位的性质、任务、资金运动方式等方面与企业存在显著区别,因此预算会计与企业会计不仅核算对象、任务不同,而且核算的内容、方法也有很大差别。与企业会计相比,预算会计的特点主要表现为:

一是适用范围不同。预算会计适用于各级政府财政部门、各类行政和事业单位,会计主体具有明显的非营利性。而企业会计适用于以营利为目的的从事生产经营活动的各类企业。

二是会计核算的基础不同。预算会计中,财政总预算会计和行政单位会计以收付实现制为会计核算基础;事业单位会计根据实际情况,分别采用收付实现制和权责发生制为会计核算基础。企业会计均以权责发生制为会计核算基础。

三是会计要素构成不同。预算会计要素有五大类,即资产、负债、净资产、收入和支出。企业会计要素有六大类,即资产、负债、所有者权益、收入、费用和利润。会计内容预算会计与企业会计也存在较大差异。

四是会计等式不同。预算会计的恒等式为:资产=负债+净资产,收入-支出=结余。企业会计的恒等式为:资产=负债+所有者权益,收入-费用=利润。

五是会计核算内容及方法有特殊性。在预算会计中,固定资产一般应与固定基金相对应,固定资产不计提折旧;对外投资一般与投资基金相对应;对专用基金实行专款专用;一般不实行成本核算,即使有成本核算,也是内部成本核算;一般没有损益的核算。

1.2　预算会计的基本前提及信息质量要求

1.2.1　预算会计的基本前提

预算会计基本前提也称预算会计基本假设，是组织预算会计工作必须具备的前提条件。预算会计基本前提主要有会计主体、持续运行、会计分期和货币计量。

1）会计主体

会计主体是指预算会计工作特定的空间范围。明确会计主体，可以明确提供会计信息的特定边界范围。

财政总预算会计的主体是各级政府，而不是各级财政部门。因为财政总预算各项收支的收取和分配是各级政府的职权范围，财政部门只是代表政府执行预算，充当经办人的角色。行政单位会计的主体是各级各类行政单位，事业单位会计的主体是各级各类事业单位。

2）持续运行

持续运行是指预算会计主体的各项经济业务活动持续不断地运行下去。预算会计应以各级政府财政以及行政事业单位能够持续不断地运行下去，作为组织正常会计核算的基本前提。若没有持续运行的前提条件，则一些公认的会计处理原则将失去存在的基础，一些常用的会计核算方法将无法采用，一些重要的会计理论和概念将没有根据。

3）会计分期

会计分期也称会计期间，是指将会计主体持续运行的时间人为地划分成时间阶段，以便分期结算账目，编制会计报表，向有关方面提供会计信息。预算会计期间的起讫日期采用公历日期，细分为年度、半年度、季度和月份。目前，我国在每年第一季度召开的人民代表大会上，财政部门都需要代表政府做上一年度预算执行情况的年度报告。中央政府和大多数地方政府在每年下半年还向本级人民代表大会提供当年上半年预算执行情况的报告。

4）货币计量

货币计量是指预算会计核算以人民币作为记账本位币。如果发生外币收支，应当按照中国人民银行当日公布的人民币外汇汇率折算为人民币核算。对于业务收支以外币为主的行政、事业单位，也可以选定某种外币作为记账本位币进行会计核算。但在编制会计报表时，应当按照编报日期的人民币外汇汇率折算为人民币予以反映。

政府财政以及行政事业单位的财务活动，一方面，可以反映政府财政以及行政事业单位的业务意图和工作方向；另一方面，随着人民群众参政议政和民主理财意识的不断增强，相应财务活动的货币数量信息也越来越受到社会各方的关注。

1.2.2 预算会计的信息质量要求

预算会计的信息质量要求是指处理具体会计核算业务的基本依据,是对会计核算工作提供会计信息的基本要求。主要有真实性原则、相关性原则、可比性原则、全面性、及时性原则、明晰性原则、实质重于形式。

1）真实性原则

真实性原则也称客观性原则,是指会计核算应当以实际发生的经济业务为依据,如实地反映各项业务活动的实际情况和结果。真实性是对会计核算工作和会计信息质量的基本要求,遵循真实性应做到:会计核算的内容必须以实际发生的经济业务或事项为依据,做到内容真实、数字准确、手续完备。预算会计信息只有真实客观,才能有助于做出正确的评价和决策。

2）相关性原则

相关性原则也称适应性原则,是指会计信息应当符合国家经济社会管理的要求,满足预算管理和有关方面了解政府财政以及行政事业单位财务收支情况及其他相关情况的需要,并有利于加强财政财务的管理。预算会计为适应政府财政财务管理改革和发展的需要,不断地进行改革和发展,并在此过程中,也推动了政府财政财务管理的改革和发展。预算会计提供的信息基本满足了人民代表大会评价和考核政府预算执行情况的需要,并为人民代表大会做出相应的经济社会决策提供了有力的信息支持。

3）可比性原则

可比性原则是指会计核算应当按照统一规定的会计原则、制度和方法进行,同类会计主体中不同单位发生的相同或者相似的经济业务或事项,应当采用统一的会计政策,确保同类单位会计信息口径一致,相互可比。将预算会计信息在前后各期进行比较,可以知道政府财政以及行政事业单位的各项财政财务管理政策是否得到落实,并进一步可以知道财政财务管理改革与发展的内容与方向。将预算会计信息在不同单位之间进行比较,可以知道各级政府财政的相对财力,不同行政事业单位之间日常公用经费开支的差别等,从而为制定有关的财政和财务管理政策提供信息依据。

4）全面性

预算会计主体应当将发生的各项经济业务或者事项统一纳入会计核算,确保会计信息能够全面反映预算会计主体预算执行情况和财务状况、运行情况、现金流量等。

5）及时性原则

及时性原则是指预算会计核算应当及时进行,不得提前或者延后。在月末或者年度终了,预算会计应当按照规定的时间及时完成会计报告的编制,并及时向有关方面报告。及时提供会计信息,可以及时发挥会计信息在经济决策中的作用,也便于出资者和债权人及时了解单位的财务状况和运营成果。预算会计的年度初步核算结果应当在全国人民代表大会召开时向大会提供。

6）明晰性原则

明晰性原则是指预算会计记录和会计报告应当清晰明了,便于会计信息使用者理解和利用;对重要复杂的经济业务或事项,应用规范的文字单独加以表达反映。近年来,我国对政府预算的反映内容和编制方法进行改革,尤其是政府收支分类科目的改革,便使得会计信息越来越通俗易懂,政府预算信息的清晰明了有了很大幅度的提高。同时,明晰性要求预算各项目之间应有明确的界限,不得彼此超越,不能跨越年度或提前使用,这样既有利于增加国家预算的透明度,又能够使国家预算、决算进一步公开,接受社会监督。

7）实质重于形式

预算会计主体应当按照经济业务或者事项的经济实质进行会计核算,不限于以经济业务或者事项的法律形式为依据。在实际工作中,交易或事项的外在形式或人为形式并不能完全真实地反映其实质内容。会计信息拟反映的交易或事项,必须根据交易或事项的实质和经济现实,而非根据它们的法律形式进行核算。

1.3　预算会计要素及等式

1.3.1　预算会计要素

预算会计要素是指对预算会计核算对象的基本分类,主要有资产、负债、净资产、收入和支出五类。

1）资　产

资产是指会计主体所占有、控制或使用的、能以货币计量的经济资源,包括各种财产、债权和其他权利。

根据有关预算会计制度的规定,各种不同预算会计主体的资产构成具有很大差别,其具体内容如下:

（1）财政总预算的资产

根据《财政总预算会计制度》的规定,财政总预算的资产是指政府财政占有或控制的、能以货币计量的经济资源,包括财政存款、有价证券、应收股利、借出款项、暂付及应收款项、预拨经费、应收转贷款和股权投资等。

（2）行政单位的资产

根据《行政单位会计制度》的规定,各级行政单位的资产是指行政单位占有或使用的、能以货币计量的经济资源,包括流动资产、固定资产、在建工程和无形资产等。

（3）事业单位的资产

根据《事业单位会计准则》的规定,各类事业单位的资产是指事业单位占有或者使用的、能以货币计量的经济资源,包括货币资金、短期投资、应收及预付款项和存货等。

2) 负债

负债是指会计主体承担的能以货币计量、需以资产或劳务偿还的债务。各预算会计主体的负债的具体内容如下：

（1）财政总预算的负债

根据《财政总预算会计制度》的规定，财政总预算的负债是指政府财政所承担的、能以货币计量、需以资产偿付的债务，包括应付国库集中支付结余、暂收及应付款项、应付政府债券、借入款项、应付转贷款、其他负债和应付代管资金等。

（2）行政单位的负债

根据《行政单位会计制度》的规定，各级行政单位的负债是指行政单位所承担的、能以货币计量、需以资产等偿还的债务，包括应缴财政款、应缴税费、应付职工薪酬、应付及暂存款项和应付政府补贴款等。

（3）事业单位的负债

根据《事业单位会计准则》的规定，各类事业单位的负债是指事业单位所承担的、能以货币计量、需以资产或者劳务偿还的债务，包括短期借款、应付及预收款项、应付职工薪酬和应缴款项等。

3) 净资产

净资产是指资产减去负债的差额。各预算会计主体的净资产的具体内容如下：

（1）财政总预算的净资产

根据《财政总预算会计制度》的规定，财政总预算的净资产是指政府财政资产减去负债的差额，包括一般公共预算结转结余、政府性基金预算结转结余、国有资本经营预算结转结余、财政专户管理资金结余、专用基金结余、预算稳定调节基金、预算周转金、资产基金和待偿债净资产等。

（2）行政单位的净资产

根据《行政单位会计制度》的规定，各级行政单位的净资产是指行政单位资产扣除负债后的余额，包括财政拨款结转、财政拨款结余、其他资金结转结余、资产基金和待偿债净资产等。

（3）事业单位的净资产

根据《事业单位会计准则》的规定，各类事业单位的净资产是指事业单位资产扣除负债后的余额，包括事业基金、非流动资产基金、专用基金、财政补助结转结余和非财政补助结转结余等。

4) 收入

收入是指国家或单位依法取得的非偿还性资金。各预算会计主体的收入的具体内容如下：

（1）财政总预算的收入

根据《财政总预算会计制度》的规定，财政总预算的收入是指政府财政为实现政府职能、根据法律法规等所筹集的资金，包括一般公共预算本级收入、政府性基金预算本级收入、国有资本经营预算本级收入、财政专户管理资金收入、专用基金收入、转移性收入、债务收入和债务转贷收入等。

（2）行政单位的收入

根据《行政单位会计制度》的规定，各级行政单位的收入是指行政单位依法取得的非偿还性资金，包括财政拨款收入和其他收入。

（3）事业单位的收入

根据《事业单位会计准则》的规定，各类事业单位的收入是指事业单位开展业务及其他活动依法取得的非偿还性资金，包括财政补助收入、事业收入、上级补助收入、附属单位上缴收入、经营收入和其他收入等。

5）支出

支出是指政府或单位按照批准的预算所发生的资金耗费和损失。各预算会计主体的支出的具体内容如下：

（1）财政总预算的支出

根据《财政总预算会计制度》的规定，财政总预算的支出是指政府财政为实现政府职能，对财政资金的分配和使用，包括一般公共预算本级支出、政府性基金预算本级支出、国有资本经营预算本级支出、财政专户管理资金支出、专用基金支出、转移性支出、债务还本支出和债务转贷支出等。

（2）行政单位的支出

根据《行政单位会计制度》的规定，各级行政单位的支出是指行政单位为保障机构正常运转和完成工作任务所发生的资金耗费和损失，包括经费支出和拨出经费。

（3）事业单位的支出

根据《事业单位会计准则》的规定，各类事业单位的支出是指事业单位开展业务及其他活动发生的资金耗费和损失，包括事业支出、对附属单位补助支出、上缴上级支出、经营支出和其他支出等。

1.3.2　会计等式

会计等式是在反映和计量经济业务时，对会计要素用平衡方程的方式表示。会计等式表明了各项经济业务发生时会计要素的关系。会计等式是检验会计核算正确与否的参照式，有资金等式、结余等式和特定条件等式三种。

1）静态的资金等式

资金等式是反映资金来源和占用的等式，根据会计要素的定义可得等式（1）：

资产＝负债＋净资产

等式（1）是表示某一时点上资产、负债和净资产的平衡关系，该等式在任何条件下均成立，是一个恒等式。因此，等式（1）是预算会计编制资产负债表的理论基础。由于该等式是静态的资金等式，因此相应地组成该等式的三大会计要素被称为静态的会计要素。

2）动态的结余等式

结余等式是反映业务活动收支关系的等式，根据会计要素的定义可得等式（2）：

结余＝收入－支出

等式(2)是收支的执行结果,属于动态的等式,也是一个恒等式。等式(2)是编制收支执行情况表的理论基础。该等式中的收入、支出被称为动态的会计要素。

3)特定条件等式

特定条件等式是对等式(1)和等式(2)进行合并处理后得到的等式,表示为等式(3):

资产+支出＝负债+收入+净资产

等式(3)全面反映了五大会计要素的关系,是等式(1)、(2)基础上的综合,是全面反映各要素之间转换关系的等式。

在等式(3)的推导过程中,将净资产划分为基金和结余之和,表示为等式(4):

净资产＝基金+结余

将等式(2)和等式(4)代入等式(1),移项后可得等式(5):

资产+支出＝负债+收入+基金

显然,要想全面反映五大会计要素,必须将等式(5)变为等式(3),必须满足特定的条件,使基金等于净资产,即结余为零。可见,等式(3)不是恒等式,其平衡关系的成立是有前提条件的。由于结余是对年度会计结账而言的,平时一般不涉及余额科目,等式(3)在平时是可以满足的,因此等式(3)是预算会计年终结账前资产负债表的理论基础。

根据等式(3)及年终结账前资产负债表的结构,可将等式(3)左边的会计要素称为资产部类要素,右边的会计要素称为负债部类要素。也就是说,资产和支出为资产部类要素,其核算方向同资产;负债、净资产和收入为负债部类要素,其核算方向同负债。

1.4　预算会计体系

预算会计是为加强预算管理服务的。预算管理体系决定了预算会计的组成体系。我国预算会计主要由财政总预算会计、行政单位会计和事业单位会计等组成。

1.4.1　财政总预算会计

财政总预算会计是指各级政府财政部门核算、反映和监督政府预算执行的专业会计。

财政总预算会计的主要核算对象是财政预算内资金的收支活动,提供的是政府预算执行情况的会计信息,服务于政府的各项管理活动。财政总预算会计核算的主体是各级政府,而执行机构是各级政府的财政机关。作为政府的理财机构,各级政府的财政部门参与本级政府的预算制定,组织本级财政收支的会计核算,负责本级预算的执行。

具体地讲,在财政部设立中央财政总预算会计;在省(自治区、直辖市)财政厅(局)设省(自治区、直辖市)级财政总预算会计;在市(地、州)级财政局设市(地、州)级财政总预算会计;在县(市)财政局设县(市)级财政总预算会计;在乡(镇)级财政所设乡(镇)级财政总预算会计。

1.4.2　行政单位会计

行政单位会计是指各级行政单位对行政单位预算资金执行过程和结果进行核算、反映和监督的专业会计。

行政单位是指进行国家行政管理、组织经济建设和文化建设、维护社会公共秩序的单位。行政单位是一个独立的法人单位,依法行使行政权力,承担行政责任。行政单位实行独立会计核算,负责管理本部门、本单位的全部会计工作。各级行政单位预算执行的情况和结果,将直接影响各级政府财政总预算执行的情况和结果。

1.4.3　事业单位会计

事业单位会计是指各级各类事业单位对预算资金及其经营收支过程和结果进行核算、反映和监督的专业会计。

事业单位通常附属于相应的行政单位,接受相应行政单位的领导,不具有社会生产职能和国家管理职能。事业单位是一个独立的法人,其开展的业务活动具有公益性特征。事业单位编制独立的预算,费用来源既有财政拨款,又有创收的收入,财政拨款收入通常是其重要的收入来源。

此外,预算会计的组成体系还包括核算、反映和监督国库资金的流入与流出过程及其余额的变动情况的国库会计;负责税款征收、入库业务的税务机关对税收资金及其运动进行核算的收入征解会计;核算、反映和监督独立核算的基本建设项目资金运动全过程的基本建设单位会计。

在上述预算会计体系中,财政总预算会计居主导地位。行政单位会计和事业单位会计在财政总预算会计的业务指导下开展核算工作,并向财政总预算会计报送会计报表。

【思考与练习】

1.预算会计的概念是什么?

2.预算会计要素有哪些?

3.预算会计体系是如何组成的?

4.预算会计的特点有哪些?

5.预算会计的会计等式有哪些?

6.什么是国库集中收付制度?

7.财政性资金的支付方式和支付程序各有哪些?

第 2 篇

财政总预算会计

第2章　财政总预算会计资产的核算

【学习目标】

通过本章的学习,了解财政总预算会计资产的管理方式和核算要求;理解财政总预算会计资产的概念和内容;掌握各类资产账户的核算方法,并能正确地进行资产的核算业务。

2.1　财政总预算会计资产概述

2.1.1　财政总预算会计资产的概念及内容

在财政总预算会计中,资产是指政府财政占有或控制的、能以货币计量的经济资源,包括财政存款、有价证券、应收股利、借出款项、暂付及应收款项、预拨经费、应收转贷款和股权投资等。

财政总预算会计核算的资产按照流动性,分为流动资产和非流动资产。流动资产是指预计在1年内(含1年)变现的资产,包括财政存款(国库存款、国库现金管理存款、其他财政存款)、有价证券、在途款、预拨经费、借出款项、应收股利、应收利息、与下级往来和其他应收款等;非流动资产是指流动资产以外的资产,包括应收地方政府债券转贷款、应收主权外债转贷款、股权投资和待发国债等。

2.1.2　财政总预算会计资产的会计科目表(见表2.1)

表 2.1　财政总预算会计资产类会计科目表

序号	科目编号	科目名称	核算内容
1	1001	国库存款	政府财政存放在国库单一账户的款项
2	1003	国库现金管理存款	政府财政实行国库现金管理业务存放在商业银行的款项
3	1004	其他财政存款	政府财政未列入"国库存款""国库现金管理存款"科目反映的各项存款

续表

序号	科目编号	科目名称	核算内容
4	1005	财政零余额账户存款	财政国库支付执行机构在代理银行办理财政直接支付的业务。财政国库支付执行机构未单设的地区不使用该科目
5	1006	有价证券	政府财政按照有关规定取得并持有的有价证券金额
6	1007	在途款	决算清理期和库款报解整理期内发生的需要通过该科目过渡处理属于上年度收入、支出等业务的资金数
7	1011	预拨经费	政府财政预拨给预算单位尚未列为预算支出的款项
8	1021	借出款项	政府财政按照对外借款管理相关规定借给预算单位临时急需的,并需按期收回的款项
9	1022	应收股利	政府因持有股权投资应当收取的现金股利或利润
10	1031	与下级往来	本级政府财政与下级政府财政的往来待结算款项
11	1036	其他应收款	政府财政临时发生的其他应收、暂付、垫付款项。项目单位拖欠外国政府和国际金融组织贷款本息和相关费用导致相关政府财政履行担保责任,代偿的贷款本息费,也通过该科目核算
12	1041	应收地方政府债券转贷款	本级政府财政转贷给下级政府财政的地方政府债券资金的本金及利息
13	1045	应收主权外债转贷款	本级政府财政转贷给下级政府财政的外国政府和国际金融组织贷款等主权外债资金的本金及利息
14	1071	股权投资	政府持有的各类股权投资。包括国际金融组织股权投资、投资基金股权投资和企业股权投资等
15	1081	待发国债	为弥补中央财政预算收支差额,中央财政预计发行国债与实际发行国债之间的差额

2.2 货币资产的核算

2.2.1 财政存款

1)财政存款的概念

财政存款,是指政府财政部门代表政府管理的国库存款、国库现金管理存款,以及其他财政存款等。财政存款的支配权属于同级政府财政部门,并由财政总预算会计负责管理,统一在国库或选定的银行开立存款账户,统一收付,不得透支,不得提取现金。

2）财政存款的核算

为核算财政存款业务，财政总预算会计设置"国库存款""国库现金管理存款"和"其他财政存款"三个总账科目。

（1）国库存款的概念与核算

国库存款，是指政府财政存放在国库单一账户的款项。

为核算国库存款业务，财政总预算会计通过设置"国库存款"科目来核算各级总预算会计在国库单一账户的预算资金存款。该科目的借方登记国库存款的增加；贷方登记国库存款的减少；期末余额在借方，反映国库存款的结存数。

政府财政预算收入存入国库存款时，根据人民银行国库报来的"预算收入日报表"等相关凭证，借记"国库存款"科目，贷记"一般公共预算本级收入""政府性基金预算本级收入""国有资本经营预算本级收入""补助收入""上解收入""地区间援助收入""调入收入""债务收入""债务转贷收入"等科目。

收到缴入国库的来源不清的款项时，借记"国库存款"科目，贷记"其他应付款"等科目；收到国库存款利息收入时，借记"国库存款"科目，贷记"一般公共预算本级收入"科目。

需要说明的是，当日收入数为负数时，以红字记入；采用计算机记账的，用负数反映。

政府财政办理库款支付时，根据财政国库支付执行机构报来的"预算支出结算清单"，经与中国人民银行报来的财政直接支付申请划款凭证、财政授权支付申请划款凭证及其他有关凭证核对无误后，借记"一般公共预算本级支出""政府性基金预算本级支出""国有资本经营预算本级支出""补助支出""上解支出""地区间援助支出""债务还本支出""债务转贷支出"等科目，贷记"国库存款"科目。

[例2-1]　某市财政部门收到中国人民银行国库报来的预算收入日报表等凭证，当日共收到财政预算收入301 800元。其中：一般公共预算本级收入205 000元，政府性基金预算本级收入74 500元，国有资本经营预算本级收入22 300元。

财政总预算会计应编制如下会计分录：

借：国库存款	301 800
贷：一般公共预算本级收入	205 000
政府性基金预算本级收入	74 500
国有资本经营预算本级收入	22 300

[例2-2]　某市财政收到财政国库支付执行机构报来的预算支出结算清单，财政国库支付执行机构以财政直接支付的方式，通过财政零余额账户支付有关预算单位的属于一般公共预算本级支出的款项共计155 000元，属于政府性基金预算本级支出的款项共计65 000元，属于国有资本经营预算本级支出的款项共计20 500元；有关预算单位通过财政授权支付方式从预算单位零余额账户中支付属于一般公共预算本级支出的款项共计32 000元。

财政总预算会计经与中国人民银行报来的财政直接支付申请划款凭证、财政授权支付申请划款凭证及其他有关凭证核对无误。

财政总预算会计应编制如下会计分录：

借：一般公共预算本级支出 187 000

　政府性基金预算本级支出 65 000

　国有资本经营预算本级支出 20 500

　贷：国库存款 272 500

"国库存款"应按政府预算收支，分设"一般预算存款"和"基金预算存款"两个明细科目，进行明细分类核算。

有外币收支业务的总预算会计，还应按外币的种类设置外币存款明细账。发生外币收支业务时，应根据中国人民银行公布的人民币外汇汇率折合为人民币记账，并登记外国货币金额和折合率。年终，应将外币账户余额按照期末中国人民银行公布的人民币外汇汇率折合为人民币，作为外币账户期末人民币余额。调整后的各种外币账户人民币余额与原账面余额的差额，作为汇兑损益列入有关支出科目。

[例 2-3] 某市财政总预算会计收到本市国库报来预算收入日报表及缴款书等原始凭证，列明当日一般公共预算本级收入为 1 035 000 元。

根据相关凭证，编制如下会计分录：

借：国库存款——一般预算存款 1 035 000

　贷：一般公共预算本级收入 1 035 000

[例 2-4] 某市财政总预算会计根据财政有关职能部门的批准拨款数，拨付林业局经费 185 000 元，收到国库预算拨款凭证回单。

根据相关凭证，编制如下会计分录：

借：一般公共预算本级支出 185 000

　贷：国库存款——一般预算存款 185 000

（2）国库现金管理存款的概念与核算

国库现金管理存款，是指政府财政实行国库现金管理业务存放在商业银行的款项。国库现金管理，是在确保国库资金安全完整和财政支出需要的前提下，对国库现金进行有效的运作管理，实现国库闲置现金余额最小化、投资收益最大化的一系列财政资金管理活动。

财政总预算会计通过设置"国库现金管理存款"科目来核算政府财政实行国库现金管理业务存放在商业银行的款项。该科目借方登记国库现金管理存款的增加数；贷方登记国库现金管理存款的减少数；期末余额在借方，反映国库现金管理存款的实际结存数。

政府财政按照国库现金管理有关规定，将库款转存商业银行时，按照存入商业银行的金额，借记"国库现金管理存款"科目，贷记"国库存款"科目。

政府财政国库现金管理存款收回国库时，按照实际收回的金额，借记"国库存款"科目，按照原存入商业银行的存款本金金额，贷记"国库现金管理存款"科目，按照两者的差额，贷记"一般公共预算本级收入"科目。

[例2-5]　某市财政总预算会计将国库存款500 000元转存到商业银行。

根据相关凭证,编制如下会计分录:

借:国库现金管理存款　　　　　　　　　　　　　500 000

　　贷:国库存款——一般预算存款　　　　　　　　　　　500 000

[例2-6]　某市财政总预算会计将商业银行存款收回国库,实际收到金额506 000元。

根据相关凭证,编制如下会计分录:

借:国库存款——一般预算存款　　　　　　　　　506 000

　　贷:国库现金管理存款　　　　　　　　　　　　　　500 000

　　　　一般公共预算本级收入　　　　　　　　　　　　　6 000

(3)其他财政存款的概念与核算

其他财政存款,是指政府财政未列入"国库存款""国库现金管理存款"科目反映的各项存款,包括财政周转金、未设国库的乡镇财政在商业银行的预算资金存款、部分由财政部指定的存入商业银行的专用基金存款、经批准开设的特设账户存款、未纳入预算并实行财政专户管理的资金存款等。

财政总预算会计通过设置"其他财政存款"科目来核算其他财政存款的增减变动情况。该科目的借方登记其他财政存款的增加;贷方登记其他财政存款的减少;期末借方余额反映政府财政持有的其他财政存款。

其他财政存款的内容比较复杂,为了便于分类管理,避免资金混淆,一般可先按资金的性质分设"财政周转金存款"、乡镇财政"预算资金存款"和"专用基金存款"等明细账,然后再按交存地点分开户银行进行明细分类核算。

需要说明的是,以上三项内容不是每一个地方财政都有,如有的地方财政周转金已另设专门机构管理,财政总预算会计当然也不必再设"财政周转金存款"明细账。县以上财政及已建立了国库的乡镇财政也不需要设置"预算资金存款"这个明细账。

政府财政专户收到款项时,按照实际收到的金额,借记"其他财政存款"科目,贷记有关科目。

其他财政存款产生的利息收入,除规定作为专户资金收入外,其他利息收入都应缴入国库纳入一般公共预算管理。

取得其他财政存款利息收入时,按照实际获得的利息金额,根据以下情况分别处理:

按规定作为专户资金收入的,借记"其他财政存款"科目,贷记"应付代管资金"或有关收入科目。

按规定应缴入国库的,借记"其他财政存款"科目,贷记"其他应付款"科目。

将其他财政存款利息收入缴入国库时,借记"其他应付款"科目,贷记"其他财政存款"科目;同时,借记"国库存款"科目,贷记"一般公共预算本级收入"科目。

政府财政其他财政存款减少时,按照实际支付的金额,借记相关科目,贷记"其他财政存款"科目。

[例2-7] 某县财政总预算会计收到上级财政拨入的粮食风险基金680 000元。

根据银行报来的收款通知入账,编制如下会计分录:

借:其他财政存款——专用基金存款   680 000

 贷:专用基金收入   680 000

[例2-8] 通过财政专户向有关教育单位拨付教育收费3 200 000元。

根据相关凭证,编制如下会计分录:

借:财政专户管理资金支出   3 200 000

 贷:其他财政存款   3 200 000

财政总预算会计收到上级专项转移支付资金时,先做与上级往来处理,年终根据相关文件再转补助收入。

(4)财政国库支付执行机构的有关业务核算

根据财政国库支付执行机构业务活动的特点,会计核算时需要设置"财政零余额账户存款"和"已结报支出"两个特殊总账科目。

其中,"财政零余额账户存款"科目用于核算财政国库支付执行机构在代理银行办理财政直接支付的业务。该科目贷方登记财政国库支付执行机构当天发生的财政直接支付资金数;借方登记当天国库单一账户存款划入的冲销数。该科目当天资金结算后,余额为零。

"已结报支出"科目用于核算财政国库资金已结清的支出数额。当天业务结束后,该科目余额应等于"一般公共预算本级支出""政府性基金预算本级支出"和"国有资本经营预算本级支出"等的合计数。

[例2-9] 以财政直接支付的方式,某省国库支付执行机构通过财政零余额账户支付省属预算单位的公共财政预算支出的款项4 650 000元。

财政总预算会计应编制如下会计分录:

借:一般公共预算本级支出   4 650 000

 贷:财政零余额账户存款   4 650 000

代理银行应当按照财政国库支付执行机构开出的支付指令及时通过财政部门零余额账户以垫付资金的方式向有关方面支付资金。

[例2-10] 某省财政国库支付执行机构收到代理银行报来的财政支出日报表,有关预算单位通过财政授权支付的方式从预算单位零余额账户中支付属于一般公共预算本级支出的款项共计98 800元。

财政国库支付执行机构应编制如下会计分录:

借:一般公共预算本级支出   98 800

 贷:已结报支出——财政授权支付   98 800

代理银行应当按照有关预算单位开出的支付指令及时通过预算单位零余额账户以垫付资金的方式向有关方面支付资金。

[例 2-11]　年终,财政国库支付执行机构有关科目的借方或贷方余额为:"已结报支出——财政直接支付"科目贷方余额 534 000 元,"已结报支出——财政授权支付"科目贷方余额 245 000 元;"一般公共预算本级支出"科目借方余额 661 000 元,"政府性基金预算本级支出"科目贷方余额 85 000 元,"国有资本经营预算本级支出"科目借方余额 33 000元。财政国库支付执行机构将有关科目的记录与相关方面核对无误。

财政国库支付执行机构应编制如下会计分录:

借:已结报支出——财政直接支付　　　　　　　　　　534 000

　　已结报支出——财政授权支付　　　　　　　　　　245 000

　　贷:一般公共预算本级支出　　　　　　　　　　　　　661 000

　　　　政府性基金预算本级支出　　　　　　　　　　　　85 000

　　　　国有资本经营预算本级支出　　　　　　　　　　　33 000

通过年终转账,"已结报支出""一般公共预算本级支出""政府性基金预算本级支出""国有资本经营预算本级支出"科目的余额均为零。

2.2.2　有价证券

1)有价证券的概念

有价证券,是指各级财政按照有关规定取得并持有的中央政府财政部以信用方式发行的国债。属于财政总预算会计核算的债权性投资。政府财政可以采用发行政府债券的方式筹集财政资金,还可以采用购买政府债券的方式对财政资金进行管理。

2)有价证券的核算

财政总预算会计通过设置"有价证券"科目来核算按照有关规定取得并持有有价证券的增减变动情况。该科目借方登记购入有价证券的数额;贷方登记转让或到期兑付有价证券的数额;期末借方余额反映政府财政持有的有价证券金额。

有价证券按购券的资金来源性质设置"一般预算结余购入"和"基金预算结余购入"两个明细科目,在持有多种有价证券时,还应进一步按有价证券种类进行明细核算。

政府财政购入有价证券时,按照实际支付的金额,借记"有价证券"科目,贷记"国库存款""其他财政存款"等科目;

转让或到期兑付有价证券时,按照实际收到的金额,借记"国库存款""其他财政存款"等科目,按照有价证券的账面余额,贷记"有价证券"科目,按其差额,贷记"一般公共预算本级收入"等科目。

[例 2-12]　某市财政局根据指示,用一般预算结余购买政府债券 5 000 000 元。

根据相关凭证,编制如下会计分录:

借:有价证券——一般预算结余购入　　　　　　　　5 000 000

　　贷:国库存款　　　　　　　　　　　　　　　　　　　5 000 000

[例 2-13]　某市财政局转让用一般预算结余购买的政府债券,收到款项合计 5 200 000元。

根据相关凭证,编制如下会计分录:

借:国库存款   5 200 000

 贷:有价证券——一般预算结余购入   5 000 000

  一般公共预算本级收入   200 000

2.2.3　在途款

1)在途款的概念

在途款,是指决算清理期和库款报解整理期内发生的需要过渡处理的属于上年度收入、支出等业务的资金数。

由于库款的报解需要一定的传递时间,因此,年终就会存在国库经收处或各级国库已在年前收纳,但尚未划转到支库或尚未报解到上级国库的各项收入。为了保证国库经收处当年收到的预算及时反映到当年的决算中去,就需要对资金活动发生在下一年度,但会计事项却属于上一年度的这些上下年度间的交接资金进行过渡处理。

2)在途款的核算

财政总预算会计通过设置"在途款"科目来核算需要过渡处理的属于上年度收入、支出等业务的增减变动情况。该科目的借方登记在途款的增加;贷方登记在途款的减少;期末借方余额反映政府财政持有的在途款。

政府财政在决算清理期和库款报解整理期内收到属于上年度收入时,在上年度账务中,借记"在途款"科目,贷记有关收入科目。

收回属于上年度拨款或支出时,在上年度账务中,借记"在途款"科目,贷记"预拨经费"或有关支出科目。

政府财政冲转在途款时,在本年度账务中,借记"国库存款"科目,贷记"在途款"科目。

[例2-14]　某县财政局在决算清理期内收到国库报来预算收入日报表,所属上年度的一般预算收入53 000元。

(1)在上年度账上,反映上年度预算收入。编制如下会计分录:

借:在途款   53 000

 贷:一般公共预算本级收入   53 000

(2)在本年度新账上,冲转在途款。编制如下会计分录:

借:国库存款   53 000

 贷:在途款   53 000

通过在途款的过渡,一般公共预算本级收入的增加归入了上一财政年度,国库存款的增加归入了本财政年度。

2.3 暂付及应收款的核算

2.3.1 借出款项

1)借出款项的概念

借出款项,是指政府财政按照对外借款管理相关规定借给预算单位临时急需的,并需按期收回的款项。各地区经济发展需求与其财务不足的矛盾形成了财政出借资金行为。

2)借出款项的核算

财政总预算会计通过设置"借出款项"科目来核算按照对外借款管理相关规定借给预算单位临时急需的,并需按期收回的款项。该科目借方登记借出的款项;贷方登记收回的借款;期末借方余额反映政府财政借给预算单位尚未收回的款项。"借出款项"科目应当按照借款单位等进行明细核算。

政府财政将款项借出时,按照实际支付的金额,借记"借出款项"科目,贷记"国库存款"等科目。

政府财政收回借款时,按照实际收到的金额,借记"国库存款"等科目,贷记"借出款项"科目。

[**例2-15**] 某市教育局因抢修危险教学楼,向市财政紧急借款1 050 000元。

根据相关凭证,编制如下会计分录:

借:借出款项——市教育局　　　　　　　　1 050 000
　贷:国库存款　　　　　　　　　　　　　　　　　1 050 000

[**例2-16**] 市教育局修理教学楼款项经核准已落实预算,转作一般预算支出。

根据相关凭证,编制如下会计分录:

借:一般公共预算本级支出　　　　　　　　1 050 000
　贷:借出款项——市教育局　　　　　　　　　　　1 050 000

2.3.2 与下级往来

1)与下级往来的概念

与下级往来,是指本级政府财政与下级政府财政的往来待结算款项。

政府财政上下级之间,因财政资金周转调度的需要,以及补助、上解结算等事项而形成的应补未补、应解未解等待结算的资金称为上下级往来。

2)与下级往来的核算

财政总预算会计通过设置"与下级往来"科目来核算本级政府财政与下级政府财政

的往来待结算款项的增减变动情况。该科目的借方登记借给下级政府财政款项、体制结算中应当由下级政府财政上交的收入数、发生补助多补应当退回数;贷方登记借款收回、转作补助支出或体制结算应当补助下级政府财政的支出、发生上解多交应当退回数;期末借方余额反映下级政府财政欠本级政府财政的款项;期末贷方余额反映本级政府财政欠下级政府财政的款项。"与下级往来"科目应当按照下级政府财政、资金性质等进行明细核算。

政府财政借给下级政府财政款项时,借记"与下级往来"科目,贷记"国库存款"科目;属于体制结算中应当由下级政府财政上解的收入数,借记"与下级往来"科目,贷记"上解收入"科目。

政府财政借款收回、转作补助支出或体制结算应当补助下级政府财政的支出,借记"国库存款""补助支出"等有关科目,贷记"与下级往来"科目。

政府财政发生上解多交应当退回的,按照应当退回的金额,借记"上解收入"科目,贷记"与下级往来"科目。

政府财政发生补助多补应当退回的,按照应当退回的金额,借记"与下级往来"科目,贷记"补助支出"科目。

[例2-17] 某市财政发生与下级往来的经济业务,编制相关的会计分录。

(1)借给所属某区财政临时周转金600 000元。

借:与下级往来——某区财政补助支出　　　　　600 000
　　贷:国库存款　　　　　　　　　　　　　　　　600 000

(2)收到业务(1)归还的周转金400 000元,余款经批准转为对该区的补助款。

借:国库存款　　　　　　　　　　　　　　　　400 000
　　补助支出　　　　　　　　　　　　　　　　200 000
　　　贷:与下级往来——某区财政补助支出　　　600 000

(3)该市财政部门发现,上个月下级某县财政部门上解的一笔专项上解款多付了150 000元,通知县财政部门后,商定先转作往来款项,待年终结算处理。

借:上解收入　　　　　　　　　　　　　　　　150 000
　　贷:与下级往来——应退回某县上解款　　　　150 000

(4)根据财政体制结算的规定,该市财政总预算会计年终计算出下级某县财政应上解市财政的一般预算款450 000元。

借:与下级往来——某县财政　　　　　　　　　450 000
　　贷:上解收入　　　　　　　　　　　　　　　450 000

2.3.3　应收股利

1)应收股利的概念

应收股利,是指政府因持有股权投资应当收取的现金股利或利润。

政府持有股权投资的单位可以是国有独资企业,也可以是国有控股企业或者是政府参股企业等单位。相关被投资主体宣告发放现金股利或利润时,对政府财政应分得的部分,财政总预算会计采用权责发生制进行处理,以如实反映政府财政拥有的相应应收股利或利润债权。但应收的现金股利或利润暂时还不能用来安排财政支出,因此,财政总预算会计暂时不确认财政收入。

财政总预算会计需要等到实际收到相应现金股利或利润时,才确认一般公共预算本级收入等财政收入。也就是说,财政总预算会计对因持有股权投资而形成的现金股利或利润,采用权责发生制确认应收股利债权,但采用收付实现制确认财政预算收入。这样的会计处理方法称为"双轨制"或"双分录"会计处理方法。它可以有效地多层次反映政府财政预算信息,满足各方面的信息需求。

2) 应收股利的核算

财政总预算会计通过设置"应收股利"科目来核算政府因持有股权投资应当收取的现金股利或利润的增减变动情况。该科目借方登记应收股利的增加;贷方登记应收股利的减少;期末借方余额反映政府尚未收回的现金股利或利润。"应收股利"科目应当按照被投资主体进行明细核算。

政府财政持有股权投资期间被投资主体宣告发放现金股利或利润的,按应上缴政府财政的部分,借记"应收股利"科目,贷记"资产基金——应收股利"科目;按照相同的金额,借记"资产基金——应收股利"科目,贷记"股权投资——损益调整"科目。

政府财政实际收到现金股利或利润,借记"国库存款"等科目,贷记有关收入科目;按照相同的金额,借记"资产基金——应收股利"科目,贷记"应收股利"科目。

[例 2-18]　某市政府持有 C 公司的股权。C 公司宣告发放现金股利 100 000 元,该市政府财政按持股比例应分得其中的 75 000 元。1 个月后,C 公司支付宣告的现金股利 100 000 元,市政府财政同时收到相应的股利数额 75 000 元。根据相关规定,该部分现金股利纳入该市政府财政的国有资本经营预算。

财政总预算会计应编制如下会计分录:

(1)C 公司宣告现金股利时

借:应收股利　　　　　　　　　　　　　　　　75 000

　　贷:资产基金——应收股利　　　　　　　　　　　　75 000

同时,

借:资产基金——股权投资　　　　　　　　　　75 000

　　贷:股权投资——损益调整　　　　　　　　　　　　75 000

(2)市财政收到现金股利时

借:国库存款　　　　　　　　　　　　　　　　75 000

　　贷:国有资本经营预算本级收入　　　　　　　　　　75 000

同时,

借:资产基金——应收股利　　　　　　　　　　75 000

　　贷:应收股利　　　　　　　　　　　　　　　　　　75 000

根据规定,政府持有的各类股权投资,一般采用权益法进行核算。因此,被投资主体宣告发放现金股利或利润时,政府的股权投资资产数额减少。

2.3.4　应收转贷款

应收转贷款,是指政府财政将借入的资金转贷给下级政府财政的款项,包括应收地方政府债券转贷款、应收主权外债转贷款等。

1)应收地方政府债券转贷款的概念与核算

应收地方政府债券转贷款,是指本级政府转贷给下级政府财政的地方政府债券资金。

财政总预算会计通过设置"应收地方政府债券转贷款"科目来核算本级政府财政转贷给下级政府财政的地方债券资金的本金及利息的增减变动情况。该科目借方登记向下级政府财政转贷地方政府债券的本金和利息;贷方登记收回下级政府财政偿还的转贷款本金和利息;期末借方余额反映政府财政应收未收的地方政府债券转贷款的本金和利息。

"应收地方政府债券转贷款"科目下应当设置"应收地方政府一般债券转贷款"和"应收地方政府专项债券转贷款"明细科目,其下分别设置"应收本金"和"应收利息"两个明细科目,并按照转贷对象进行明细核算。

政府财政向下级政府财政转贷地方政府债券资金时,按照转贷的金额,借记"债务转贷支出"科目,贷记"国库存款"科目;

根据债务管理部门转来的相关资料,按照到期应收回的转贷本金金额,借记"应收地方政府债券转贷款"科目,贷记"资产基金——应收地方政府债券转贷款"科目;

期末确认地方政府债券转贷款的应收利息时,根据债务管理部门计算出的转贷款本期应收未收利息金额,借记"应收地方政府债券转贷款"科目,贷记"资产基金——应收地方政府债券转贷款"科目。

政府财政收回下级政府财政偿还的转贷款本息时,按照收回的金额,借记"国库存款"等科目,贷记"其他应付款"或"其他应收款"科目;根据债务管理部门转来的相关资料,按照收回的转贷款本金及已确认的应收利息金额,借记"资产基金——应收地方政府债券转贷款"科目,贷记"应收地方政府债券转贷款"科目。

政府财政扣缴下级政府财政的转贷款本息时,按照扣缴的金额,借记"与下级往来"科目,贷记"其他应付款"或"其他应收款"等科目;根据债务管理部门转来的相关资料,按照扣缴的转贷款本金及已确认的应收利息金额,借记"资产基金——应收地方政府债券转贷款"科目,贷记"应收地方政府债券转贷款"科目。

[例2-19]　2016年1月,某省财政根据发生的应收地方政府债券转贷款业务,编制相关的会计分录:

(1)向下级政府财政转贷给地方政府债券资金20 000 000元,期限2年,年利率为4.6%,以国库存款支付。

借:债务转贷支出　　　　　　　　　　　　　　20 000 000

　　贷:国库存款　　　　　　　　　　　　　　　　　20 000 000

同时,

借:应收地方政府债券转贷款　　　　　　　　　20 000 000

　　贷:资产基金——应收地方政府债券转贷款　　　20 000 000

(2)2016 年 12 月 31 日,确认地方政府债券转贷款的应收利息。

本期应收未收利息=20 000 000 元×4.6%=920 000 元

借:应收地方政府债券转贷款　　　　　　　　　920 000

　　贷:资产基金——应收地方政府债券转贷款　　　920 000

(3)2018 年 1 月,收回下级政府财政偿还的转贷款本息。

借:国库存款　　　　　　　　　　　　　　　　20 920 000

　　贷:其他应付款　　　　　　　　　　　　　　　20 920 000

同时,

借:资产基金——应收地方政府债券转贷款　　　20 920 000

　　贷:应收地方政府债券转贷款　　　　　　　　　20 920 000

(4)政府财政扣缴下级政府财政的转贷款本息。

借:与下级往来　　　　　　　　　　　　　　　20 920 000

　　贷:其他应付款　　　　　　　　　　　　　　　20 920 000

同时,

借:资产基金——应收地方政府债券转贷款　　　20 920 000

　　贷:应收地方政府债券转贷款　　　　　　　　　20 920 000

2)应收主权外债转贷款的概念与核算

应收主权外债转贷款,是指本级政府财政转贷给下级政府财政的外国政府和国际金融组织贷款等主权外债的资金。

财政总预算会计通过设置"应收主权外债转贷款"科目来核算本级政府财政转贷给下级政府财政的外国政府和国际金融组织贷款等主权外债资金的本金和利息。该科目借方登记转贷给下级政府财政的主权外债转贷款的本金和利息;贷方登记收回下级政府财政偿还的主权外债转贷款的本金和利息;期末借方余额反映政府财政应收未收的主权外债转贷款的本金和利息。

"应收主权外债转贷款"科目下应当设置"应收本金"和"应收利息"两个明细科目,并按照转贷对象进行明细核算。

(1)本级政府财政向下级政府财政转贷主权外债资金,且主权外债最终还款责任由下级政府财政承担的,相关账务处理如下:

①本级政府财政支付转贷资金时,根据转贷资金支付相关资料,借记"债务转贷支出"科目,贷记"其他财政存款"科目;根据债务管理部门转来的相关资料,按照实际持有的债权金额,借记该科目,贷记"资产基金——应收主权外债转贷款"科目。

②外方将贷款资金直接支付给用款单位或供应商时,本级政府财政根据转贷资金支付相关资料,借记"债务转贷支出"科目,贷记"债务收入"或"债务转贷收入"科目;

根据债务管理部门转来的相关资料,按照实际持有的债权金额,借记该科目,贷记"资产基金——应收主权外债转贷款"科目;同时,借记"待偿债净资产"科目,贷记"借入款项"或"应付主权外债转贷款"科目。

(2)期末确认主权外债转贷款的应收利息,根据债务管理部门计算出转贷款的本期应收未收利息金额,借记该科目,贷记"资产基金——应收主权外债转贷款"科目。

(3)收回转贷给下级政府财政主权外债的本息时,按照收回的金额,借记"其他财政存款"科目,贷记"其他应付款"或"其他应收款"科目;根据债务管理部门转来的相关资料,按照实际收回的转贷款本金及已确认的应收利息金额,借记"资产基金——应收主权外债转贷款"科目,贷记该科目。

(4)扣缴下级政府财政的转贷款本息时,按照扣缴的金额,借记"与下级往来"科目,贷记"其他应付款"或"其他应收款"科目;根据债务管理部门转来的相关资料,按照扣缴的转贷款本金及已确认的应收利息金额,借记"资产基金——应收主权外债转贷款"科目,贷记该科目。

[例2-20]　某省政府向某国际金融组织贷款 550 000 元,用于该省范围内的公共基础设施建设。该省政府将相应贷款的一部分资金计 320 000 元转贷给所属某市政府,用以具体落实在该市范围内的相应建设项目。根据约定,相应贷款的期限为 3 年,每年的贷款利息为 5 120 元,该市政府应按期向省政府偿付贷款本息。

省财政总预算会计编制如下会计分录:

(1)向下级市政府财政转贷省政府主权外债资金时

借:债务转贷支出　　　　　　　　　　　　　320 000
　　贷:其他财政存款　　　　　　　　　　　　320 000

同时,

借:应收主权外债转贷款　　　　　　　　　　320 000
　　贷:资产基金——应收主权外债转贷款　　　320 000

(2)每年确认省政府主权外债转贷款的应收利息时

借:应收主权外债转贷款　　　　　　　　　　　5 120
　　贷:资产基金——应收主权外债转贷款　　　　5 120

(3)按时收到下级市政府财政支付的省政府主权外债转贷款利息时

借:其他财政存款　　　　　　　　　　　　　　5 120
　　贷:其他应付款　　　　　　　　　　　　　　5 120

同时,

借:资产基金——应收主权外债转贷款　　　　　5 120
　　贷:应收主权外债转贷款　　　　　　　　　　5 120

(4)省政府主权外债转贷款到期,所属市政府财政未按时偿还贷款本金,省政府财政予以扣缴时

借:与下级往来　　　　　　　　　　　　　　　320 000
　　贷:其他应付款　　　　　　　　　　　　　　　　　320 000
同时,
借:资产基金——应收主权外债转贷款　　　　　320 000
　　贷:应收主权外债转贷款　　　　　　　　　　　　　320 000

被省政府财政扣缴后,所属市政府财政从上级政府财政获得的财政补助资金数额减少。

2.3.5　其他应收款

1) 其他应收款的概念

其他应收款,是指政府财政临时发生的其他应收、暂付、垫付款项。项目单位拖欠外国政府和国际金融组织贷款本息和相关费用导致相关政府财政履行担保责任,代偿的贷款本息费,也属于政府财政的其他应收款。

2) 其他应收款的核算

财政总预算会计通过设置"其他应收款"科目来核算政府财政临时发生的其他应收、暂付、垫付款项。项目单位拖欠外国政府和国际金融组织贷款本息和相关费用导致相关政府财政履行担保责任,代偿的贷款本息费,也通过"其他应收款"科目核算。该科目的借方登记其他应收款的增加;贷方登记其他应收款的减少;年终原则上应无余额。"其他应收款"科目应当按照资金性质、债务单位等进行明细核算。

政府财政发生其他应收款项时,借记"其他应收款"科目,贷记"国库存款""其他财政存款"等科目。

收回或转作预算支出时,借记"国库存款""其他财政存款"或有关支出科目,贷记"其他应收款"科目。

政府财政对使用外国政府和国际金融组织贷款资金的项目单位履行担保责任,代偿贷款本息费时,借记"其他应收款"科目,贷记"国库存款""其他财政存款"等科目。

政府财政行使追索权,收回项目单位贷款本息费时,借记"国库存款""其他财政存款"等科目,贷记"其他应收款"科目。

政府财政最终未收回项目单位贷款本息费,经核准列支时,借记"一般公共预算本级支出"等科目,贷记"其他应收款"科目。

[例2-21]　某省政府财政根据发生的其他应收款业务,编制相关的会计分录:

(1) 该省所属 A 市财政临时急需资金,借给该市公共财政预算款项 250 000 000 元。后经研究已落实预算,全额转作一般公共预算支出。

借:其他应收款——A 市财政　　　　　　　250 000 000
　　贷:国库存款　　　　　　　　　　　　　　　　250 000 000
借:一般公共预算本级支出　　　　　　　　250 000 000
　　贷:其他应收款——A 市财政　　　　　　　　　250 000 000

（2）该省政府为其所属市政府提供国际金融组织贷款项目的担保责任,2016 年 6 月 30 日,省政府财政以国库存款代偿贷款本息费 15 000 000 元。

    借:其他应收款   15 000 000
      贷:国库存款   15 000 000

（3）2016 年 12 月 31 日,省政府财政收到其所属市政府划拨的代偿贷款本息费 10 000 000元,本息余款经核准列支。

    借:国库存款   10 000 000
      一般公共预算本级支出   5 000 000
      贷:其他应收款   15 000 000

2.4 其他资产的核算

2.4.1 预拨经费

1) 预拨经费的概念

预拨经费,是指政府财政部门预拨给预算单位而尚未列入预算支出的款项。预拨经费业务的发生主要包括两种情况:一是年度预算执行中,总预算会计用预算资金拨给有关用款单位应在以后各期列支的款项;二是会计年度终了前预拨给用款单位的下年度经费。

2) 预拨经费的核算

财政总预算会计通过设置"预拨经费"科目来核算预拨给预算单位尚未列为预算支出的增减变动情况。该科目借方登记预拨经费的增加;贷方登记预拨经费的减少;期末借方余额反映政府财政年末尚未转列支出或尚待收回的预拨经费数。"预拨经费"科目应当按照预拨经费种类、预算单位等进行明细核算。

政府财政拨出款项时,借记"预拨经费"科目,贷记"国库存款"科目。

政府财政转列支出或收回预拨款项时,借记"一般公共预算本级支出""政府性基金预算本级支出""国库存款"等科目,贷记"预拨经费"科目。

[例 2-22] 某县财政根据发生的预拨经费业务,编制相关的会计分录:

（1）2015 年 12 月,按照规定采用财政实拨资金方式向所属预算单位预拨 2016 年年初部分一般预算经费 250 000 元。

    借:预拨经费——某预算单位   250 000
      贷:国库存款   250 000

（2）该县财政总预算会计在 2016 年 1 月按照规定将预拨给该预算单位的经费转作一般预算支出。

    借:一般公共预算本级支出   250 000

贷:预拨经费——某预算单位　　　　　　　　　　　　　　250 000

2.4.2　股权投资

1)股权投资的概念

股权投资,是指政府持有的各类股权投资资产,包括国际金融组织股权投资、投资基金股权投资、企业股权投资等。

2)股权投资的核算

财政总预算会计通过设置"股权投资"科目来核算政府持有的各类股权投资。股权投资一般采用权益法进行核算。该科目借方登记股权投资的增加;贷方登记股权投资的减少;期末借方余额反映政府尚未收回的现金股利或利润。

"股权投资"科目下应当按照"国际金融组织股权投资""投资基金股权投资""企业股权投资"设置一级明细科目,在一级明细科目下,可根据管理需要,按照被投资主体进行明细核算。对每一个被投资主体还可按"投资成本""收益转增投资""损益调整""其他权益变动"进行明细核算。

股权投资主要账务处理如下:

(1)国际金融组织股权投资

①政府财政代表政府认缴国际金融组织股本时,按照实际支付的金额,借记"一般公共预算本级支出"等科目,贷记"国库存款"科目;根据股权投资确认的相关资料,按照确定的股权投资成本,借记该科目,贷记"资产基金——股权投资"科目。

②从国际金融组织撤出股本时,按照收回的金额,借记"国库存款"科目,贷记"一般公共预算本级支出"科目;根据股权投资清算的相关资料,按照实际撤出的股本,借记"资产基金——股权投资"科目,贷记该科目。

(2)投资基金股权投资

①政府财政对投资资金进行股权投资时,按照实际支付的金额,借记"一般公共预算本级支出"等科目,贷记"国库存款"等科目;根据股权投资确认的相关资料,按照实际支付的金额,借记该科目(投资成本),按照确定的在被投资基金中占有的权益金额与实际支付金额的差额,借记或贷记该科目(其他权益变动),按照确定的在被投资基金中占有的权益金额,贷记"资产基金——股权投资"科目。

②年末,根据政府财政在被投资基金当期净利润或净亏损中占有的份额,借记或贷记该科目(损益调整),贷记或借记"资产基金——股权投资"科目。

③政府财政将归属财政的收益留作基金滚动使用时,借记该科目(收益转增投资),贷记该科目(损益调整)。

④被投资基金宣告发放现金股利或利润时,按照应上缴政府财政的部分,借记"应收股利"科目,贷记"资产基金——应收股利"科目;同时按照相同的金额,借记"资产基金——股权投资"科目,贷记该科目(损益调整)。

⑤被投资基金发生除净损益以外的其他权益变动时,按照政府财政持股比例计算应

享有的部分,借记或贷记该科目(其他权益变动),贷记或借记"资产基金——股权投资"科目。

⑥投资基金存续期满、清算或政府财政从投资基金退出,需收回出资时,政府财政按照实际收回的资金,借记"国库存款"等科目,按照收回的原实际出资部分,贷记"一般公共预算本级支出"等科目,按照超出原实际出资的部分,贷记"一般公共预算本级收入"等科目;根据股权投资清算的相关资料,按照因收回股权投资而减少在被投资基金中占有的权益金额,借记"资产基金——股权投资"科目,贷记该科目。

(3)企业股权投资

企业股权投资的账务处理,根据管理条件和管理需要,参照投资基金股权投资的账务处理。

2.4.3 待发国债

1)待发国债的概念

待发国债,是指为弥补中央财政预算收支差额,中央财政预计发行国债与实际发行国债之间的差额。

2)待发国债的核算

财政总预算会计通过设置"待发国债"科目来核算为弥补中央财政预算收支差额,中央财政预计发行国债与实际发行国债之间的差额情况。该科目借方登记待发国债数量的增加;贷方登记待发国债数额的减少;期末借方余额反映中央财政尚未使用的国债发行额度。

年终,实际发行国债收入用于债务还本支出后,小于为弥补中央财政预算收支差额中央财政预计发行国债时,按照两者的差额,借记"待发国债"科目,贷记相关科目;

实际发行国债收入用于债务还本支出后,大于为弥补中央财政预算收支差额中央财政预计发行国债时,按照两者的差额,借记相关科目,贷记"待发国债"科目。

【思考与练习】

一、思考题

1.财政总预算会计的资产是什么?具体包括哪些内容?

2.财政存款的概念是什么?

3.有价证券的概念是什么?

4.预拨经费业务的发生主要有哪些情况?

二、练习题

练习题一

(一)目的:练习国库存款和其他财政存款的核算。

(二)资料:某省财政 2016 年发生下列经济业务:

1.某省财政收到中国人民银行国库报来的预算收入日报表等,当日共收到财政预算收入 51 000 元。其中,一般公共预算本级收入 35 000 元,政府性基金预算本级收入 16 000元。

2.财政国库支付执行机构以财政直接支付的方式,通过财政零余额账户支付有关预算单位的属于一般公共预算本级支出的款项共计 20 000 元,属于政府性基金预算本级支出的款项共计 6 500 元,属于国有资本经营预算本级支出的款项共计 5 000 元。

财政总预算会计还通过财政国库账户向所属下级财政拨付财政补助资金 12 500 元,向所属下级财政转贷地方政府债券资金 3 500 元,向上级财政上解财政资金 1 000 元。

3.收到地方政府债券转贷款应收利息共计 9 600 元。

4.收到实行财政专户管理的资金收入共计 8 500 元。

5.通过财政专户向有关预算单位拨付财政专户管理资金共计 6 960 元。

(三)要求:根据以上经济业务,编制有关的会计分录。

练习题二

(一)目的:练习股权投资和应收股利的核算。

(二)资料:某省财政 2016 年发生下列经济业务:

1.某省财政使用一般公共预算资金向某基金公司拨付款项 100 000 元,作为股权投资。

2.基金公司报告实现投资收益,省财政确认相应收益 5 000 元。

3.将一部分基金公司的投资收益 2 000 元留作基金滚动使用。

4.基金公司宣告现金股利,省财政确认相应收益 1 760 元,收到的现金股利纳入省财政一般公共预算本级收入。

(三)要求:根据以上经济业务,编制有关的会计分录。

练习题三

(一)目的:练习与下级往来的核算。

(二)资料:某省财政 2016 年发生下列经济业务:

1.某省财政厅通知国库,将预算资金 500 000 元借给所属的甲县财政局。

2.年终体制结算中,计算出 A 区财政局应上解本级财政而未上解的预算收入

300 000元。

3.年终体制结算中,本级财政应拨而未拨下级政府的补助款160 000元。

4.借给甲县财政局的500 000元收回200 000元,余下的款项转作对甲县财政局的补助款。

5.A区财政局给本级财政的上解款多出100 000元,应予以退回。

6.本级财政给B区财政局的补助款多出230 000元,应予以收回。

(三)要求:根据以上经济业务,编制有关的会计分录。

第 3 章　财政总预算会计负债的核算

【学习目标】

通过本章的学习,了解财政总预算会计负债的管理方式和核算要求;理解财政总预算会计负债的概念和内容;掌握各类负债账户的核算方法,并能正确地进行负债的核算业务。

3.1　财政总预算会计负债概述

3.1.1　财政总预算会计负债的概念

在财政总预算会计中,负债是指政府财政承担的能以货币计量、需以资产偿付的债务,包括应付国库集中支付结余、暂收及应付款项、应付政府债券、借入款项、应付转贷款、其他负债和应付代管资金等。

财政总预算会计核算的负债按照偿还期限的长短,分为流动负债和非流动负债。流动负债是指预计在 1 年内(含 1 年)偿还的负债;非流动负债是指流动负债以外的负债。

财政总预算承担的债务,应当在对其承担偿还责任,并且能够可靠地进行货币计量时确认。

符合负债定义并确认的负债项目,应当列入资产负债表。政府财政承担或有责任(偿债责任需要通过未来不确定事项的发生或不发生予以证实)的负债,不列入资产负债表,但应当在报表附注中披露。

财政总预算会计的负债,应当按照承担的相关合同金额或实际发生金额进行计量。

3.1.2 财政总预算会计负债的会计科目表(见表 3.1)

表 3.1　财政总预算会计负债类会计科目表

序号	科目编号	科目名称	核算内容
1	2001	应付短期政府债券	政府财政部门以政府名义发行的期限不超过 1 年(含 1 年)的国债和地方政府债券的应付本金和利息
2	2011	应付国库集中支付结余	政府财政采用权责发生制列支,预算单位尚未使用的国库集中支付结余资金
3	2012	与上级往来	本级政府财政与上级政府财政的往来待结算款项
4	2015	其他应付款	政府财政临时发生的暂收、应付和收到的不明性质款项。税务机关代征入库的社会保险费、项目单位使用并承担还款责任的外国政府和国际金融组织贷款,也通过该科目核算
5	2017	应付代管资金	政府财政代为管理的、使用权属于被代管主体的资金
6	2021	应付长期政府债券	政府财政部门以政府名义发行的期限超过 1 年的国债和地方政府债券的应付本金和利息
7	2022	借入款项	政府财政部门以政府名义向外国政府和国际金融组织等借入的款项,以及经国务院批准的其他方式借入的款项
8	2026	应付地方政府债券转贷款	地方政府财政从上级政府财政借入的地方政府债券转贷款的本金和利息
9	2027	应付主权外债转贷款	本级政府财政从上级政府财政借入的主权外债转贷款的本金和利息
10	2045	其他负债	政府财政因有关政策明确要求其承担支出责任的事项而形成的应付未付款项
11	2091	已结报支出	政府财政国库支付执行机构已清算的国库集中支付支出数额。财政国库支付执行机构未单设的地区,不使用该科目

3.2　应付及暂收类负债的核算

3.2.1　应付政府债券

1)应付政府债券的概念

应付政府债券,是指政府财政采用发行政府债券方式筹集资金而形成的负债,包括应付短期政府债券和应付长期政府债券。

2）应付政府债券的核算

（1）应付短期政府债券的核算

财政总预算会计通过设置"应付短期政府债券"科目来核算政府财政部门以政府名义发行的期限不超过 1 年（含 1 年）的国债和地方政府债券的应付本金和利息。该科目贷方登记短期应付债券的增加；借方登记短期应付债券的减少；期末贷方余额反映政府财政尚未偿还的短期政府债券本金和利息。

"应付短期政府债券"科目下应当设置"应付国债""应付地方政府一般债券""应付地方政府专项债券"等一级明细科目，在一级明细科目下，再分别设置"应付本金""应付利息"明细科目，分别核算政府债券的应付本金和利息。债务管理部门应当设置相应的辅助账，详细记录每期政府债券金额、种类、期限、发行日、到期日、票面利率、偿还本金及付息情况等。

①实际收到短期政府债券发行收入时，按照实际收到的金额，借记"国库存款"科目，按照短期政府债券实际发行额，贷记"债务收入"科目，按照发行收入和发行额的差额，借记或贷记有关支出科目；根据债券发行确认文件等相关债务管理资料，按照到期应付的短期政府债券本金金额，借记"待偿债净资产——应付短期政府债券"科目，贷记该科目。

②期末确认短期政府债券的应付利息时，根据债务管理部门计算出的本期应付未付利息金额，借记"待偿债净资产——应付短期政府债券"科目，贷记该科目。

③实际支付本级政府财政承担的短期政府债券利息时，借记"一般公共预算本级支出"或"政府性基金预算本级支出"科目，贷记"国库存款"等科目；实际支付利息金额中属于已确认的应付利息部分，还应根据债券兑付确认文件等相关债券管理资料，借记该科目，贷记"待偿债净资产——应付短期政府债券"科目。

④实际偿还本级政府财政承担的短期政府债券本金时，借记"债务还本支出"科目，贷记"国库存款"等科目；根据债券兑付确认文件等相关债券管理资料，借记该科目，贷记"待偿债净资产——应付短期政府债券"科目。

⑤省级财政部门采用定向承销方式发行短期地方政府债券置换存量债务时，根据债权债务确认相关资料，按照置换本级政府存量债务的额度，借记"债务还本支出"科目，贷记"债务收入"科目；根据债务管理部门转来的相关资料，按照置换本级政府存量债务的额度，借记"待偿债净资产——应付短期政府债券"科目，贷记该科目。

[例 3-1]　某省财政部门经政府批准于 1 月 1 日发行一年期一般债券 2 000 000 元，期间支付发行债券印刷费，以及相关承销费用 120 000 元，债券按月 5‰计息，次年 1 月 1 日偿还一年期债券本金及利息。

根据相关凭证，编制如下会计分录：

（1）借：国库存款　　　　　　　　　　　　　　1 880 000

　　　　一般公共预算本级支出　　　　　　　　　120 000

　　　贷：债务收入　　　　　　　　　　　　　　　　　2 000 000

同时，

借：待偿债净资产——应付短期政府债券　　　　　　2 000 000

　　贷：应付短期政府债券——应付地方政府一般债券——应付本金

　　　　　　　　　　　　　　　　　　　　　　　　2 000 000

（2）1—11月，每月末确认应付债券应付利息

借：待偿债净资产——应付短期政府债券　　　　　　10 000

　　贷：应付短期政府债券——应付地方政府一般债券——应付利息

　　　　　　　　　　　　　　　　　　　　　　　　10 000

（3）12月31日，偿还短期债券利息

借：一般公共预算本级支出　　　　　　　　　　　　120 000

　　贷：国库存款　　　　　　　　　　　　　　　　120 000

同时，

借：应付短期政府债券——应付地方政府一般债券——应付利息

　　　　　　　　　　　　　　　　　　　　　　　　110 000

　　贷：待偿债净资产——应付短期政府债券　　　　110 000

（4）12月31日，偿还本级政府承担的短期政府债券本金时

借：债务还本支出　　　　　　　　　　　　　　　　2 000 000

　　贷：国库存款　　　　　　　　　　　　　　　　2 000 000

同时，

借：应付短期政府债券——应付地方政府一般债券——应付本金

　　　　　　　　　　　　　　　　　　　　　　　　2 000 000

　　贷：待偿债净资产——应付短期政府债券　　　　2 000 000

（2）应付长期政府债券的核算

财政总预算会计通过设置"应付长期政府债券"科目来核算政府财政部门以政府名义发行的期限超过1年的国债和地方政府债券的应付本金和利息。该科目贷方登记长期应付债券的增加；借方登记长期应付债券的减少；期末贷方余额反映政府财政尚未偿还的长期政府债券本金和利息。

"应付长期政府债券"科目下应当设置"应付国债""应付地方政府一般债券""应付地方政府专项债券"等一级明细科目，在一级明细科目下，再分别设置"应付本金""应付利息"明细科目，分别核算政府债券的应付本金和利息。

债务管理部门应当设置相应的辅助账，详细记录每期政府债券金额、种类、期限、发行日、到期日、票面利率、偿还本金及付息情况等。

①实际收到长期政府债券发行收入时，按照实际收到的金额，借记"国库存款"科目，按照长期政府债券实际发行额，贷记"债务收入"科目，按照发行收入和发行额的差额，借记或贷记有关支出科目；根据债券发行确认文件等相关债务管理资料，按照到期应付的长期政府债券本金金额，借记"待偿债净资产——应付长期政府债券"科目，贷记该科目。

②期末确认长期政府债券的应付利息时，根据债务管理部门计算出的本期应付未付

利息金额,借记"待偿债净资产——应付长期政府债券"科目,贷记该科目。

③实际支付本级政府财政承担的长期政府债券利息时,借记"一般公共预算本级支出"或"政府性基金预算本级支出"科目,贷记"国库存款"等科目;实际支付利息金额中属于已确认的应付利息部分,还应根据债券兑付确认文件等相关债券管理资料,借记该科目,贷记"待偿债净资产——应付长期政府债券"科目。

④实际偿还本级政府财政承担的长期政府债券本金时,借记"债务还本支出"科目,贷记"国库存款"等科目;根据债券兑付确认文件等相关债券管理资料,借记该科目,贷记"待偿债净资产——应付长期政府债券"科目。

⑤本级政府财政偿还下级政府财政承担的地方政府债券本息时,借记"其他应付款"或"其他应收款"科目,贷记"国库存款"科目;根据债券兑付确认文件等相关债券管理资料,按照实际偿还的长期政府债券酬金及已确认的应付利息金额,借记该科目,贷记"待偿债净资产——应付长期政府债券"科目。

⑥省级财政部门采用定向承销方式发行长期地方政府债券置换存量债务时,根据债权债务确认相关资料,按照置换本级政府存量债务的额度,借记"债务还本支出"科目,按照置换下级政府存量债务的额度,借记"债务转贷支出"科目,按照置换存量债务的总额度,贷记"债务收入"科目;根据债务管理部门转来的相关资料,按照置换存量债务的总额度,借记"待偿债净资产——应付长期政府债券"科目,贷记该科目;同时,按照置换下级政府存量债务额度,借记"应收地方政府债券转贷款"科目,贷记"资产基金——应收地方政府债券转贷款"科目。

3.2.2　应付转贷款

应付转贷款,是指地方政府财政向上级政府财政借入转贷资金而形成的负债,包括应付地方政府债券转贷款和应付主权外债转贷款等。

1) 应付地方政府债券转贷款的概念与核算

应付地方政府债券转贷款,是指地方政府财政从上级政府财政借入的地方政府债券转贷款的本金和利息。

财政总预算会计通过设置"应付地方政府债券转贷款"科目来核算其增减变动情况。该科目贷方登记应付地方政府债券转贷款的增加;借方登记应付地方政府债券转贷款的减少;期末贷方余额反映本级政府财政尚未偿还的地方政府债券转贷款的本金和利息。

"应付地方政府债券转贷款"科目下应当设置"应付地方政府一般债券转贷款"和"应付地方政府专项债券转贷款"一级明细科目,在一级明细科目下再分别设置"应付本金"和"应付利息"两个明细科目,分别对应付本金和利息进行明细核算。

地方政府财政收到上级政府财政转贷的地方政府债券资金时,借记"国库存款"科目,贷记"债务转贷收入"科目;根据债务管理部门转来的相关资料,按照到期应偿还的转贷款本金金额,借记"待偿债净资产——应付地方政府债券转贷款"科目,贷记"应付地方政府债券转贷款"科目;期末确认地方政府债券转贷款的应付利息时,根据债务管理部门计算出的本期应付未付利息金额,借记"待偿债净资产——应付地方政府债券转贷款"科目,贷记"应付地方政府债券转贷款"科目。

偿还本级政府财政承担的地方政府债券转贷款本金时,借记"债务还本支出"科目,贷记"国库存款"等科目;根据债务管理部门转来的相关资料,按照实际偿还的本金金额,借记"应付地方政府债券转贷款"科目,贷记"待偿债净资产——应付地方政府债券转贷款"科目。

偿还本级政府财政承担的地方政府债券转贷款的利息时,借记"一般公共预算本级支出"或"政府性基金预算本级支出"科目,贷记"国库存款"等科目;实际支付利息金额中属于已确认的应付利息部分,还应根据债务管理部门转来的相关资料,借记"应付地方政府债券转贷款"科目,贷记"待偿债净资产——应付地方政府债券转贷款"科目。

偿还下级政府财政承担的地方政府债券转贷款的本息时,借记"其他应付款"或"其他应收款"科目,贷记"国库存款"等科目;根据债务管理部门转来的相关资料,按照实际偿还的本金及已确认的应付利息金额,借记该科目,贷记"待偿债净资产——应付地方政府债券转贷款"科目。

被上级政府财政扣缴地方政府债券转贷款的本息时,借记"其他应收款"科目,贷记"与上级往来"科目;根据债务管理部门转来的相关资料,按照实际扣缴的本金及已确认的应付利息金额,借记该科目,贷记"待偿债净资产——应付地方政府债券转贷款"科目;列报支出时,对应由本级政府财政承担的还本支出,借记"债务还本支出"科目,贷记"其他应收款"科目;对应由本级政府财政承担的利息支出,借记"一般公共预算本级支出"或"政府性基金预算本级支出"科目,贷记"其他应收款"科目。

采用定向承销方式发行地方政府债券置换存量债务时,省级以下(不含省级)财政部门根据上级财政部门提供的债权债务确认相关资料,按照置换本级政府存量债务的额度,借记"债务还本支出"科目,按照置换下级政府存量债务的额度,借记"债务转贷支出"科目,按照置换存量债务的总额度,贷记"债务转贷收入"科目;根据债务管理部门转来的相关资料,按照置换存量债务的总额度,借记"待偿债净资产——应付地方政府债券转贷款"科目,贷记"应付地方政府债券转贷款"科目;同时,按照置换下级政府存量债务额度,借记"应收地方政府债券转贷款"科目,贷记"资产基金——应收地方政府债券转贷款"科目。

[例3-2] 某省财政发行一批地方政府一般债券。同时,向所属下级某市财政转贷300 000元,用以支持该市政府的一项公共设施建设。该转贷款项每年利息费用为3 200元,转贷期限为3年,每年支付一次利息。

市财政总预算会计应编制如下会计分录:

(1)收到上级省政府财政转贷的地方政府债券资金时

借:国库存款		300 000
贷:债务转贷收入		300 000

同时,

借:待偿债净资产——应付地方政府债券转贷款		300 000
贷:应付地方政府债券转贷款		300 000

（2）每年确认省政府债券转贷款的应付利息时

借：待偿债净资产——应付地方政府债券转贷款　　　　3 200

　　贷：应付地方政府债券转贷款　　　　　　　　　　　　3 200

（3）按时支付由市政府财政承担的省政府债券转贷款利息时

借：一般公共预算本级支出　　　　　　　　　　　　　3 200

　　贷：国库存款　　　　　　　　　　　　　　　　　　　3 200

同时，

借：应付地方政府债券转贷款　　　　　　　　　　　　3 200

　　贷：待偿债净资产——应付地方政府债券转贷款　　　　3 200

（4）按时偿还由市政府财政承担的省政府债券转贷款本金时

借：债务还本支出　　　　　　　　　　　　　　　　300 000

　　贷：国库存款　　　　　　　　　　　　　　　　　　300 000

同时，

借：应付地方政府债券转贷款　　　　　　　　　　　300 000

　　贷：待偿债净资产——应付地方政府债券转贷款　　　300 000

2）应付主权外债转贷款的概念与核算

应付主权外债转贷款，是指政府财政从上级政府财政借入的主权外债转贷款的本金和利息。

财政总预算会计通过设置"应付主权外债转贷款"科目来核算其增减变动情况。该科目贷方登记应付主权外债转贷款的增加；借方登记应付主权外债转贷款的减少；期末贷方余额反映本级政府财政尚未偿还的主权外债转贷款本金和利息。

"应付主权外债转贷款"科目下应当设置"应付本金"和"应付利息"两个明细科目，分别对应付本金和利息进行明细核算。

本级政府财政收到上级政府财政转贷的主权外债资金时，借记"其他财政存款"科目，贷记"债务转贷收入"科目；根据债务管理部门转来的相关资料，按照实际承担的债务金额，借记"待偿债净资产——应付主权外债转贷款"科目，贷记"应付主权外债转贷款"科目。

从上级政府财政借入主权外债转贷款，且由外方将贷款资金直接支付给用款单位或供应商时，应根据以下情况分别处理：

第一，本级政府财政承担还款责任，贷款资金由本级政府财政同级部门（单位）使用的，本级政府财政根据贷款资金支付相关资料，借记"一般公共预算本级支出"等科目，贷记"债务转贷收入"等科目；根据债务管理部门转来的相关资料，按照实际承担的债务金额，借记"待偿债净资产——应付主权外债转贷款"科目，贷记"应付主权外债转贷款"科目。

第二，本级政府财政承担还款责任，贷款资金由下级政府财政同级部门（单位）使用的，本级政府财政根据贷款资金支付相关资料及预算指标文件，借记"补助支出"等科目，贷记"债务转贷收入"科目;根据债务管理部门转来的相关资料,按照实际承担的债务金额,借记"待偿债净资产——应付主权外债转贷款"科目,贷记"应付主权外债转贷款"科目。

第三,下级政府财政承担还款责任,贷款资金由下级政府财政同级部门(单位)使用的,本级政府财政根据贷款资金支付相关资料,借记"债务转贷支出"等科目,贷记"债务转贷收入"等科目;根据债务管理部门转来的相关资料,按照实际承担的债务金额,借记"待偿债净资产——应付主权外债转贷款"科目,贷记"应付主权外债转贷款"科目;同时,借记"应收主权外债转贷款"科目,贷记"资产基金——应收主权外债转贷款"科目。

期末确认主权外债转贷款的应付利息时,按照债务管理部门计算出的本期应付未付利息金额,借记"待偿债净资产——应付主权外债转贷款"科目,贷记"应付主权外债转贷款"科目。

偿还本级政府财政承担的借入主权外债转贷款的本金时,借记"债务还本支出"科目,贷记"其他财政存款"等科目;根据债务管理部门转来的相关资料,按照实际偿还的本金金额,借记"应付主权外债转贷款"科目,贷记"待偿债净资产——应付主权外债转贷款"科目。

偿还本级政府财政承担的借入主权外债转贷款的利息时,借记"一般公共预算本级支出"等科目,贷记"其他财政存款"等科目;实际偿还利息金额中属于已确认的应付利息部分,还应根据债务管理部门转来的相关资料,借记"应付主权外债转贷款"科目,贷记"待偿债净资产——应付主权外债转贷款"科目。

偿还下级政府财政承担的借入主权外债转贷款的本息时,借记"其他应付款"或"其他应收款"科目,贷记"其他财政存款"等科目;根据债务管理部门转来的相关资料,按照实际偿还的本金及已确认的应付利息金额,借记"应付主权外债转贷款"科目,贷记"待偿债净资产——应付主权外债转贷款"科目。

被上级政府财政扣缴借入主权外债转贷款的本息时,借记"其他应收款"科目,贷记"与上级往来"科目;根据债务管理部门转来的相关资料,按照被扣缴的本金及已确认的应付利息金额,借记"应付主权外债转贷款"科目,贷记"待偿债净资产——应付主权外债转贷款"科目;列报支出时,对应由本级政府财政承担的还本支出,借记"债务还本支出"科目,贷记"其他应收款"科目;对应由本级政府财政承担的利息支出,借记"一般公共预算本级支出"等科目,贷记"其他应收款"科目。

上级政府财政豁免主权外债转贷款本息时,根据以下情况分别处理:

第一,豁免本级政府财政承担偿还责任的主权外债转贷款本息时,根据债务管理部门转来的相关资料,按照豁免转贷款的本金及已确认的应付利息金额,借记"应付主权外债转贷款"科目,贷记"待偿债净资产——应付主权外债转贷款"科目。

第二,豁免下级政府财政承担偿还责任的主权外债转贷款本息时,根据债务管理部门转来的相关资料,按照豁免转贷款的本金及已确认的应付利息金额,借记"应付主权外债转贷款"科目,贷记"待偿债净资产——应付主权外债转贷款"科目;同时,借记"资产基金——应收主权外债转贷款"科目,贷记"应收主权外债转贷款"科目。

　　"应付主权外债转贷款"科目的会计处理方法与"借入款项""应付地方政府债券转贷款"科目的会计处理方法比较相似。由于业务内容存在一些差异,因此,它们的会计处理方法也不尽相同。

　　[例3-3]　某省政府向某国际金融组织贷款500 000元,用于该省范围内的公共基础设施建设。该省政府将相应贷款的一部分资金计250 000元转贷给所属某市政府,用以具体落实在该市范围内的相应建设项目。根据约定,相应贷款的期限为5年,每年的贷款利息为2 600元,该市政府应按期向省政府偿付贷款本息。

　　市财政总预算会计应编制如下会计分录:

　　(1)收到上级省政府财政转贷的主权外债资金时

　　借:其他财政存款　　　　　　　　　　　　　　250 000
　　　　贷:债务转贷收入　　　　　　　　　　　　　　250 000

　　同时,

　　借:待偿债净资产——应付主权外债转贷款　　　250 000
　　　　贷:应付主权外债转贷款　　　　　　　　　　250 000

　　(2)每年确认市政府主权外债转贷款的应付利息时

　　借:待偿债净资产——应付主权外债转贷款　　　2 600
　　　　贷:应付主权外债转贷款　　　　　　　　　　2 600

　　(3)按时向上级省政府财政支付主权外债转贷款利息时

　　借:一般公共预算本级支出　　　　　　　　　　2 600
　　　　贷:应付主权外债转贷款　　　　　　　　　　2 600

　　同时,

　　借:应付主权外债转贷款　　　　　　　　　　　2 600
　　　　贷:待偿债净资产——应付主权外债转贷款　　2 600

　　(4)上级省政府主权外债转贷款到期,市政府财政未按时偿还贷款本金,被省政府财政扣缴时

　　借:其他应收款　　　　　　　　　　　　　　　250 000
　　　　贷:与上级往来　　　　　　　　　　　　　　250 000

　　同时,

　　借:应付主权外债转贷款　　　　　　　　　　　250 000
　　　　贷:待偿债净资产——应付主权外债转贷款　　250 000

　　(5)列报债务还本支出时

　　借:债务还本支出　　　　　　　　　　　　　　250 000
　　　　贷:其他应收款　　　　　　　　　　　　　　250 000

　　被上级省政府财政扣缴后,市政府财政从上级省政府财政获得的其他财政补助资金数额相应减少。

3.2.3 其他应付款

1）其他应付款的概念

其他应付款，是指政府财政临时发生的暂收、应付和收到的不明性质款项。财政总预算会计核算的其他应付款包括国库和财政专户收到尚不能确定收入的款项或其他不明原因的款项；财政部门在实行国库集中支付方式中，因预算单位尚未使用资金而未从国库支付的财政拨款；财政部门预收下级财政部门交来的转贷款还款；财政部门预收承担转贷款还款责任的用款单位交来的转贷款还款。政府采购资金专户汇集的是待支付政府采购需用的资金。

其他应付款属于待结算款项，无论其金额大小，必须及时清理，不能长期挂账。清理结算时，根据款项的性质，退还或转作收入。

2）其他应付款的核算

财政总预算会计通过设置"其他应付款"科目来核算政府财政临时发生的暂收、应付和收到的不明性质款项的增减变动情况。该科目贷方登记其他应付款的增加；借方登记其他应付款的减少；期末贷方余额反映政府财政尚未结清的其他应付款项。"其他应付款"科目应当按照债权单位或资金来源等进行明细核算。

需用说明的是，税务机关代征入库的社会保险费、项目单位使用并承担还款责任的外国政府和国际金融组织贷款，也通过"其他应付款"科目核算。

其他应付款的主要账务处理如下：

（1）收到暂存款项时，借记"国库存款""其他财政存款"等科目，贷记该科目。

（2）将暂存款项清理退还或转作收入时，借记该科目，贷记"国库存款""其他财政存款"或有关收入科目。

（3）社会保险费代征入库时，借记"国库存款"科目，贷记该科目。社会保险费国库缴存社保基金财政专户时，借记该科目，贷记"国库存款"科目。

（4）收到项目单位承担还款责任的外国政府和国际金融组织贷款资金时，借记"其他财政存款"科目，贷记该科目；付给项目单位时，借记该科目，贷记"其他财政存款"科目。

收到项目单位偿还贷款资金时，借记"其他财政存款"科目，贷记该科目；付给外国政府和国际金融组织项目单位还款资金时，借记该科目，贷记"其他财政存款"科目。

[例3-4] 某省财政收到所属某市财政缴来的转贷省政府债券按年付息资金15 000元，准备按规定向省政府债券投资者支付。省财政在上年年末对该批转贷债券确认了应收利息4 000元。当年收到利息后，省财政按时通过相关代办付息机构向省政府债券投资者支付了一年的债券利息15 000元。

省财政总预算会计应编制如下会计分录：

（1）收到转贷省政府债券按年付息资金时

借：国库存款　　　　　　　　　　　　　　　15 000

　贷：其他应付款　　　　　　　　　　　　　　　15 000

同时,

借:资产基金——应收地方政府债券转贷款　　　　　4 000

　　贷:应收地方政府债券转贷款　　　　　　　　　　　　4 000

(2)通过相关代办机构向省政府债券投资者支付一年的债券利息时

借:其他应付款　　　　　　　　　　　　　　　　15 000

　　贷:国库存款　　　　　　　　　　　　　　　　　　15 000

3.2.4　与上级往来

1)与上级往来的概念

与上级往来,是指本级政府财政与上级政府财政往来待结算的款项。它是上下级财政之间因财政资金的周转调度,以及预算补助、上解结算等事项而形成的债务。

2)与上级往来的核算

财政总预算会计通过设置"与上级往来"科目来核算与上级财政的往来结算款项。该科目借方登记应上缴上级财政款项的结转情况;贷方登记应上缴上级财政款项;期末贷方余额表示本级财政的款项,借方余额表示上级财政欠本级财政的款项。该科目应及时清理结算,年终未能结清的余额结转下一年。

有基金预算往来的地区,"与上级往来"科目可按资金性质设置明细账,进行明细分类核算。

从上级财政借入周转款项或体制结算中发生应上缴上级财政款项时,借记"国库存款""上解支出"等科目,贷记该科目;

归还借款、转作上级补助收入或体制结算中应由上级补给款项时,借记该科目,贷记"国库存款""补助收入"等科目。

[例 3-5]　在财政体制结算中,某市财政应上交上级某省财政一般公共预算款项 46 000元。

财政总预算会计应编制如下会计分录:

借:上解支出　　　　　　　　　　　　　　　　46 000

　　贷:与上级往来　　　　　　　　　　　　　　　46 000

3.3　暂存及代管类负债的核算

3.3.1　应付国库集中支付结余

1)应付国库集中支付结余的概念

应付国库集中支付结余,是指国库集中支付中,按照财政部门批复的部门预算,当年未支而需结转下一年度支付的款项采用权责发生制列支后形成的债务。

2）应付国库集中支付结余的核算

财政总预算会计通过设置"应付国库集中支付结余"科目来核算应付国库集中支付结余的增减变动情况。该科目的贷方登记年末对当年形成的国库集中支付结余采用权责发生制列支数额；借方登记以后年度实际支付国库集中支付结余资金；期末贷方余额反映政府财政尚未支付的国库集中支付结余。

"应付国库集中支付结余"科目应当根据管理需要，按照政府收支分类科目等进行相应明细核算。

年末，政府财政对当年形成的国库集中支付结余采用权责发生制列支时，借记有关支出科目，贷记"应付国库集中支付结余"科目。

以后年度，政府财政实际支付国库集中支付结余资金时，分以下情况处理：

（1）按原结转预算科目支出的，借记"应付国库集中支付结余"科目，贷记"国库存款"科目。

（2）调整支出预算科目的，应当按原结转预算科目作冲销处理，借记"应付国库集中支付结余"科目，贷记有关支出科目。同时，按实际支出预算科目作列支账务处理，借记有关支出科目，贷记"国库存款"科目。

[例3-6]　年终，某市财政纳入国库集中支付管理的、当年未支而需结转下一年度支付的国库集中支付结余3 000 000元。

（1）全部结余确认为该年度一般公共预算本级支出

借：一般公共预算本级支出　　　　　　　　　3 000 000

　　贷：应付国库集中支付结余　　　　　　　　　　　3 000 000

（2）下一年，将结转结余资金实际拨付支出时

借：应付国库集中支付结余　　　　　　　　　3 000 000

　　贷：国库存款　　　　　　　　　　　　　　　　3 000 000

3.3.2　已结报支出

1）已结报支出的概念

已结报支出，是指政府财政国库支付执行机构已清算的国库集中支付支出数额。

2）已结报支出的核算

根据财政国库支付执行机构业务活动的特点，会计核算时需要设置"财政零余额账户存款"和"已结报支出"两个特殊总账科目。其中，"财政零余额账户存款"科目前面已经讲述，不再赘述。"已结报支出"科目用于核算财政国库资金已结清的支出数额。

每日汇总清算后，财政国库支付执行机构会计根据有关划款凭证回执联和按部门分"类""款""项"汇总的"预算支出结算清单"，对财政直接支付，借记"财政零余额账户存款"科目，贷记"已结报支出"科目；对财政授权支付，借记"一般公共预算本级支出""政府性基金预算本级支出""国有资本经营预算本级支出"等科目，贷记"已结报支出"

科目。

年终,财政国库支付执行机构按照累计结清的支出金额,与有关方面核对一致后转账时,借记"已结报支出"科目,贷记"一般公共预算本级支出""政府性基金预算本级支出""国有资本经营预算本级支出"等科目。

[例3-7]　某市财政国库支付执行机构根据发生的已结报支出业务,进行相关的账务处理。

(1)为预算单位直接支付以一般预算资金安排的支出2 000 000元。该机构当日汇总"预算支出结算清单",其中财政直接支付金额2 000 000元,该清单已送财政总预算会计结算资金。

借:一般公共预算本级支出　　　　　　　　　2 000 000
　　贷:财政零余额账户存款　　　　　　　　　　　2 000 000
借:财政零余额账户存款　　　　　　　　　　2 000 000
　　贷:已结报支出——财政直接支付　　　　　　　2 000 000

(2)收到财政授权支付下代理银行报来的日报表,当日,一般预算支出1 000 000元,基金预算支出260 000元。

借:一般公共预算本级支出　　　　　　　　　1 000 000
　　政府性基金预算本级支出　　　　　　　　　260 000
　　贷:已结报支出——财政授权支付　　　　　　　1 260 000

(3)年末,该市财政国库支付执行机构将预算支出与有关方面核对一致后转账,其中,一般公共预算本级支出320 000 000元,政府性基金预算本级支出56 000 000元。

借:已结报支出　　　　　　　　　　　　　376 000 000
　　贷:一般公共预算本级支出　　　　　　　　　320 000 000
　　政府性基金预算本级支出　　　　　　　　　56 000 000

3.3.3　应付代管资金

1)应付代管资金的概念

应付代管资金,是指政府财政代为管理的、使用权属于被代管主体的资金。

2)应付代管资金的核算

财政总预算会计通过设置"应付代管资金"科目来核算其增减变动情况。该科目贷方登记收到的代管资金;借方登记支付的代管资金;期末贷方余额反映政府财政尚未支付的代管资金。

政府财政收到代管资金时,借记"其他财政存款"等科目,贷记"应付代管资金"科目。

支付代管资金时,借记"应付代管资金"科目,贷记"其他财政存款"等科目。

代管资金产生的利息收入按照相关规定仍属于代管资金的,应借记"其他财政存款"等科目,贷记"应付代管资金"科目。

[例3-8]　某市财政收到相邻某市财政汇来的代管款项350 000元,本期代管资金产

生的利息收入 13 000 元。期末支付代管资金及利息 363 000 元。

财政总预算会计应编制如下会计分录：

借：其他财政存款   350 000

    贷：应付代管资金   350 000

借：其他财政存款   13 000

    贷：应付代管资金   13 000

借：应付代管资金   363 000

    贷：其他财政存款   363 000

3.4　借入款项及其他负债的核算

3.4.1　借入款项

1）借入款项的概念

借入款项，是指政府财政部门以政府名义向外国政府、国际金融组织等借入的款项，以及通过经国务院批准的其他方式借款形成的负债。前者为主权外债，后者为其他借款，如各级政府财政根据国家法律或国务院特别规定向国家银行的借款等。

2）借入款项的核算

财政总预算会计通过设置"借入款项"科目来核算借入款项的增减变动情况。该科目贷方登记借入款项的增加；借方登记借入款项的减少；期末贷方余额反映本级政府财政尚未偿还的借入款项本金和利息。

"借入款项"科目下应当设置"应付本金""应付利息"两个明细科目，分别对借入款项的应付本金和利息进行明细核算，还应当按照债权人进行明细核算。债务管理部门应当设置相应的辅助账，详细记录每笔借入款项的期限、借入日期、偿还及付息情况等。其主要账务处理情况如下：

（1）借入主权外债的账务处理

①本级政府财政收到借入的主权外债资金时，借记"其他财政存款"科目，贷记"债务收入"科目；根据债务管理部门转来的相关资料，按照实际承担的债务金额，借记"待偿债净资产——借入款项"科目，贷记该科目。

②本级政府财政借入主权外债，且由外方将贷款资金直接支付给用款单位或供应商时，应根据以下情况分别处理：

本级政府财政承担还款责任，贷款资金由本级政府财政同级部门（单位）使用的，本级政府财政部门根据贷款资金支付相关资料，借记"一般公共预算本级支出"等科目，贷记"债务收入"科目；根据债务管理部门转来的相关资料，按照实际承担的债务金额，借记"待偿债净资产——借入款项"科目，贷记该科目。

本级政府财政承担还款责任,贷款资金由下级政府财政同级部门(单位)使用的,本级政府财政部门根据贷款资金支付相关资料及预算指标文件,借记"补助支出"科目,贷记"债务收入"科目;根据债务管理部门转来的相关资料,按照实际承担的债务金额,借记"待偿债净资产——借入款项"科目,贷记该科目。

下级政府财政承担还款责任,贷款资金由下级政府财政同级部门(单位)使用的,本级政府财政部门根据贷款资金支付相关资料,借记"债务转贷支出"等科目,贷记"债务收入"科目;根据债务管理部门转来的相关资料,按照实际承担的债务金额,借记"待偿债净资产——借入款项"科目,贷记该科目;同时,借记"应收主权外债转贷款"科目,贷记"资产基金——应收主权外债转贷款"科目。

③期末确认借入主权外债的应付利息时,根据债务管理部门计算出的本期应付未付利息金额,借记"待偿债净资产——借入款项"科目,贷记该科目。

④偿还本级政府财政承担的借入主权外债本金时,借记"债务还本支出"科目,贷记"国库存款""其他财政存款"等科目;根据债务管理部门转来的相关资料,按照实际偿还的本金金额,借记该科目,贷记"待偿债净资产——借入款项"科目。

⑤偿还本级政府财政承担的借入主权外债利息时,借记"一般公共预算本级支出"等科目,贷记"国库存款""其他财政存款"等科目;实际偿还利息金额中属于已确认的应付利息部分,还应根据债务管理部门转来的相关资料,按照实际承担的债务金额,借记该科目,贷记"待偿债净资产——借入款项"科目。

⑥偿还下级政府财政承担的借入主权外债利息时,借记"其他应付款"或"其他应收款"科目,贷记"国库存款""其他财政存款"等科目;根据债务管理部门转来的相关资料,按照实际偿还的本金及已确认的应付利息金额,借记该科目,贷记"待偿债净资产——借入款项"科目。

⑦被上级政府财政扣缴借入主权外债的本息时,借记"其他应收款"科目,贷记"与上级往来"科目;根据债务管理部门转来的相关资料,按照实际扣缴的本金及已确认的应付利息金额,借记该科目,贷记"待偿债净资产——借入款项"科目。

列报支出时,对应由本级政府财政承担的还本支出,借记"债务还本支出"科目,贷记"其他应收款"科目;对应由本级政府财政承担的利息支出,借记"一般公共预算本级支出"等科目,贷记"其他应收款"科目。

⑧债权人豁免本级政府财政承担偿还责任的借入主权外债本息时,根据债务管理部门转来的相关资料,按照被豁免的本金及已确认的应付利息金额,借记该科目,贷记"待偿债净资产——借入款项"科目。

债权人豁免下级政府财政承担偿还责任的借入主权外债本息时,根据债务管理部门转来的相关资料,按照被豁免的本金及已确认的应付利息金额,借记该科目,贷记"待偿债净资产——借入款项"科目;同时,借记"资产基金——应收主权外债转贷款"科目,贷记"应收主权外债转贷款"科目。

(2)其他借入款项账务处理参照借入主权外债业务的账务处理。

[例3-9]　某省财政收到向某国际金融组织借入的一笔主权外债款项550 000元,借

45

款用途为该省范围内的生态环境保护,实际承担的债务金额 550 000 元。年末,省财政确认该笔借入主权外债的应付利息 1 200 元。次年,省财政向该国际金融组织支付本级政府财政承担的借入主权外债年度利息 5 200 元。5 年后借款到期,省财政向该国际金融组织偿还借入主权外债本金 550 000 元。由于该生态环境保护项目实施效果良好,对周边地区的生态环境保护也产生了良好效应,因此,该国际金融组织经评估豁免了由该省政府财政承担偿还责任的最后一年借款利息 5 200 元。

财政总预算会计应编制如下会计分录:

(1)收到向某国际金融组织借入的主权外债款项时

借:其他财政存款　　　　　　　　　　　　　　　　550 000

　　贷:债务收入　　　　　　　　　　　　　　　　　550 000

同时,

借:待偿债净资产——借入款项　　　　　　　　　　550 000

　　贷:借入款项　　　　　　　　　　　　　　　　　550 000

(2)年末确认借入主权外债的应付利息时

借:待偿债净资产——借入款项　　　　　　　　　　1 200

　　贷:借入款项　　　　　　　　　　　　　　　　　1 200

(3)次年支付借入主权外债利息时

借:一般公共预算本级支出　　　　　　　　　　　　5 200

　　贷:国库存款　　　　　　　　　　　　　　　　　5 200

同时,

借:借入款项　　　　　　　　　　　　　　　　　　1 200

　　贷:待偿债净资产——借入款项　　　　　　　　　1 200

(4)到期偿还借入主权外债本金时

借:债务还本支出　　　　　　　　　　　　　　　　550 000

　　贷:国库存款　　　　　　　　　　　　　　　　　550 000

同时,

借:借入款项　　　　　　　　　　　　　　　　　　550 000

　　贷:待偿债净资产——借入款项　　　　　　　　　550 000

3.4.2　其他负债

1)其他负债的概念

其他负债,是指政府财政因有关政策明确要求其承担支出责任的事项而形成的应付未付款项。

2)其他负债的核算

财政总预算会计通过设置"其他负债"科目来核算其增减变动情况。该科目贷方登记政府财政应承担的支出责任;借方登记实际偿还负债;期末贷方余额反映政府财政承担的尚未支付的其他负债余额。"其他负债"科目应当按照债权单位和项目等进行明细核算。

政府财政根据有关政策已明确政府财政承担的支出责任,按照确定应承担的负债金额,借记"待偿债净资产"科目,贷记"其他负债"科目。

政府财政实际偿还负债时,借记有关支出等科目,贷记"国库存款"等科目,同时,按照相同的金额,借记"其他负债"科目,贷记"待偿债净资产"科目。

[例3-10]　根据相关政策规定,某市财政应承担某自然灾害的应急救灾支出责任,确定政府承担金额为200 000元。

财政总预算会计应编制如下会计分录:

借:待偿债净资产——其他负债　　　　　　　　　200 000
　　贷:其他负债——某救灾款　　　　　　　　　　　　200 000

[例3-11]　通过国库,用一般公共预算资金拨付上例中的应急救灾款200 000元。

财政总预算会计应编制如下会计分录:

借:一般公共预算本级支出　　　　　　　　　　　200 000
　　贷:国库存款　　　　　　　　　　　　　　　　　　200 000

同时,

借:其他负债——某救灾款　　　　　　　　　　　200 000
　　贷:待偿债净资产——其他负债　　　　　　　　　　200 000

【思考与练习】

一、思考题

1.财政总预算会计的负债是什么? 具体包括哪些内容?

2.什么是应付政府债券?

二、练习题

练习题一

(一)目的:练习应付长期政府债券的核算。

(二)资料:某省财政2016年发生下列经济业务:

省财政发行一批3年期记账式固定利率附息地方政府一般债券,计划发行面值650 000元,每年支付一次利息,到期偿还本金并支付最后一年利息。该期债券采用单一价格招标方式,标的为利率,各中标承销团成员按债券面值承销。经招投标程序确定的债券票面利率为2.44%,实际发行债券面值金额为650 000元,实际收到债券发行收入650 000元,经确认的到期应付债券本金金额为650 000元,债券实际发行额为650 000

元。该期债券发行后上市交易。

省财政向相关债券承销团成员按承销债券面值的 0.1% 支付债券发行手续费共计 650 元。3 个月后到达期末,该期债券计算 3 个月的应付利息 3 965 元。1 年后该期债券到达付息日,省财政支付 1 年的到期债券利息 15 860 元。3 年后该期债券到达还本付息日,省财政按债券面值偿还本金 650 000 元,并支付最后一年的到期债券利息 15 860 元。

(三)要求:根据以上经济业务,编制有关的会计分录。

练习题二

(一)目的:练习与上级往来的核算。

(二)资料:某市财政 2016 年发生下列经济业务:

1.市财政向省财政借入款项 500 000 元用于临时周转。

2.体制结算中,某市财政应上解未上解省财政预算收入 400 000 元。

3.体制结算中,省财政应补未补市财政款项 200 000 元。

4.市财政把向省财政借入的款项 500 000 元中的 350 000 元还给省财政,剩余资金转作对本市的补助。

(三)要求:根据以上经济业务,编制有关的会计分录。

第 4 章　财政总预算会计净资产的核算

【学习目标】

通过本章的学习,了解财政总预算会计净资产的管理方式和核算要求;理解财政总预算会计净资产的概念和内容;掌握各类净资产账户的核算方法,并能正确地进行净资产的核算业务。

4.1　财政总预算会计净资产概述

4.1.1　财政总预算会计净资产的概念及内容

财政总预算净资产,是指政府财政资产减去负债的差额。包括一般公共预算结转结余、政府性基金预算结转结余、国有资本经营预算结转结余、财政专户管理资金结余、专用基金结余、预算稳定调节基金、预算周转金、资产基金和待偿债净资产。

4.1.2　财政总预算会计净资产的会计科目表(见表 4.1)

表 4.1　财政总预算会计净资产类会计科目表

序号	科目编号	科目名称	核算内容
1	3001	一般公共预算结转结余	政府财政纳入一般公共预算管理的收支相抵形成的结转结余
2	3002	政府性基金预算结转结余	政府财政纳入政府性基金预算管理的收支相抵形成的结转结余
3	3003	国有资本经营预算结转结余	政府财政纳入国有资本经营预算管理的收支相抵形成的结转结余
4	3005	财政专户管理资金结余	政府财政纳入财政专户管理的教育收费等资金收支相抵后形成的结余
5	3007	专用基金结余	政府财政管理的专用基金收支相抵形成的结余

续表

序号	科目编号	科目名称	核算内容
6	3031	预算稳定调节基金	政府财政设置的用于弥补以后年度预算资金不足的储备资金
7	3033	预算周转金	政府财政设置的用于调剂预算年度内季节性收支差额周转使用的资金
8	3081	资产基金	政府财政持有的应收地方政府债券转贷款、应收主权外债转贷款、股权投资和应收股利等资产(与其相关的资金收支纳入预算管理)在净资产中占用的金额
	308101	应收地方政府债券转贷款	
	308102	应收主权外债转贷款	
	308103	股权投资	
	308104	应收股利	
9	3082	待偿债净资产	政府财政因发生应付政府债券、借入款项、应付地方政府债券转贷款、应付主权外债转贷款和其他负债等负债(与其相关的资金收支纳入预算管理)相应需在净资产中冲减的金额
	308201	应付短期政府债券	
	308202	应付长期政府债券	
	308203	借入款项	
	308204	应付地方政府债券转贷款	
	308205	应付主权外债转贷款	
	308206	其他负债	

4.2 结转结余的核算

结转结余,是指政府各种性质财政资金的收支执行结果,数额上等于各种性质财政资金的收入减去支出的差额。

财政总预算会计核算的结转结余包括一般公共预算结转结余、政府性基金预算结转结余、国有资本经营预算结转结余、财政专户管理资金结余和专用基金结余等。按照现行财政预算管理模型和财政预算资金管理方式,一般公共预算、政府性基金预算、国有资本经营预算、财政专户管理资金、专用基金等实行分别管理、各自平衡的管理方式。

4.2.1 一般公共预算结转结余

1)一般公共预算结转结余的概念

一般公共预算结转结余,是指一般公共预算收支的执行结果。它是政府财政纳入一般公共预算管理的收支相抵形成的结转结余。

2）一般公共预算结转结余的核算

财政总预算会计通过设置"一般公共预算结转结余"科目来核算一般公共预算结转结余增减变动情况。该科目贷方登记一般公共预算结转结余的增加；借方登记一般公共预算结转结余的减少；期末贷方余额反映一般公共预算收支相抵后的滚存结转结余。

本年预算滚存结余=上年预算滚存结余+[一般公共预算本级收入+补助收入（一般公共预算补助收入）+上解收入+调入资金]-[一般公共预算本级支出+补助支出（一般公共预算补助支出）+上解支出]-用预算结余增设的预算周转金

年终结转时，将一般公共预算的有关收入科目贷方余额转入"一般公共预算结转结余"科目的贷方，借记"一般公共预算本级收入""补助收入———一般公共预算补助收入""上解收入———一般公共预算上解收入""地区间援助收入""调入资金———一般公共预算调入资金""债务收入———一般债务收入""债务转贷收入———地方政府一般债务转贷收入""动用预算稳定调节基金"等科目，贷记"一般公共预算结转结余"科目。

年终结转时，将一般公共预算的有关支出科目借方余额转入"一般公共预算结转结余"科目的借方，借记"一般公共预算结转结余"科目，贷记"一般公共预算本级支出""补助支出———一般公共预算补助支出""上解支出———一般公共预算上解支出""地区间援助支出""调出资金———一般公共预算调出资金""安排预算稳定调节基金""债务还本支出———一般债务还本支出""债务转贷支出———地方政府一般债务转贷支出"等科目。

政府财政设置和补充预算周转金时，借记"一般公共预算结转结余"科目，贷记"预算周转金"科目。

[例4-1]　某市财政总预算会计进行年终结算，预算结余账户年初贷方余额（上年预算滚存结余）为1 600 000元；本年结账前有关一般预算收支范畴的各账户的余额如表4.2所示。

另经市政府批准，用预算结余3 000 000元增加预算周转金。

表4.2　一般预算收支范畴的账户余额表

单位:元

会计账户	借方余额	贷方余额
一般公共预算本级收入		300 000 000
补助收入———一般公共预算补助收入		15 000 000
上解收入		9 000 000
调入资金		6 000 000
一般公共预算本级支出	250 000 000	
补助支出———一般公共预算补助支出	20 000 000	
上解支出	6 000 000	

根据以上资料，有关预算结转结余年终结算业务的账务处理如下:

（1）根据资料，结转收入类账户全年累计余额。根据相关凭证，编制如下会计分录：

借：一般公共预算本级收入 300 000 000

补助收入——一般公共预算补助收入 15 000 000

上解收入 9 000 000

调入资金 6 000 000

贷：一般公共预算结转结余 330 000 000

（2）根据资料，结转支出账户全年累计余额。根据相关凭证，编制如下会计分录：

借：一般公共预算结转结余 276 000 000

贷：一般公共预算本级支出 250 000 000

补助支出——一般公共预算补助支出 20 000 000

上解支出 6 000 000

（3）根据市政府批准的数额用预算结余 3 000 000 元增加预算周转金。根据相关凭证，编制如下会计分录：

借：一般公共预算结转结余 3 000 000

贷：预算周转金 3 000 000

经过上述账务处理后，可以计算出本年预算滚存结余为 52 600 000 元。其计算如下：

1 600 000 元 +（300 000 000 元 + 15 000 000 元 + 9 000 000 元 + 6 000 000 元）-（250 000 000 元 + 20 000 000 元 + 6 000 000 元）- 3 000 000 元 = 52 600 000 元

4.2.2　政府性基金预算结转结余

1）政府性基金预算结转结余的概念

政府性基金预算结转结余，是指政府性基金预算收支的执行结果。它是政府财政纳入政府性基金预算管理的收支相抵形成的结转结余。

2）政府性基金预算结转结余的核算

财政总预算会计通过设置"政府性基金预算结转结余"科目来核算政府性基金预算结转结余增减变动情况。该科目贷方登记政府性基金预算结转结余的增加；借方登记政府性基金预算结转结余的减少；期末贷方余额反映政府性基金预算收支相抵后的滚存结转结余。

"政府性基金预算结转结余"科目应当根据管理需要，按照政府性基金的种类进行明细核算。

年终结转时，应将政府性基金预算的有关收入科目贷方余额按照政府性基金种类分别转入该科目下相应明细科目的贷方，借记"政府性基金预算本级收入""补助收入——政府性基金预算补助收入""上解收入——政府性基金预算上解收入""调入资金——政府性基金预算调入资金""债务收入——专项债务收入""债务转贷收入——地方政府专项债务转贷收入"等科目，贷记"政府性基金预算结转结余"科目。

年终结转时,应将政府性基金预算的有关支出科目借方余额按照政府性基金种类分别转入该科目下相应明细科目的借方,借记"政府性基金预算结转结余"科目,贷记"政府性基金预算本级支出""补助支出——政府性基金预算补助支出""上解支出——政府性基金预算上解支出""调出资金——政府性基金预算调出资金""债务还本支出——专项债务还本支出""债务转贷支出——地方政府专项债务转贷支出"等科目。

[例4-2]　某市财政总预算会计年终结算时,"政府性基金预算本级收入"科目的贷方余额为 400 000 元,"补助收入——政府性基金预算补助收入"科目的贷方余额为 60 000 元,"政府性基金预算本级支出"科目的借方余额为 380 000 元,"补助支出——政府性基金预算补助支出"科目的借方余额为 40 000 元;"调出资金"科目的借方余额为 8 000 元。

根据以上资料,有关基金预算结转结余年终结算业务的账务处理如下:

(1)结转收入类账户全年累计余额

借:政府性基金预算本级收入　　　　　　　　　　　　400 000

　　补助收入——政府性基金预算补助收入　　　　　　60 000

　　贷:政府性基金预算结转结余　　　　　　　　　　460 000

(2)结转支出类账户全年累计余额

借:政府性基金预算结转结余　　　　　　　　　　　　428 000

　　贷:政府性基金预算本级支出　　　　　　　　　　380 000

　　　补助支出——政府性基金预算补助支出　　　　　40 000

　　　调出资金　　　　　　　　　　　　　　　　　　8 000

4.2.3　国有资本经营预算结转结余

1)国有资本经营预算结转结余的概念

国有资本经营预算结转结余,是指政府财政纳入国有资本经营预算管理的收支相抵形成的结转结余。

2)国有资本经营预算结转结余的核算

财政总预算会计通过设置"国有资本经营预算结转结余"科目来核算国有资本经营预算结转结余增减变动情况。该科目贷方登记国有资本经营预算的有关收入转入数;借方登记国有资本经营预算的有关支出转入数;期末贷方余额反映国有资本经营预算收支相抵后的滚存结转结余。

年终结转时,应将国有资本经营预算的有关收入科目贷方余额转入该科目贷方,借记"国有资本经营预算本级收入"等科目,贷记"国有资本经营预算结转结余"科目。

年终结转时,应将国有资本经营预算的有关支出科目借方余额转入该科目借方,借记"国有资本经营预算结转结余"科目,贷记"国有资本经营预算本级支出""调出资金——国有资本经营预算调出资金"等科目。

[例4-3]　某省财政年终结账时,"国有资本经营预算收入"科目的贷方余额为

153 000 000 元,"国有资本经营预算支出"科目的借方余额为 86 000 000 元。

财政总预算会计应编制如下会计分录:

借:国有资本经营预算本级收入 153 000 000

　　贷:国有资本经营预算结转结余 153 000 000

借:国有资本经营预算结转结余 86 000 000

　　贷:国有资本经营预算本级支出 86 000 000

经计算,该省财政国有资本经营预算收入减去国有资本经营预算支出后的差额为 67 000 000 元(153 000 000 元-86 000 000 元),即为当年国有资本经营预算结转结余的数额。

4.2.4　财政专户管理资金结余

1) 财政专户管理资金结余的概念

财政专户管理资金结余,是指纳入财政专户管理的教育收费等资金收支的执行结果。它是政府财政纳入财政专户管理的教育收费等资金收支相抵后形成的结余。

2) 财政专户管理资金结余的核算

财政总预算会计通过设置"财政专户管理资金结余"科目来核算财政专户管理资金结余增减变动情况。该科目贷方登记财政专户管理资金结余的增加;借方登记财政专户管理资金结余的减少;期末贷方余额反映政府财政纳入财政专户管理的资金收支相抵后的滚存结余。

"财政专户管理资金结余"科目应当根据管理需要,按照部门(单位)等进行明细核算。

年终结转时,将财政专户管理资金的有关收入科目贷方余额转入该科目贷方,借记"财政专户管理资金收入"等科目,贷记"财政专户管理资金结余"科目。

年终结转时,将财政专户管理资金的有关支出科目借方余额转入该科目借方,借记"财政专户管理资金结余"科目,贷记"财政专户管理资金支出"等科目。

[例4-4]　某市财政年终结账时,有关财政专户管理资金收入科目的贷方余额为"财政专户管理资金收入"185 200 元,有关财政专户管理资金支出科目的借方余额为"财政专户管理资金支出"183 300 元。

财政总预算会计应编制如下会计分录:

借:财政专户管理资金收入 185 200

　　贷:财政专户管理资金结余 185 200

借:财政专户管理资金结余 183 300

　　贷:财政专户管理资金支出 183 300

同时,财政总预算会计应结清所有财政专户管理资金支出明细账的余额。

该市财政专户管理资金收入减去财政专户管理资金支出后的差额为 1 900 元(185 200-183 300),即为当年财政专户管理资金结余数额。

由于财政专户管理资金通常需要返还给缴款单位,因此,财政总预算会计通常需要为每个缴款单位结算出财政专户管理资金年终结余数额。

4.2.5　专用基金结余

1)专用基金结余的概念

专用基金结余,是指专用基金收支的执行结果。它是政府财政管理的专用基金收支相抵形成的结余。

2)专用基金结余的核算

财政总预算会计通过设置"专用基金结余"科目来核算总预算会计管理的专用基金收支的年终执行结果。贷方登记"专用基金收入"科目的贷方余额转入数;借方登记"专用基金支出"科目的借方余额转入数;期末贷方余额表示当年专用基金的滚存结余,该结余应逐年转入下年度。

年终结转时,将专用基金的有关收入科目贷方余额转入该科目贷方,借记"专用基金收入"等科目,贷记"专用基金结余"科目。

年终结转时,将专用基金的有关支出科目借方余额转入该科目借方,借记"专用基金结余",贷记"专用基金支出"等科目。

[例 4-5]　某市财政总预算会计年终结算时,"专用基金收入"科目的贷方余额为130 000 元,"专用基金支出"科目的借方余额为 100 000 元。

有关专用基金结余年终结算业务的账务处理如下:

借:专用基金收入　　　　　　　　　　　　　　130 000
　　贷:专用基金结余　　　　　　　　　　　　　　130 000
借:专用基金结余　　　　　　　　　　　　　　100 000
　　贷:专用基金支出　　　　　　　　　　　　　　100 000

同时,财政总预算会计应结清所有专用基金支出明细账的余额。

该市财政专用基金收入减去专用基金支出后的差额为 30 000 元(130 000 -100 000),即为当年专用基金结余的数额。

4.3　其他净资产的核算

4.3.1　预算稳定调节基金

1)预算稳定调节基金的概念

预算稳定调节基金,是指政府财政安排用于弥补以后年度预算资金不足的储备资金。

2)预算稳定调节基金的核算

财政总预算会计通过设置"预算稳定调节基金"科目来核算预算稳定调节基金增减变动情况。该科目的贷方登记预算稳定调节基金的增加;借方登记预算稳定调节基金的减少;期末贷方余额反映预算稳定调节基金的规模。

政府财政使用超收收入或一般公共预算补充预算稳定调节基金时,借记"安排预算稳定调节基金"科目,贷记"预算稳定调节基金"科目。

政府财政将预算周转金调入预算稳定调节基金时,借记"预算周转金"科目,贷记"预算稳定调节基金"科目。

政府财政调用预算稳定调节基金时,借记"预算稳定调节基金"科目,贷记"动用预算稳定调节基金"科目。

[例4-6] 某省财政根据发生的预算稳定调节基金业务,进行如下账务处理:

(1)补充预算稳定调节基金28 500 000元,其中从政府财政使用超收收入中转入18 500 000元,其他部分从一般公共预算结余中转入。编制如下会计分录:

借:安排预算稳定调节基金 28 500 000
　　贷:预算稳定调节基金 28 500 000

(2)政府财政将预算周转金调入预算稳定调节基金。编制如下会计分录:

借:预算周转金 28 500 000
　　贷:预算稳定调节基金 28 500 000

(3)调用预算稳定调节基金8 200 000元。编制如下会计分录:

借:预算稳定调节基金 8 200 000
　　贷:动用预算稳定调节基金 8 200 000

4.3.2 预算周转金

1)预算周转金的概念

预算周转金,是指政府财政设置的用于调剂预算年度内季节性收支差额周转使用的资金。设置预算周转金,不仅可以使各级财政逐步积蓄一定的后备资金,也可以保证财政其他后备资金不被周转性资金需要所占用。

2)预算周转金的核算

财政总预算会计通过设置"预算周转金"科目来核算库款周转资金的增减变动情况。该科目的贷方登记设置和补充的预算周转金;借方登记将预算周转金调入预算稳定调节基金的金额;期末贷方余额反映预算周转金的规模。

政府财政设置和补充预算周转金时,借记"一般公共预算结转结余"科目,贷记"预算周转金"科目。

将预算周转金调入预算稳定调节基金时,借记"预算周转金"科目,贷记"预算稳定调节基金"科目。

[例 4-7] 某县财政总预算会计经上级财政机关批准,从本县上年结余中补充预算周转金 890 000 元。将预算周转金 480 000 元调入预算稳定调节基金。

财政总预算会计应编制如下会计分录:

借:一般公共预算结转结余　　　　　　　　　　890 000

　　贷:预算周转金　　　　　　　　　　　　　　890 000

借:预算周转金　　　　　　　　　　　　　　480 000

　　贷:预算稳定调节基金　　　　　　　　　　　480 000

4.3.3 资产基金

1)资产基金的概念

资产基金,是指政府财政持有的债权和股权投资等资产(与其相关的资金收支纳入预算管理)在净资产中占有的金额。构成资产基金的债权和股权投资等资产包括应收地方政府债券转贷款、应收主权外债转贷款、股权投资和应收股利。

2)资产基金的核算

财政总预算会计通过设置"资产基金"科目来核算持有的应收地方政府债券转贷款、应收主权外债转贷款、股权投资和应收股利等资产(与其相关的资金收支纳入预算管理)在净资产中占用的金额的增减变动情况。该科目的贷方登记资产基金的增加;借方登记资产基金的减少;期末贷方余额反映政府财政持有应收地方政府债券转贷款、应收主权外债转贷款、股权投资和应收股利等资产(与其在相关的资金收支纳入预算管理)在净资产中占用的金额。

"资产基金"科目下应当设置"应收地方政府债券转贷款""应收主权外债转贷款""股权投资"和"应收股利"等明细科目,进行明细核算。

资产基金的账务处理参见"应收地方政府债券转贷款""应收主权外债转贷款""股权投资"和"应收股利"等科目的使用说明,此处不再赘述。

4.3.4 待偿债净资产

1)待偿债净资产的概念

待偿债净资产,是指政府财政承担应付短期政府债券、应付长期政府债券、借入款项、应付地方政府债券转贷款、应付主权外债转贷款、其他负债等负债(与其相关的资金收支纳入预算管理)而相应需在净资产中冲减的金额。

2)待偿债净资产的核算

财政总预算会计通过设置"待偿债净资产"科目来核算政府待偿债净资产增减变动情况。该科目的借方登记待偿债净资产的增加;贷方登记待偿债净资产的减少;期末借方余额反映政府财政应冲减净资产的金额。

"待偿债净资产"科目下应当设置"应付短期政府债券""应付长期政府债券""借入款项""应付地方政府债券转贷款""应付主权外债转贷款""其他负债"等明细科目,进行明细核算。

财政总预算会计根据债务管理部门转来的相关资料,按照实际承担的债务金额,借记"待偿债净资产——应付主权外债转贷款"科目,贷记"应付短期政府债券""应付长期政府债券""借入款项""应付地方政府债券转贷款""应付主权外债转贷款""其他负债"等科目。

[例4-8] 某省财政经政府批准,7月1日发行为期10个月的一般债券10 000 000元,月利率为4‰,债券款存入银行。财政总预算会计根据债券本金等情况,完成确认待偿债净资产、每月计提债券应付利息、次年4月30日偿还债券全部本金的账务处理。

(1)根据债券本金,确认待偿债净资产,编制如下会计分录:

借:待偿债净资产——应付短期政府债券　　　　　10 000 000

　　贷:应付短期政府债券——应付地方政府一般债券——应付本金

　　　　　　　　　　　　　　　　　　　　　　　　10 000 000

(2)每月计提债券应付利息,编制如下会计分录:

确认应付利息 = 10 000 000元×4‰ = 40 000元

借:待偿债净资产——应付短期政府债券　　　　　40 000

　　贷:应付短期政府债券——应付地方政府一般债券——应付利息

　　　　　　　　　　　　　　　　　　　　　　　　40 000

每月实际支付债券利息,确认待偿债净资产减少,编制如下会计分录:

借:应付短期政府债券——应付地方政府一般债券——应付利息

　　　　　　　　　　　　　　　　　　　　　　　　40 000

　　贷:待偿债净资产——应付短期政府债券　　　　40 000

(3)次年4月30日偿还债券全部本金的时候,编制如下会计分录:

借:应付短期政府债券——应付地方政府一般债券——应付本金

　　　　　　　　　　　　　　　　　　　　　　　　10 000 000

　　贷:待偿债净资产——应付短期政府债券　　　　10 000 000

【思考与练习】

一、思考题

1.财政总预算会计的净资产是什么?具体包括哪些内容?

2.什么是待偿债净资产?"待偿债净资产"总账科目下应当设置哪些明细科目?

二、练习题

练习题一

(一)目的:练习预算稳定调节基金和预算周转金的核算。

（二）资料：某市财政 2016 年发生下列经济业务：

1.某市财政年终发生财政短收，即财政收入小于财政支出的安排，决定动用一部分预算稳定调节基金，动用金额为 96 000 元。

2.年终存在一般公共预算结余资金 6 500 元，将其全部用来补充预算稳定调节基金。

3.年终存在闲置不用的预算周转金 9 000 元，决定将其调入预算稳定调节基金。

（三）要求：根据以上经济业务，编制有关的会计分录。

练习题二

（一）目的：练习一般公共预算结转结余和预算周转金的核算。

（二）资料：某市财政 2016 年发生下列经济业务：

1.某市财政用当年一般预算结转结余资金 800 000 元，补充预算周转金。

2.某县财政收到上级财政拨来的预算周转金 620 000 元，并存入国库。

3.某市财政将闲置不用的预算周转金 520 000 元调入预算稳定调节基金。

（三）要求：根据以上经济业务，编制有关的会计分录。

第5章 财政总预算会计收入的核算

【学习目标】

通过本章的学习,了解财政总预算会计收入的管理方式和核算要求;理解财政总预算会计收入的概念和内容;掌握各类收入账户的核算方法,并能正确地进行收入的核算业务。

5.1 财政总预算会计收入概述

5.1.1 财政总预算会计收入的概念及内容

《财政总预算会计制度》指出,收入是指政府财政为实现政府职能,根据法律法规等所筹集的资金。它是一级政府为实现其职能,根据法令和法规所取得的非偿还性资金,是一级政府的资金来源。财政总预算会计核算的收入包括一般公共预算本级收入、政府性基金预算本级收入、国有资本经营预算本级收入、财政专户管理资金收入、专用基金收入、转移性收入、债务收入、债务转贷收入等。各种收入都是政府的资金来源,可以安排发生相应的支出。

5.1.2 财政总预算会计收入的会计科目表(见表5.1)

表5.1 财政总预算会计收入类会计科目表

序号	科目编号	科目名称	核算内容
1	4001	一般公共预算本级收入	政府财政筹集的纳入本级一般公共预算管理的税收收入和非税收入
2	4002	政府性基金预算本级收入	政府财政筹集的纳入本级政府性基金预算管理的非税收入
3	4003	国有资本经营预算本级收入	政府财政筹集的纳入本级国有资本经营预算管理的非税收入

续表

序号	科目编号	科目名称	核算内容
4	4005	财政专户管理资金收入	政府财政纳入财政专户管理的教育收费等资金收入
5	4007	专用基金收入	政府财政按照法律法规和国务院、财政部规定设置或取得的粮食风险基金等专用基金收入
6	4011	补助收入	上级政府财政按照财政体制规定或因专项需要补助给本级政府财政的款项,包括税收返还、转移支付等
7	4012	上解收入	按照财政体制规定由下级政府财政上交给本级政府财政的款项
8	4013	地区间援助收入	受援方政府财政收到援助方政府财政转来的可统筹使用的各类援助、捐赠等资金收入
9	4021	调入资金	政府财政为平衡某类预算收支,从其他类型预算资金及其他渠道调入的资金
10	4031	动用预算稳定调节基金	政府财政为弥补本年度预算资金的不足,调用的预算稳定调节基金
11	4041	债务收入	政府财政按照国家法律、国务院规定以发行债券等方式取得的,以及向外国政府、国际金融组织等机构借款取得的纳入预算管理的债务收入
12	4042	债务转贷收入	省级以下(不含省级)政府财政收到上级政府财政转贷的债务收入

5.2　预算类收入的核算

5.2.1　预算收入

预算类收入的核算包括三类,即一般公共预算本级收入、政府性基金预算本级收入、国有资本经营预算本级收入。

各级财政总预算会计确认预算收入,一般以本年度缴入同级国库的数额为准,主要以国库报来的预算收入日报表、分成收入计算日报表及所附的缴款书、收入退还书等原始凭证作为入账的依据。总预算会计收到上述原始凭证后,应该进行认真的审核,经审核无误后才能进行相关的账务处理。

未建立国库的乡(镇)总预算会计应根据征收机关(如税务所)报来的预算收入日报表登记预算收入辅助账,待收到县(市)财政返还收入后再做收入的账务处理。

5.2.2　一般公共预算本级收入

《财政总预算会计制度》指出,一般公共预算本级收入,是指政府财政筹集的纳入本级一般公共预算管理的税收收入和非税收入。

1)一般公共预算本级收入入账的依据

根据现行《财政总预算会计制度》的规定,一般公共预算本级收入应当按照实际收到的金额入账。财政总预算会计凭中国人民银行国库报来的"预算收入日报表"及其所附有关凭证,列报一般公共预算本级收入。即采用收付实现制基础确认收入,税收收入、非税收入以及退税等都以中国人民银行国库实际入库或实际退库的数额为依据。

2)一般公共预算本级收入的核算

财政总预算会计通过设置"一般公共预算本级收入"科目来核算一般公共预算本级收入增减变动情况。该科目贷方登记一般公共预算本级收入的增加;借方登记一般公共预算本级收入的减少;平时贷方余额反映一般公共预算本级收入的累计数;年终结转后,该科目无余额。

"一般公共预算本级收入"科目应当根据《政府收支分类科目》中的规定进行明细核算。

政府财政收到款项时,根据当日"预算收入日报表"所列一般公共预算本级收入数,借记"国库存款"等科目,贷记该科目。

年终结转时,该科目贷方余额全数转入"一般公共预算结转结余"科目,借记该科目,贷记"一般公共预算结转结余"科目。结转后,该科目无余额。

[例5-1] 某省财政部门会计收到中国人民银行国库报来的公共财政预算收入日报表,当日共收到公共财政预算收入 458 500 000 元,如表5.2所示。

表5.2 预算收入日报表

级次:省 单位:元

预算科目				本日收入
类	款	项	目	
税收入	增值税	国内增值税	国有企业增值税	132 000 000
			集体企业增值税	23 000 000
	消费税	国内消费税	国有企业消费税	15 000 000
	企业所得税	国有铁道企业所得税	铁道运输企业所得税	190 000 000
	个人所得税	个人所得税	储蓄存款利息所得税	15 000 000
	城市维护建设税	国有企业城市维护建设税		11 000 000
		集体企业城市维护建设税		1 500 000
	房产税	国有企业房产税		69 000 000
	印花税	证券交易印花税	证券交易印花税	2 000 000
合计				458 500 000

根据表5.2,编制如下会计分录:

借:国库存款　　　　　　　　　　　　　　　　　　　　　458 500 000
　贷:一般公共预算本级收入——税收收入(增值税)　　　155 000 000
　　　　　　　　　　　　　——税收收入(消费税)　　　　15 000 000
　　　　　　　　　　　　　——税收收入(企业所得税)　190 000 000
　　　　　　　　　　　　　——税收收入(个人所得税)　　15 000 000
　　　　　　　　　　　　　——税收收入(城市维护建设税)12 500 000
　　　　　　　　　　　　　——税收收入(房产税)　　　　69 000 000
　　　　　　　　　　　　　——税收收入(印花税)　　　　　2 000 000

年终结转时,该省财政部门应编制如下会计分录:

借:一般公共预算本级收入——税收收入(增值税)　　　155 000 000
　　　　　　　　　　　　　——税收收入(消费税)　　　　15 000 000
　　　　　　　　　　　　　——税收收入(企业所得税)190 000 000
　　　　　　　　　　　　　——税收收入(个人所得税)　15 000 000
　　　　　　　　　　　　　——税收收入(城市维护建设税)
　　　　　　　　　　　　　　　　　　　　　　　　　　12 500 000
　　　　　　　　　　　　　——税收收入(房产税)　　　　69 000 000
　　　　　　　　　　　　　——税收收入(印花税)　　　　　2 000 000
　贷:一般公共预算结转结余　　　　　　　　　　　　　458 500 000

5.2.3　政府性基金预算本级收入

1)政府性基金预算本级收入的概念

《财政总预算会计制度》指出,政府性基金预算本级收入,是指政府财政筹集的纳入本级政府性基金预算管理的非税收入。从内容看,它们具有政府收费性质。政府设立基金项目,目的是保证特定项目具有稳定的财政资金来源,使一些专门的业务活动能够顺利进行,相对减轻政府一般公共预算支出的压力。

2)政府性基金预算本级收入的核算

财政总预算会计通过设置"政府性基金预算本级收入"科目来核算政府性基金预算本级收入的增减变动情况。该科目贷方登记政府性基金预算本级收入的增加;借方登记政府性基金预算本级收入的减少;平时贷方余额反映政府性基金预算本级收入的累计数;年终结转后,该科目无余额。

"政府性基金预算本级收入"科目应当根据《政府收支分类科目》中的规定进行明细核算。

政府财政收到款项时,根据当日"预算收入日报表"所列政府性基金预算本级收入数,借记"国库存款"等科目,贷记"政府性基金预算本级收入"科目。

年终结转时,"政府性基金预算本级收入"科目贷方余额全数转入"政府性基金预算结转结余"科目,借记"政府性基金预算本级收入"科目,贷记"政府性基金预算结转结余"科目。

[**例5-2**] 某省财政部门会计收到同级国库报来的预算收入日报表,如表5.3所示。

表5.3 预算收入日报表

级次:省 单位:元

预算科目				本日收入
类	款	项	目	
非税收入	政府性基金收入	农网还贷资金收入	地方农网还贷资金收入	130 000 000
		文化事业建设费收入	地方文化事业建设费收入	20 000 000
		育林基金收入	地方育林基金收入	15 000 000
		彩票公益金收入	体育彩票公益金收入	150 000 000
		政府住房基金收入	廉租住房租金收入	10 000 000
合计				325 000 000

根据表5.3,编制如下会计分录:

借:国库存款——基金预算存款 325 000 000
　贷:政府性基金预算本级收入——非税收入(农网还贷资金收入) 130 000 000
　　　　　　　　　　　　　　——非税收入(文化事业建设费收入) 20 000 000
　　　　　　　　　　　　　　——非税收入(育林基金收入) 15 000 000
　　　　　　　　　　　　　　——非税收入(彩票公益金收入) 150 000 000
　　　　　　　　　　　　　　——非税收入(政府住房基金收入) 10 000 000

年终结转时,该省财政部门应编制如下会计分录:

借:政府性基金预算本级收入——非税收入(农网还贷资金收入) 130 000 000
　　　　　　　　　　　　　　——非税收入(文化事业建设费收入) 20 000 000
　　　　　　　　　　　　　　——非税收入(育林基金收入) 15 000 000
　　　　　　　　　　　　　　——非税收入(彩票公益金收入) 150 000 000
　　　　　　　　　　　　　　——非税收入(政府住房基金收入) 10 000 000
　　贷:政府性基金预算结转结余 325 000 000

5.2.4 国有资本经营预算本级收入

1)国有资本经营预算本级收入的概念

根据《财政总预算会计制度》规定,国有资本经营预算本级收入,是指政府财政筹集的纳入本级国有资本经营预算管理的非税收入。它是各级人民政府及其部门、机构履行出资人职责的企业上交的国有资本收益,主要包括:国有独资企业按规定上交国家的利润;国有控股、参股企业国有股权(股份)获得的股利、股息;企业国有产权(含国有股份)转让收入;国有独资企业清算收入(扣除清算费用),以及国有控股、参股企业国有股权

（股份）分享的公司清算收入（扣除清算费用）；其他收入。

2）国有资本经营预算本级收入的核算

财政总预算会计通过设置"国有资本经营预算本级收入"科目来核算国有资本经营预算本级收入增减变动情况。该科目贷方登记国有资本经营预算本级收入的增加；借方登记国有资本经营预算本级收入的减少；平时贷方余额反映国有资本经营预算本级收入的累计数；年终结转后，该科目无余额。

"国有资本经营预算本级收入"科目应当根据《政府收支分类科目》中"国有资本经营预算收入科目"的规定进行明细核算。

政府财政收到款项时，根据当日"预算收入日报表"所列国有资本经营预算本级收入数，借记"国库存款"等科目，贷记"国有资本经营预算本级收入"科目。

政府财政年终结转时，"国有资本经营预算本级收入"科目贷方余额全数转入"国有资本经营预算结转结余"科目，借记"国有资本经营预算本级收入"科目，贷记"国有资本经营预算结转结余"科目。

在现行《政府收支分类科目》中，"国有资本经营预算收入"科目和"一般公共预算收入"科目都设置有"国有资本经营收入"科目。即国有资本收益中的一部分上缴一般公共预算，主要用于社会保障等一般公共预算目的；另一部分上缴国有资本经营预算，主要用于国有经济结构调整、国有企业改革成本等国有资本经营预算目的。

[例5-3]　某省财政部门会计收到人民银行国库报来的预算收入日报表，如表5.4所示。

表 5.4　预算收入日报表

级次：省　　　　　　　　　　　　　　　　　　　　　　　　　　　　单位：元

预算科目				本日收入
类	款	项	目	
非税收入	国有资本经营收入	利润收入	投资服务企业利润收入	86 000 000
			纺织轻工业企业利润收入	79 000 000
			建筑施工企业利润收入	49 000 000
		股利、利息收入		55 000 000
		产权转让收入		31 000 000
		其他国有资本经营收入		1 600 000
合计				301 600 000

根据表5.4，编制如下会计分录：

借：国库存款　　　　　　　　　　　　　　　301 600 000

　　贷：国有资本经营预算本级收入——非税收入（利润收入）

　　　　　　　　　　　　　　　　　　　　　214 000 000

       ——非税收入(股利、利息收入)

          55 000 000

       ——非税收入(产权转让收入)

          31 000 000

       ——非税收入(其他国有资本经营收入)

          1 600 000

年终结转时,该省财政部门应编制如下会计分录:

借:国有资本经营预算本级收入   301 600 000

  贷:国有资本经营预算结转结余   301 600 000

5.3 财政专户管理资金收入及专用基金收入的核算

5.3.1 财政专户管理资金收入

1) 财政专户管理资金收入的概念

  根据《财政总预算会计制度》规定,财政专户管理资金收入,是指政府财政纳入财政专户管理的教育收费等资金收入。财政部门收到教育事业单位、彩票发行和销售机构交来的财政专户管理资金时,财政会计确认为财政专户管理资金的收入;财政专户管理资金产生的存款利息,也作为财政专户管理资金的收入。

2) 财政专户管理资金收入的核算

  财政总预算会计通过设置"财政专户管理资金收入"科目来核算政府财政纳入财政专户管理的教育收费等资金收入的增减变动情况。该科目贷方登记收到财政专户管理资金;借方登记年终将财政专户管理资金转入财政专户管理资金结余的数额;平时贷方余额反映财政专户管理资金收入的累计数;年终结转后,该科目无余额。

  "财政专户管理资金收入"科目应当按照《政府收支分类科目》中收入分类科目规定进行明细核算。同时,根据管理需要,按部门(单位)等进行明细核算。

  政府财政在收到财政专户管理资金时,借记"其他财政存款"科目,贷记"财政专户管理资金收入"科目。

  年终结转时,将"财政专户管理资金收入"科目贷方余额全数转入"财政专户管理资金结余"科目,借记"财政专户管理资金收入"科目,贷记"财政专户管理资金结余"科目。

  [例5-4] 某省财政收到财政专户管理的资金收入共计 1 274 000 元。其中,高等学校学费 469 000 元,高等学校住宿费 59 000 元,公安行政事业性收费收入中的教育收费 79 000 元,卫生行政事业性收费收入中的教育收费 46 000 元,党校行政事业性收费收入中的短期培训费 81 000 元,彩票发行机构和彩票销售机构的业务费用 540 000 元。

  财政总预算会计编制如下会计分录:

借:其他财政存款　　　　　　　　　　　　　　　　1 274 000

　　贷:财政专户管理资金收入——教育行政事业性收费收入(高等学校学费)

　　　　　　　　　　　　　　　　　　　　　　469 000

　　　　　　——教育行政事业性收费收入(高等学校住宿费)

　　　　　　　　　　　　　　　　　　　　　　59 000

　　　　　　——公安行政事业性收费收入(教育收费)

　　　　　　　　　　　　　　　　　　　　　　79 000

　　　　　　——卫生行政事业性收费收入(教育收费)

　　　　　　　　　　　　　　　　　　　　　　46 000

　　　　　　——党校行政事业性收费收入(短期培训进修费)

　　　　　　　　　　　　　　　　　　　　　　81 000

　　　　　　——非税收入(其他收入) 540 000

承上例,年终结转时,将"财政专户管理资金收入"科目余额转入"财政专户管理资金结余"科目,编制如下会计分录:

借:财政专户管理资金收入　　　　　　　　　　　　1 274 000

　　贷:财政专户管理资金结余　　　　　　　　　　　1 274 000

5.3.2　专用基金收入

1)专用基金收入的概念

根据《财政总预算会计制度》规定,专用基金收入,是指财政总预算会计管理的各项具有专门用途的资金收入。该收入来源具有特定的渠道,其使用也具有专款专用的特点,有时需要专户存储、专户核算。在管理上需要做到先收后支,量入为出。专用基金收入不纳入政府财政预算管理,其款项存入其他财政存款账户。

2)专用基金收入的核算

财政总预算会计通过设置"专用基金收入"科目来核算政府财政按照法律法规和国务院、财政部规定设置或取得的粮食风险基金等专用基金收入的增减变动情况。该科目贷方登记预算支出安排取得专用基金收入;借方登记退回专用基金收入以及年终转账将该科目贷方余额全数转入"专用基金结余"科目的数额;平时贷方余额反映取得专用基金收入的累计数;年终结转后,该科目无余额。"专用基金收入"科目应当按照专用基金的种类进行明细核算。

政府财政通过预算支出安排取得专用基金收入转入财政专户的,借记"其他财政存款"科目,贷记"专用基金收入"科目;同时,借记"一般公共预算本级支出"等科目,贷记"国库存款""补助收入"等科目。

退回专用基金收入时,借记"专用基金收入"科目,贷记"其他财政存款"科目。

政府财政通过预算支出安排取得专用基金仍存在国库的,借记"一般公共预算本级支出"等科目,贷记"专用基金收入"科目。

年终结转时,该科目贷方余额全数转入"专用基金结余"科目,借记"专用基金收入"科目,贷记"专用基金结余"科目。

[例5-5] 收到省财政拨入的粮食风险基金1 600 000元存入银行。通过本级预算支出安排专用基金收入1 960 000元。年终结转,将"专用基金收入"科目余额转入"专用基金结余"科目。

财政总预算会计应编制如下会计分录:

借:其他财政存款——专用基金存款   1 600 000

 贷:专用基金收入——粮食风险基金   1 600 000

借:一般公共预算本级支出   1 960 000

 贷:国库存款   1 960 000

同时,

借:其他财政存款   1 960 000

 贷:专用基金收入   1 960 000

年终结转时,

借:专用基金收入   3 560 000

 贷:专用基金结余   3 560 000

5.4　转移性收入的核算

5.4.1　转移性收入的概念

转移性收入,是指在各级政府财政之间进行资金调拨,以及在本级政府财政不同类型资金之间调剂所形成的收入,包括补助收入、上解收入、调入资金、地区间援助收入等。

5.4.2　转移性收入的核算

为核算转移性收入业务,财政总预算会计应设置"补助收入""上解收入""地区间援助收入""调入资金""动用预算稳定调节基金"科目。

在财政总预算会计中,本级政府从上级政府取得的补助收入会增加本级政府可用财政资金的数额,但它不会增加本级政府与上级政府合计可用的财政资金数额。因此,上级政府在编制本级政府与下级政府的合并会计报表时,需要将本级政府的"补助支出"科目与所属下级政府的"补助收入"科目进行抵销。"上解收入"科目与"上解支出"科目的情况也一样。

1)补助收入

(1)补助收入的概念

补助收入,是指上级财政按财政管理体制规定或因专项需求等原因对本级财政进行补助而形成的收入。包括税收返还收入、一般性转移支付补助收入、专项转移支付补助收入、政府性基金转移支付补助收入、上级财政对本级财政的专项补助和临时补助等。

（2）补助收入的核算

财政总预算会计通过设置"补助收入"科目来核算上级政府财政按照财政体制规定或因专项需要补助给本级政府财政的款项等。该科目贷方登记补助收入的增加；借记补助收入的减少；平时贷方余额反映补助收入的累计数；年终结转后，该科目无余额。

"补助收入"科目下应当按照不同的资金性质设置"一般公共预算补助收入""政府性基金预算补助收入"等明细科目。同时，还应当按照补助地区进行明细核算。

平时，政府财政部门收到上级政府财政按照财政体制规定或因专项需要补助给本级政府财政的补助款时，借记"国库存款""其他财政存款"等科目，贷记"补助收入"科目。

政府专项转移支付资金实行特设专户管理的，政府财政应当根据上级政府财政下达的预算文件确认补助收入。

年度中，收到资金时，借记"其他财政存款"科目，贷记"与上级往来"等科目。

年终，根据专项转移支付资金预算文件，借记"与上级往来"科目，贷记"补助收入"科目。

财政部门从"从上级往来"科目转入"补助收入"科目时，借记"与上级往来"科目，贷记"补助收入"科目。

有主权外债业务的财政部门，贷款资金由本级政府财政同级部门（单位）使用，且贷款的最终还款责任由上级政府财政承担的，本级政府财政部门收到贷款资金时，借记"其他财政存款"科目，贷记"补助收入"科目。

外方将贷款资金直接支付给供应商或用款单位时，借记"一般公共预算本级支出"科目，贷记"补助收入"科目。

年终结转时，"补助收入"科目贷方余额应根据不同资金性质分别转入对应的结转结余科目，借记"补助收入"科目，贷记"一般公共预算结转结余""政府性基金预算结转结余"等科目。

[例5-6]　某市财政收到省政府财政补助给本市政府财政的补助专项款360 000元，存入其他财政存款。收到主权外债贷款资金600 000元，该资金由本级政府财政同级部门使用，且贷款的最终还款责任由省级财政承担。其中400 000元贷款资金转入本级政府财政部门；其余资金由外方将贷款资金直接支付给用款单位。

年终，该级财政部门将已记入"与上级往来"科目的专项转移支付资金130 000元转入补助收入。与省政府财政结算时，根据预算文件，尚有200 000元补助款未收到。

年终，将全年的"补助收入"科目余额转入"一般公共预算结转结余"科目。

财政总预算会计应编制如下会计分录：

（1）收到补助专项款时

借：其他财政存款　　　　　　　　　　　　　　　360 000

　　贷：补助收入　　　　　　　　　　　　　　　360 000

（2）收到本级政府财政部门的贷款资金时

借:其他财政存款　　　　　　　　　　　　　　400 000

　　贷:补助收入　　　　　　　　　　　　　　　　400 000

（3）外方将贷款资金直接支付给用款单位时

借:一般公共预算本级支出　　　　　　　　　　200 000

　　贷:补助收入　　　　　　　　　　　　　　　　200 000

（4）专项转移支付资金转入补助收入时

借:与上级往来　　　　　　　　　　　　　　　130 000

　　贷:补助收入　　　　　　　　　　　　　　　　130 000

（5）未收到的补助款

借:与上级往来　　　　　　　　　　　　　　　200 000

　　贷:补助收入　　　　　　　　　　　　　　　　200 000

（6）年终结转时

借:补助收入　　　　　　　　　　　　　　　1 290 000

　　贷:一般公共预算结转结余　　　　　　　　　1 290 000

2）上解收入

（1）上解收入的概念

上解收入,是指按照体制规定由下级政府财政上交给本级政府财政的款项。包括按财政管理体制规定由国库在下级预算收入中直接划解给本级财政的一般性转移支付上解收入、政府性基金转移上解收入,按财政管理体制结算后由下级财政补缴给本级财政的收入和各种专项转移支付上解收入等。

（2）上解收入的核算

财政总预算会计通过设置"上解收入"科目来核算按照体制规定由下级政府财政上交给本级政府财政款项的增减变动情况。该科目贷方登记收到下级政府财政的上解款;借方登记退还或核减上解收入;平时贷方余额反映上解收入的累计数;年终结转后,该科目无余额。

"上解收入"科目下应当按照不同资金性质设置"一般公共预算上解收入""政府性基金预算上解收入"等明细科目。同时,还应当按照上解地区进行明细核算。

与下级政府财政结算时,根据预算文件,按照尚未收到的上解款金额,借记"与下级往来"科目,贷记"上解收入"科目。

政府财政收到下级政府财政的上解款时,借记"国库存款"等科目,贷记"上解收入"科目。

政府财政退还或核减上解收入时,借记"上解收入"科目,贷记"国库存款""与下级往来"等科目。

年终,政府财政应将"上解收入"科目贷方余额根据不同资金性质分别转入对应的结转结余科目,借记"上解收入"科目,贷记"一般公共预算结转结余""政府性基金预算结转结余"等科目。

[例5-7]   某市收到所属某县财政按财政管理体制要求上解的一般预算款项380 000元。在结算中按财政管理体制规定应收所属某县财政应解未解政府性基金款项190 000元。年终,将"上解收入"科目余额570 000元转入"一般公共预算结转结余"科目。

财政总预算会计应编制如下会计分录:

(1)收到上解的一般预算款项时

借:国库存款   380 000

    贷:上解收入——一般公共预算上解收入   380 000

(2)应收所属某县财政应解未解政府性基金款项时

借:与下级往来——某县财政   190 000

    贷:上解收入——政府性基金上解收入   190 000

(3)年终结转时

借:上解收入   570 000

    贷:一般公共预算结转结余   570 000

3)地区间援助收入

(1)地区间援助收入的概念

地区间援助收入,是指受援方政府财政收到援助方政府财政转来的可统筹使用的各类援助、捐赠等资金收入。地区间援助收入的使用主体为各级政府财政部门,其他部门不能使用。

(2)地区间援助收入的核算

财政总预算会计通过设置"地区间援助收入"科目来核算受援方政府财政收到援助方政府财政转来的可统筹使用的各类援助、捐赠等资金收入。该科目贷方登记收到援助方政府财政转来的资金;借方登记年终将地区间援助收入转入相关结余的数额;平时贷方余额反映地区间援助收入的累计数;年终结转后,该科目无余额。"地区间援助收入"科目应当按照援助地区及管理需要进行相应的明细核算。

财政部门收到援助方政府财政转来的资金时,借记"国库存款"科目,贷记"地区间援助收入"科目。

年终结转时,该科目贷方余额全数转入"一般公共预算结转结余"科目,借记"地区间援助收入"科目,贷记"一般公共预算结转结余"科目。

[例5-8]   某省收到援助方地区间援助收入3 000 000元。年终,"地区间援助收入"科目贷方余额960 000元全数转入"一般公共预算结转结余"科目。

财政总预算会计应编制如下会计分录:

(1)收到援助方地区间援助收入时

借:国库存款   3 000 000

    贷:地区间援助收入   3 000 000

(2)年终结转时

借:地区间援助收入   960 000

　　贷：一般公共预算结转结余　　　　　　　　　　　　960 000

　　4）调入资金

　　（1）调入资金的概念

　　调入资金，是指政府为平衡某类预算收支，从其他类型预算资金及其他渠道调入的资金。为了平衡一般预算收支，各级政府财政可能从政府性基金预算结余中或按规定从其他渠道中调入资金去补充一般公共预算资金。调入资金仅限于弥补财政总预算赤字，在年终决算时一次使用。

　　（2）调入资金的核算

　　财政总预算会计通过设置"调入资金"科目来核算政府财政为平衡某类预算收支、从其他类型预算资金及其他渠道调入资金的情况。该科目贷方登记调入的资金金额；借方登记年终结转时，将科目贷方余额分别转入相应的结转结余科目的资金金额；平时科目贷方余额反映调入资金的累计数；年终结转后，该科目无余额。

　　"调入资金"科目下应当按照不同资金性质设置"一般公共预算调入资金""政府性基金预算调入资金"等明细科目。

　　政府财政从其他类型预算资金及其他渠道调入一般公共预算时，按照调入的资金金额，借记"调出资金——政府性基金预算调出资金""调出资金——国有资本经营预算调出资金""国库存款"等科目，贷记"调入资金——一般公共预算调入资金"科目。

　　从其他类型预算资金及其他渠道调入政府性基金预算时，按照调入的资金金额，借记"调出资金——一般公共预算调出资金""国库存款"等科目，贷记"调入资金——政府性基金预算调入资金"科目。

　　年终结转时，应将"调入资金"科目的贷方余额，分别转入相应的结转结余科目时，借记"调入资金"科目，贷记"一般公共预算结转结余""政府性基金预算结转结余"等科目。

　　[例5-9]　某省政府财政从政府性基金预算调出资金650 000元、国有资本经营预算调出资金480 000元，来平衡一般公共预算。年终，该省政府财政会计将"调入资金——一般公共预算调入资金"科目余额390 000元转入相关结转结余科目。

　　财政总预算会计应编制如下会计分录：

　　（1）调入资金时

　　借：调出资金——政府性基金预算调出资金　　　　650 000
　　　　　　　　——国有资本经营预算调出资金　　　480 000
　　　　贷：调入资金——一般公共预算调入资金　　　 1 130 000

　　（2）年终结转时

　　借：调入资金　　　　　　　　　　　　　　　　390 000
　　　　贷：一般公共预算结转结余　　　　　　　　　390 000

　　5）动用预算稳定调节基金

　　（1）动用预算稳定调节基金的概念

　　动用预算稳定调节基金，是指政府财政为弥补本年度预算资金的不足，调用的预算稳定调节基金。由于经济具有波动性,因此,超收的财政收入可以安排进入预算稳定调节基金,以备财政短收年份调入安排使用。

（2）动用预算稳定调节基金的核算

财政总预算会计通过设置"动用预算稳定调节基金"科目来核算动用预算稳定调节基金的情况。该科目贷方登记年终结转时,将该科目贷方余额全数转入一般公共预算结转结余的数额;借方登记调用的预算稳定调节基金;平时贷方余额反映动用预算稳定调节基金的累计数;年终结转后,该科目无余额。

政府财政调用预算稳定调节基金时,借记"预算稳定调节基金"科目,贷记"动用预算稳定调节基金"科目。

年终结转时,将该科目贷方余额全数转入"一般公共预算结转结余"科目,借记"动用预算稳定调节基金"科目,贷记"一般公共预算结转结余"科目。

[例 5-10] 某市财政调用预算稳定调节基金 690 000 元。年终,"动用预算稳定调节基金"科目贷方余额 50 000 元全数转入"一般公共预算结转结余"科目。

财政总预算会计应编制如下会计分录:

（1）调用预算稳定调节基金时

借:预算稳定调节基金   690 000

  贷:动用预算稳定调节基金   690 000

（2）年终结转时

借:动用预算稳定调节基金   50 000

  贷:一般公共预算结转结余   50 000

5.5 债务收入及债务转贷收入的核算

5.5.1 债务收入

1）债务收入的概念

《财政总预算会计制度》指出,债务收入,是指政府财政按照国家法律、国务院规定以发行债券等方式取得的,以及向外国政府、国际金融组织等机构借款取得的纳入预算管理的债务收入。

债务收入具有有偿性、自愿性、灵活性和广泛性等特点,在弥补赤字、调节经济运行等方面发挥着十分重要的作用。

2）债务收入的核算

财政总预算会计通过设置"债务收入"科目来核算债务收入的增减变动情况。该科目的贷方登记债务收入的增加;借方登记债务收入的减少;平时贷方余额反映债务收入的累计数;年终结转后,该科目无余额。

"债务收入"科目下应当按照《政府收支分类科目》中"债务收入"科目的规定进行明细核算。

省级以上政府财政收到政府债券发行收入时,按照实际收到的金额,借记"国库存款"科目,按照政府债券实际发行额,贷记"债务收入"科目,按照发行收入和发行额的差额,借记或贷记有关支出科目;

根据债务管理部门转来的债券发行确认文件等相关资料,按照到期应付的政府债券本金金额,借记"待偿债净资产——应付短期政府债券/应付长期政府债券"科目,贷记"应付短期政府债券""应付长期政府债券"等科目。

政府财政向外国政府、国际金融组织等机构借款时,按照借入的金额,借记"国库存款""其他财政存款"等科目,贷记"债务收入"科目;

根据债务管理部门转来的相关资料,按照实际承担的债务金额,借记"待偿债净资产——借入款项"科目,贷记"借入款项"科目。

本级政府财政借入主权外债,且由外方将贷款资金直接支付给用款单位或供应商时,应根据不同情况分别处理:

(1)本级政府财政承担还款责任,贷款资金由本级政府财政同级部门(单位)使用的,本级政府财政根据贷款资金支付相关资料,借记"一般公共预算本级支出"科目,贷记"债务收入"科目;

根据债务管理部门转来的相关资料,按照实际承担的债务金额,借记"待偿债净资产——借入款项"科目,贷记"借入款项"科目。

(2)本级政府财政承担还款责任,贷款资金由下级政府财政同级部门(单位)使用的,本级政府财政根据贷款资金支付相关资料及预算指标文件,借记"补助支出"科目,贷记"债务收入"科目;

根据债务管理部门转来的相关资料,按照实际承担的债务金额,借记"待偿债净资产——借入款项"科目,贷记"借入款项"科目。

(3)下级政府财政承担还款责任,贷款资金由下级政府财政同级部门(单位)使用的,本级政府财政根据贷款资金支付相关资料,借记"债务转贷支出"科目,贷记"债务收入"科目;

根据债务管理部门转来的相关资料,按照实际承担的债务金额,借记"待偿债净资产——借入款项"科目,贷记"借入款项"科目;同时,借记"应收主权外债转贷款"科目,贷记"资产基金——应收主权外债转贷款"科目。

年终结转时,"债务收入"科目下"专项债务收入"明细科目的贷方余额应按照对应的政府性基金种类分别转入"政府性基金预算结转结余"相应的明细科目,借记"债务收入——专项债务收入"科目,贷记"政府性基金预算结转结余"科目;

"债务收入"科目下其他明细科目的贷方余额全数转入"一般公共预算结转结余"科目,借记"债务收入"科目(其他明细科目),贷记"一般公共预算结转结余"科目。

[例5-11] 某省财政收到政府债券发行的3年期一般债券款600 000元。年终,"债务收入"科目贷方余额200 000元,其中,"地方政府债务收入——一般债务收入"

120 000 元,"地方政府债务收入——专项债务收入"80 000 元。

财政总预算会计应编制如下会计分录:

(1)借:国库存款　　　　　　　　　　　　　　　　　600 000

　　　贷:债务收入　　　　　　　　　　　　　　　　　600 000

同时,

借:待偿债净资产——应付长期政府债券　　　　　　600 000

　　贷:应付长期政府债券　　　　　　　　　　　　　600 000

(2)年终结转时

借:债务收入　　　　　　　　　　　　　　　　　　200 000

　　贷:一般公共预算结转结余　　　　　　　　　　　120 000

　　　政府性基金预算结转结余　　　　　　　　　　　80 000

5.5.2　债务转贷收入

1)债务转贷收入的概念

债务转贷收入,是指省级以下(不含省级)政府财政收到上级政府财政转贷的债务收入。国家对地方政府债务管理模式主要包括国债转贷、外债转贷和中央代发地方政府债券三个部分。其中,国债转贷是指国务院增发一定数量的国债,并将其中一部分转贷给地方政府债券。

2)债务转贷收入的核算

财政总预算会计通过设置"债务转贷收入"科目来核算其增减变动情况。该科目贷方登记债务转贷收入的增加;借方登记债务转贷收入的减少;平时贷方余额反映债务转贷收入的累计数;年终结转后,该科目无余额。

收到转贷资金时,贷记"债务转贷收入"科目,期末将转贷资金转入相关结余科目时,借记"债务转贷收入"科目。

年终结转时,将"债务转贷收入——地方政府一般债务转贷收入"科目的贷方余额全数转入"一般公共预算结转结余"科目,借记"债务转贷收入——地方政府一般债务转贷收入"科目,贷记"一般公共预算结转结余"科目;

将"债务转贷收入——地方政府专项债务转贷收入"科目的贷方余额全数转入"政府性基金预算结转结余"科目,借记"债务转贷收入——地方政府专项债务转贷收入"科目,贷记"政府性基金预算结转结余"科目。

[**例** 5-12]　某县财政收到地方政府债券转贷资金 600 000 元。年终转账时,政府财政将"债务转贷收入"科目贷方余额 300 000 元全数转入"一般公共预算结转结余"科目。

财政总预算会计应编制如下会计分录:

(1)收到转贷资金时

借:国库存款　　　　　　　　　　　　　　　　　　600 000

　　贷:债务转贷收入　　　　　　　　　　　　　　　600 000

同时,

借:待偿债净资产——应付地方政府债券转贷款　　　600 000

　　贷:应付地方政府债券转贷款　　　　　　　　　　　600 000

(2)年终结转时

借:债务转贷收入　　　　　　　　　　　　　　　　300 000

　　贷:一般公共预算结转结余　　　　　　　　　　　　300 000

省级以下(不含省级)政府财政收到主权外债转贷资金时,借记"其他财政存款"科目,贷记"债务转贷收入"科目;

根据债务管理部门转来的相关资料,按照实际承担的债务金额,借记"待偿债净资产——应付主权外债转贷款"科目,贷记"应付主权外债转贷款"科目。

省级以下(不含省级)政府财政从上级财政借入主权外债转贷款,且由外方将贷款资金直接支付给用款单位或供应商,应根据以下情况分别处理:

(1)本级政府财政承担还款责任,贷款资金由本级政府财政同级部门(单位)使用的,本级政府财政根据贷款资金支付的相关资料,借记"一般公共预算本级支出"科目,贷记"债务转贷收入"科目;

根据债务管理部门转来的相关资料,按照实际承担的债务金额,借记"待偿债净资产——应付主权外债转贷款"科目,贷记"应付主权外债转贷款"科目。

(2)本级政府财政承担还款责任,贷款资金由下级政府财政同级部门(单位)使用的,本级政府财政根据贷款资金支付的相关资料及预算文件,借记"补助支出"科目,贷记"债务转贷收入"科目;

根据债务管理部门转来的相关资料,按照实际承担的债务金额,借记"待偿债净资产——应付主权外债转贷款"科目,贷记"应付主权外债转贷款"科目。

(3)下级政府财政承担还款责任,贷款资金由下级政府财政同级部门(单位)使用的,本级政府财政根据转贷资金支付相关资料,借记"债务转贷支出"科目,贷记"债务转贷收入"科目;

根据债务管理部门转来的相关资料,按照实际承担的债务金额,借记"待偿债净资产——应付主权外债转贷款"科目,贷记"应付主权外债转贷款"科目;同时,借记"应收主权外债转贷款"科目,贷记"资产基金——应收主权外债转贷款"科目。

下级政府财政根据贷款支付的相关资料,借记"一般公共预算本级支出"科目,贷记"债务转贷收入"科目;

根据债务管理部门转来的相关资料,按照实际承担的债务金额,借记"待偿债净资产——应付主权外债转贷款"科目,贷记"应付主权外债转贷款"科目。

(4)年终结转时,"债务转贷收入"科目下"地方政府一般债务转贷收入"明细科目的贷方余额全数转入"一般公共预算结转结余"科目,借记"债务转贷收入"科目,贷记"一般公共预算结转结余"科目。

"债务转贷收入"科目下"地方政府专项债务转贷收入"明细科目的贷方余额按照对应的政府性基金种类分别转入"政府性基金预算结转结余"相应明细科目,借记"债务转贷收入"科目,贷记"政府性基金预算结转结余"科目。

【思考与练习】

一、思考题

1.什么是政府性基金预算本级收入?

2.什么是国有资本经营预算本级收入?

3.什么是转移性收入?

4.什么是债务收入?什么是债务转贷收入?两者有什么相同点和不同之处?

二、练习题

练习题一

(一)目的:练习补助收入的核算。

(二)资料:某县财政 2016 年发生下列经济业务:

1.某县财政收到上级拨入的补助款 350 000 元,并存入国库。

2.某县财政收到省财政的专项转移支付资金 550 000 元,存入特设专户。年末,根据相关文件转作收入。

3.某县财政接到通知,上月从省财政借入的临时借款 200 000 元被转为对本县的补助款。

4.某县财政从省财政获得主权外债贷款 600 000 元,其中 400 000 元由省财政直接拨付给本县财政直属的用款单位。根据文件规定,该笔贷款由省财政承担还款责任。

5.某县与上级财政年终结算时,根据预算文件规定上级财政还差 100 000 元补助款未到位。

6.年终,"补助收入"科目贷方余额为 600 000 元,其中,一般公共预算补助 350 000 元,政府性基金预算补助 250 000 元。

(三)要求:根据以上经济业务,编制有关的会计分录。

练习题二

(一)目的:综合练习财政总预算会计收入的核算。

(二)资料:某市财政 2016 年发生下列经济业务:

1.收到增值税收入 365 000 元,款项已存入国库。

2.收到房产税收入 65 000 元,款项已存入国库。

3.收到企业所得税收入 965 000 元,款项已存入国库。

4.收到城市维护建设税收入 54 600 元,款项已存入国库。

5.收到行政事业性收费收入 26 300 元,款项已存入国库。

6.收到罚没收入 42 600 元,款项已存入国库。

7.收到纳入一般公共预算的国有资本经营收入 86 200 元,款项已存入国库。

8.收到国有资源有偿使用收入 64 200 元,款项已存入国库。

9.收到上级财政一般性转移支付收入 262 000 元,款项已存入国库。

10.收到下级财政专项上解收入 5 200 元,款项已存入国库。

11.收到上级政府一般债券转贷收入 65 200 元,款项已存入国库。

12.收到政府住房基金收入 95 000 元,款项已存入国库。

13.收到彩票公益金收入 120 000 元,款项已存入国库。

14.收到国有土地使用权出让收入 368 000 元,款项已存入国库。

15.收到纳入国有资本经营预算的利润收入 220 000 元,款项已存入国库。

16.收到纳入国有资本经营预算的清算收入 90 000 元,款项已存入国库。

17.收到纳入财政专户资金管理的中等职业学校学费收入 865 000 元,款项已存入财政专户。

18.收到纳入财政专户资金管理的普通高中住宿费收入 75 000 元,款项已存入财政专户。

19.从政府性基金预算中调出 35 000 元到一般公共预算。

(三)要求:根据以上经济业务,编制有关的会计分录。

第6章 财政总预算会计支出的核算

【学习目标】

通过本章的学习,了解财政总预算会计支出的管理方式和核算要求;理解财政总预算会计支出的概念和内容;掌握各类支出账户的核算方法,并能正确地进行支出的核算业务。

6.1 财政总预算会计支出概述

6.1.1 财政总预算会计支出的概念及内容

《财政总预算会计制度》指出,支出是指政府财政为实现政府职能,对财政资金的分配和使用。财政总预算会计核算的支出包括一般公共预算本级支出、政府性基金预算本级支出、国有资本经营预算本级支出、财政专户管理资金支出、专用基金支出、转移性支出、债务还本支出、债务转贷支出等。

总预算会计应根据预算管理要求和拨款的实际情况进行会计核算,列报当期预算支出。未拨付的经费,原则上不得列报当期支出,因特殊情况确需在当年预留的支出,应严格控制,并按规定的审批程序办理。

6.1.2 财政总预算会计支出的会计科目表(见表 6.1)

表 6.1 财政总预算会计支出类会计科目表

序号	科目编号	科目名称	核算内容
1	5001	一般公共预算本级支出	政府财政管理的由本级政府使用的列入一般公共预算的支出
2	5002	政府性基金预算本级支出	政府财政管理的由本级政府使用的列入政府性基金预算的支出

续表

序号	科目编号	科目名称	核算内容
3	5003	国有资本经营预算本级支出	政府财政管理的由本级政府使用的列入国有资本经营预算的支出
4	5005	财政专户管理资金支出	政府财政用纳入财政专户管理的教育收费等资金安排的支出
5	5007	专用基金支出	政府财政用专用基金收入安排的支出
6	5011	补助支出	本级政府财政按财政体制规定或因专项需要补助给下级政府财政的款项,包括对下级的税收返还、转移支付等
7	5012	上解支出	本级政府财政按照财政体制规定上交给上级政府财政的款项
8	5013	地区间援助支出	援助方政府财政安排用于受援方政府财政统筹使用的各类援助、捐赠等资金支出
9	5021	调出资金	政府财政为平衡预算收支,从某类资金向其他类型预算调出的资金
10	5031	安排预算稳定调节基金	政府财政按照有关规定安排的预算稳定调节基金
11	5041	债务还本支出	政府财政偿还本级政府财政承担的纳入预算管理的债务本金支出
12	5042	债务转贷支出	本级政府财政向下级政府财政转贷的债务支出

6.2 预算类支出的核算

6.2.1 一般公共预算本级支出

1)一般公共预算本级支出的概念

一般公共预算本级支出,是指各级政府对集中的一般预算收入有计划地进行分配和使用而安排的各项支出。一般公共预算本级支出通常不受法律法规、国家政策等的特别限定,主要用于各级政府的一般行政需要,以加强政府日常行政管理,促进社会经济发展,提高人民物质生活水平。一般公共预算本级支出纳入政府的一般公共预算管理,它是各级政府最主要的财政资金支出。

2)一般公共预算本级支出的核算

财政总预算会计通过设置"一般公共预算本级支出"科目来核算政府财政管理的由

本级政府使用的列入一般公共预算的支出。该科目借方登记一般公共预算本级支出的增加;贷方登记一般公共预算本级支出的减少;平时借方余额反映一般公共预算本级支出的累计数;年终结转后,该科目无余额。

"一般公共预算本级支出"科目,根据《政府收支分类科目》中支出功能分类科目设置明细科目。同时,根据管理需要,按照支出经济分类科目、部门等进行明细核算。

政府财政实际发生一般公共预算本级支出时,借记"一般公共预算本级支出"科目,贷记"国库存款""其他财政存款"等科目。

[**例6-1**] 根据预算支出结算清单,如表6.2所示,编制相关的会计分录。

表6.2 预算支出结算清单

代理银行:工商银行永宁分行

列支日期:2016年6月10日 单位:元

预算部门	预算科目名称(项)支出功能分类	本日列支金额		
		合 计	财政直接支付	财政授权支付
环境保护厅	行政运行	630 000	600 000	30 000
	机关服务	200 000	150 000	50 000
污染防治研究所	大气	985 000	900 000	85 000
	水体	690 000	600 000	90 000
环境监测与监察中心	建设项目环评审核与监督	780 000	700 000	80 000
人力资源和社会保障厅	劳动保障监察	270 000	200 000	70 000
审计厅	审计业务费	890 000	800 000	90 000
财政厅	信息化建设	350 000	300 000	50 000
合计		4 795 000	4 250 000	545 000

借:一般公共预算本级支出——节能环保支出(环境保护厅)

                830 000

           ——节能环保支出(污染防治研究所)

               1 675 000

           ——节能环保支出(环境监测与监察中心)

              780 000

           ——社会保障和就业支出(人社厅)

              270 000

           ——审计事务(审计厅) 890 000

           ——财政事务(财政厅) 350 000

  贷:国库存款 4 795 000

3)一般公共预算本级支出的年终结转

(1)国库集中支付结余

对纳入国库集中支付管理的、当年未支而需结转至下一年度支付的款项(国库集中支付结余),采用权责发生制确认支出时,借记"一般公共预算本级支出"科目,贷记"应付国库集中支付结余"科目。

[**例 6-2**]　年终,省所属市科技局结转纳入国库集中支付管理的、当年未支而需要下一年度支付的款项 600 000 元。

财政总预算会计应编制如下会计分录:

(1)确认一般公共预算本级支出时

借:一般公共预算本级支出——科学技术　　　　　600 000

　　贷:应付国库集中支付结余　　　　　　　　　　　600 000

(2)结转一般公共预算本级支出时

借:一般公共预算结转结余　　　　　　　　　　　600 000

　　贷:一般公共预算本级支出——科学技术　　　　600 000

(2)年终结转"一般公共预算本级支出"科目借方余额

年终结转时,"一般公共预算本级支出"科目借方余额应全数转入"一般公共预算结转结余"科目,借记"一般公共预算结转结余"科目,贷记"一般公共预算本级支出"科目。

6.2.2　政府性基金预算本级支出

1)政府性基金预算本级支出的概念和分类

政府性基金预算本级支出,是指政府财政管理的由本级政府使用的列入政府性基金预算的支出。它是一级政府财政支出的重要组成部分,但与一般公共预算支出相比,其具有更强的专用性。财政总预算会计在办理基金预算支出时,应当遵循先收后支、专款专用、自求平衡、结余结转下年使用的原则。

2)政府性基金预算本级支出的核算

财政总预算会计通过设置"政府性基金预算本级支出"科目来核算政府性基金预算本级支出的增减变动情况。该科目借方登记政府性基金预算本级支出的增加;贷方登记政府性基金预算本级支出的减少;平时借方余额反映政府性基金预算本级支出的累计数;年终结转后,该科目无余额。

"政府性基金预算本级支出"科目应当按照《政府收支分类科目》中支出功能分类科目设置明细科目。同时,根据管理需要,按照支出经济分类科目、部门等进行明细核算。

政府财政实际发生政府性基金预算本级支出时,借记"政府性基金预算本级支出"科目,贷记"国库存款"科目。

年终,对纳入国库集中支付管理的、当年未支而需结转下一年度支付的款项(国库集中支出结余),采用权责发生制确认支出时,借记"政府性基金预算本级支出"科目,贷记

"应付国库集中支付结余"科目。

年终结转时,"政府性基金预算本级支出"科目借方余额应全数转入"政府性基金预算结转结余"科目,借记"政府性基金预算结转结余"科目,贷记"政府性基金预算本级支出"科目。

[例 6-3]　财政总预算会计收到财政国库支付执行机构报来的"预算支出结算清单",财政国库支付执行机构以财政直接支付的方式,通过财政零余额支付相关政府性预算基金支出,如表 6.3 所示。

表 6.3　预算支出结算清单

级次:省　　　　　　　　　　　　　　　　　　　　　　　　　　　　单位:元

预算科目			本日支出
类	款	项	
社会保障和就业	移民后期扶持基金支出	基础设施建设和经济发展	530 000
城乡社区事务	政府住房基金支出	公共租赁住房维护和管理支出	390 000
农林水事务	水库库区基金支出	基础设施建设和经济发展	260 000
资源勘探电力等事务	农网还贷资金支出	地方农网还贷资金支出	460 000
其他支出	彩票公益金安排的支出	用于体育事业的彩票公益金支出	208 000
合计			1 848 000

年终,"政府性基金预算本级支出"总账科目借方余额为 452 000 元。

财政总预算会计根据以上资料,应编制如下会计分录:

(1)确认政府性基金预算支出时

借:政府性基金预算本级支出——社会保障和就业(移民后期扶持基金支出)

530 000

——城乡社区事务(政府住房基金支出)

390 000

——农林水事务(水库库区基金支出)

260 000

——资源勘探电力等事务(农网还贷资金支出)

460 000

——其他支出(彩票公益金安排的支出)

208 000

贷:国库存款　　　　　　　　　　　1 848 000

(2)年终结转时

借:政府性基金预算结转结余　　　　452 000

贷:政府性基金预算本级支出　　　　452 000

6.2.3　国有资本经营预算本级支出

1）国有资本经营预算本级支出的概念和分类

《财政总预算会计制度》指出,国有资本经营预算本级支出,是指政府财政管理的由本级政府使用的列入国有资本经营预算的支出。

2）国有资本经营预算本级支出的核算

财政总预算会计通过设置"国有资本经营预算本级支出"科目来核算国有资本经营预算本级支出的增减变动情况。该科目借方登记由本级政府使用的列入国有资本经营预算的支出;贷方登记年终转入国有资本经营预算结转结余的数额;平时借方余额反映国有资本经营预算本级支出的累计数;年终结转后,该科目无余额。

"国有资本经营预算本级支出"科目应当按照《政府收支分类科目》中支出功能分类科目设置明细科目。同时,根据管理需要,按照支出经济分类科目、部门等进行明细核算。

政府财政实际发生国有资本经营预算本级支出时,借记"国有资本经营预算本级支出"科目,贷记"国库存款"科目。

年终结转时,"国有资本经营预算本级收入"科目贷方余额全数转入"国有资本经营预算结转结余"科目,借记"国有资本经营预算本级收入"科目,贷记"国有资本经营预算结转结余"科目。

年终,对纳入国库集中支付管理的、当年未支而需结转下一年度支付的款项(国库集中支付结余),采用权责发生制确认支出时,借记"国有资本经营预算本级支出"科目,贷记"应付国库集中支付结余"科目。

年终结转时,该科目借方余额应全数转入"国有资本经营预算结转结余"科目,借记"国有资本经营预算结转结余"科目,贷记"国有资本经营预算本级支出"科目。

[例6-4]　某财政总预算会计收到财政国库支付执行机构报来的"预算支出结算清单",如表6.4所示。

财政国库支付执行机构以财政直接支付的方式,通过财政零余额账户支付有关预算单位的属于国有资本经营预算支出的款项共计950 000元。

表6.4　预算支出结算清单

级次:省　　　　　　　　　　　　　　　　　　　　　　　　　　　　　单位:元

预算科目			本日支出
类	款	项	
教育	其他教育支出	教育企业国有资本经营预算支出	500 000
社会保障和就业	补充全国社会保障基金	国有资本经营预算补充基金支出	290 000
农林水事务	农业	农业企业国有资本经营预算支出	160 000
合计			950 000

　　财政总预算会计经与中国人民银行报来的财政直接支付申请划款凭证及其他有关凭证核对无误后,列报国有资本经营预算支出。

　　年终,"国有资本经营预算本级支出"科目借方余额 620 000 元转入"国有资本经营预算结转结余"科目。

　　财政总预算会计根据以上资料,应编制如下会计分录:

　　(1)确认国有资本经营预算本级支出时

借:国有资本经营预算本级支出——教育(其他教育支出)

　　　　　　　　　　　　　　　　　500 000

　　　　　　　　　——社会保障和就业(补充全国社会保障基金)

　　　　　　　　　　　　　　　　　290 000

　　　　　　　　　——农林水事务(农业)

　　　　　　　　　　　　　　　　　160 000

　　贷:国库存款　　　　　　　　　950 000

　　(2)年终结转时

借:国有资本经营预算结转结余　　　620 000

　　贷:国有资本经营预算本级支出　　620 000

6.3　财政专户管理资金支出及专用基金支出的核算

6.3.1　财政专户管理资金支出

1)财政专户管理资金支出的概念

　　财政专户管理资金支出,是指政府财政用纳入财政专户管理的教育收费等资金安排的支出。除教育收费等资金安排的支出外,财政专户管理资金支出还包括彩票发行和销售机构的业务费用安排的支出。

2)财政专户管理资金支出的核算

　　财政总预算会计通过设置"财政专户管理资金支出"科目来核算政府财政用纳入财政专户管理的教育收费等资金安排支出的增减变动情况。该科目的借方登记发生的财政专户管理资金支出;贷方登记年终将财政专户管理资金支出转入财政专户管理资金结余;平时借方余额反映财政专户管理资金支出的累计数;年终结转后,该科目无余额。

　　"财政专户管理资金支出"科目应当按照《政府收支分类科目》中支出功能分类科目设置相应的明细科目。同时,根据管理需要,按照支出经济分类账户、部门(单位)等进行明细核算。

　　政府财政发生财政专户管理资金支出时,借记"财政专户管理资金支出"科目,贷记"其他财政存款"等有关科目。

年终结转时,将"财政专户管理资金支出"科目借方余额全数转入"财政专户管理资金结余"科目,借记"财政专户管理资金结余"科目,贷记"财政专户管理资金支出"科目。

[例6-5] 某市财政发生财政专户管理的资金支出共计160 000元。其中,教育行政事业性收费支出60 000元,公安行政事业性收费支出80 000元,党校行政事业性收费支出20 000元。

年终,"财政专户管理资金支出"科目借方余额23 000元全数转入"财政专户管理资金结余"科目。

财政总预算会计应编制如下会计分录:

(1)确认财政专户管理资金支出时

借:财政专户管理资金支出——教育行政事业性收费支出

　　　　　　　　　　　　　　　　60 000

　　　　　　　　　　——公安行政事业性收费支出

　　　　　　　　　　　　　　　　80 000

　　　　　　　　　　——党校行政事业性收费支出

　　　　　　　　　　　　　　　　20 000

　　贷:其他财政存款　　　　　　160 000

(2)年终结转时

借:财政专户管理资金结余　　　　23 000

　　贷:财政专户管理资金支出　　　　23 000

6.3.2 专用基金支出

1)专用基金支出的概念

专用基金支出,是指政府财政用专用基金收入安排的支出。专用基金支出管理原则:先收后支,量入为出;按规定用途安排使用;从其他财政存款账户中支付。

2)专用基金支出的核算

财政总预算会计通过设置"专用基金支出"科目来核算政府财政专用基金收入安排的支出。该科目借方登记发生专用基金支出的增减变动情况;贷方登记年终将专用基金支出转入专用基金结余的数额;平时借方余额反映专用基金支出的累计数;年终结转后,该科目无余额。

政府财政发生专用基金支出时,借记"专用基金支出"科目,贷记"其他财政存款"等有关科目。

退回专用基金支出时,做相反的会计分录。

年终结转时,政府财政将专用基金支出转入专用基金结余,借记"专用基金结余"科目,贷记"专用基金支出"科目。

[例6-6] 某市财政根据有关规定从其他财政存款账户向粮食部门拨付粮食风险基金450 000元。

年终,"专用基金支出"科目借方余额200 000元全数转入"专用基金结余"科目。

财政总预算会计应编制如下会计分录:

(1)拨付资金时

借:专用基金支出——粮食风险基金 450 000
　　贷:其他财政存款——专用基金存款 450 000

(2)年终结转时

借:专用基金结余 200 000
　　贷:专用基金支出 200 000

6.4　转移性支出的核算

6.4.1　转移性支出的概念

转移性支出,是指在各级政府财政之间进行资金调拨,以及在本级政府财政不同类型资金之间调剂所形成的支出,包括补助支出、上解支出、调出资金、地区间援助支出等。

转移性支出除包括一般公共预算的转移性支出、政府性基金预算的转移性支出外,与转移性收入相比,社会保险基金预算的处理原则未变,但增加了国有资本经营预算的转移性支出。

6.4.2　转移性支出的核算

1)补助支出

(1)补助支出的概念

补助支出,是指政府财政按财政体制规定或因专项需要补助给下级政府财政的款项。包括返还性补助支出、一般性转移支付补助支出、专项转移支付补助支出、政府性基金转移支付补助支出等。

补助支出属于不同级次政府间的财力转移,对本级和下级财政的财力总量不产生影响,但会减少本级财政的财力,相应增加下级财政的财力。

(2)补助支出的核算

财政总预算会计通过设置"补助支出"科目来核算本级政府财政按财政体制规定或因专项需要补助给下级政府财政的款项。该科目借方登记补助支出的增加;贷方登记补助支出的减少;平时借方余额反映补助支出的累计数;年终结转后,该科目无余额。

"补助支出"科目下应当按照不同资金性质设置"一般公共预算补助支出""政府性基金预算补助支出"等明细科目。同时,还应当按照补助地区进行明细核算。

政府财政发生补助支出或从"与下级往来"科目转入时,借记"补助支出"科目,贷记"国库存款""其他财政存款""与下级往来"等科目。

专项转移支付资金实行特设专户管理的,本级政府财政应当根据本级政府财政下达的预算文件确认补助支出,借记"补助支出"科目,贷记"国库存款""与下级往来"等科目。

有主权外债业务的财政部门,贷款资金由下级政府财政同级部门(单位)使用,且贷款最终还款责任由本级政府财政承担的,本级政府财政部门支付贷款资金时,借记"补助支出"科目,贷记"其他财政存款"科目;

外方将贷款资金直接支付给用款单位或供应商时,借记"补助支出"科目,贷记"债务收入""债务转贷收入"等科目;

根据债务管理部门转来的相关外债转贷管理资料,按照实际支付的金额,借记"待偿债净资产"科目,贷记"借入款项""应付主权外债转贷款"等科目。

年终结转时,"补助支出"科目借方余额应根据不同资金性质分别转入对应的结转结余科目,借记"一般公共预算结转结余""政府性基金预算结转结余"等科目,贷记"补助支出"科目。

[例6-7] 某市政府发生财政补助支出300 000元,其中国库存款支付250 000元,与下级往来转入50 000元。

年终,全年"补助支出"科目借方余额20 000元全数转入"一般公共预算结转结余"科目。

财政总预算会计应编制如下会计分录:

(1)发生补助支出时

借:补助支出 300 000
  贷:国库存款 250 000
    与下级往来 50 000

(2)年终结转时

借:一般公共预算结转结余 20 000
  贷:补助支出 20 000

2)上解支出

(1)上解支出的概念

上解支出,是指本级政府财政按照财政体制规定上交给上级政府财政的款项,与上解收入相互对应。它包括按财政管理体制规定由国库在本级预算支出中直接上解给上级财政的一般性转移支付上解支出、政府性基金转移支付上解支出、各种专项转移支付上解支出等。

(2)上解支出的核算

财政总预算会计通过设置"上解支出"科目来核算本级政府财政按照财政体制规定上交给上级政府财政款项的增减变动情况。该科目借方登记发生的上解支出;贷方登记退还或核减的上解支出;平时借方余额反映上解支出的累计数;年终结转后,该科目无余额。

"上解支出"科目下应当按照不同资金性质设置"一般公共预算上解支出""政府性基金预算上解支出"等明细科目。同时,还应当按照上解地区进行明细核算。

政府财政发生上解支出时,借记"上解支出"科目,贷记"国库存款""与上级往来"等科目。

政府财政退还或核减上解支出时,借记"国库存款""与上级往来"等科目,贷记"上解支出"科目。

年终结转时,"上解支出"科目借方余额应根据不同资金性质分别转入对应的结转结余科目,借记"一般公共预算结转结余""政府性基金预算结转结余"等科目,贷记"上解支出"科目。

[例6-8]　某市财政按财政管理体制规定通过财政国库向上级某省财政上解款项共计56 000元。其中,属于体制上解支出36 000元,属于专项上解支出20 000元。

年终,将"上解支出"科目借方余额20 000元全数转入"一般公共预算结转结余"科目。

财政总预算会计应编制如下会计分录:

(1)发生支出时

借:上解支出——体制上解支出　　　　　　　　　　36 000

　　　　　——专项上解支出　　　　　　　　　　20 000

　　贷:国库存款　　　　　　　　　　　　　　　　　　56 000

(2)年终结转时

借:一般公共预算结转结余　　　　　　　　　　　　20 000

　　贷:上解支出　　　　　　　　　　　　　　　　　　20 000

3)地区间援助支出

(1)地区间援助支出的概念

地区间援助支出,是指援助方政府财政安排用于受援方政府财政统筹使用的各类援助、捐赠等资金支出。地区间援助支出与地区间援助收入相互对应。

(2)地区间援助支出的核算

财政总预算会计通过设置"地区间援助支出"科目来核算援助方政府财政安排用于受援方政府财政统筹使用的各类援助、捐赠等资金支出。该科目借方登记发生的地区间援助支出;贷方登记年终将地区间援助支出转入相关结余的数额;平时借方余额反映地区间援助支出的累计数;年终结转后,该科目无余额。"地区间援助支出"科目应当按照受援地区及管理需要进行相应明细核算。

政府财政发生地区间援助支出时,借记"地区间援助支出"科目,贷记"国库存款"科目。

年终结转时,"地区间援助支出"科目借方余额全数转入"一般公共预算结转结余"科目,借记"一般公共预算结转结余"科目,贷记"地区间援助支出"科目。

[例6-9]　某省财政通过财政国库向他省拨付地区间援助项目资金620 000元。

年终,"地区间援助支出"科目借方余额 200 000 元全数转入"一般公共预算结转结余"科目。

财政总预算会计应编制如下会计分录:

(1)发生地区间援助支出时

借:地区间援助支出   620 000

  贷:国库存款   620 000

(2)年终结转时

借:一般公共预算结转结余   200 000

  贷:地区间援助支出   200 000

4)调出资金

(1)调出资金的概念

调出资金,是指政府财政为平衡预算收支,从某类资金向其他类型预算调出的资金。由于调出资金的目的是为了平衡一般预算或基金预算,因此调出资金主要包括从基金预算结余调出到一般预算的资金,也包括一般预算结余调出到基金预算的资金。

(2)调出资金的核算

财政总预算会计通过设置"调出资金"科目来核算政府财政为平衡预算收支,从某类资金向其他类型预算调出资金的情况。该科目借方登记从一般公共预算调出的资金;贷方登记年终结转将该科目借方余额分别转入相应的结转结余科目的数额;平时借方余额反映调出资金的累计数;年终结转后,该科目无余额。

"调出资金"科目下应当设置"一般公共预算调出资金""政府性基金预算调出资金""国有资本经营预算调出资金"等明细科目。

政府财政从一般公共预算调出资金时,按照调出的金额,借记"调出资金——一般公共预算调出资金"科目,贷记"调入资金"相关明细科目。

政府财政从政府性基金预算调出资金时,按照调出的金额,借记"调出资金——政府性基金预算调出资金"科目,贷记"调入资金"相关明细科目。

政府财政从国有资本经营预算调出资金时,按照调出的金额,借记"调出资金——国有资本经营预算调出资金"科目,贷记"调入资金"相关明细科目。

年终结转时,"调出资金"科目借方余额分别转入相应的结转结余科目,借记"一般公共预算结转结余""政府性基金预算结转结余""国有资本经营预算结转结余"等科目,贷记"调出资金"科目。

[例 6-10] 某省财政调出资金 500 000 元,计入一般公共预算,其中:从国有资本经营预算调出资金 350 000 元,从政府性基金预算调出资金 150 000 元。

年终,"调出资金"科目借方余额 20 000 元,其中:"政府性基金预算调出资金"12 000元,"国有资本经营预算调出资金"8 000 元。财政总预算会计将其分别转入结转结余科目。

财政总预算会计应编制如下会计分录:

（1）调出资金时

借：调出资金——国有资本预算调出资金　　　　　350 000

　　　　　　　——政府性基金预算调出资金　　　150 000

　　贷：调入资金　　　　　　　　　　　　　　　　　　　500 000

（2）年终结转时

借：政府性基金预算结转结余　　　　　　　　　　12 000

　　国有资本经营预算结转结余　　　　　　　　　8 000

　　贷：调出资金　　　　　　　　　　　　　　　　　　　20 000

5）安排预算稳定调节基金

（1）安排预算稳定调节基金的概念

安排预算稳定调节基金，是指政府财政按照有关规定安排的预算稳定调节基金。例如，从财政超收收入中安排的预算稳定调节基金。

（2）安排预算稳定调节基金的核算

财政总预算会计通过设置"安排预算稳定调节基金"科目来核算安排预算稳定调节基金情况。该科目借方登记补充预算稳定调节基金；贷方登记年终结转时将"安排预算稳定调节基金"科目借方余额全数转入"一般公共预算结转结余"的数额；平时借方余额反映安排预算稳定调节基金的累计数；年终结转后，该科目无余额。

"安排预算稳定调节基金"科目属于支出类科目，但它不会带来国库存款的减少。通过安排预算稳定调节基金，以前年度累积的预算稳定调节基金增加，当年的财政总支出增加，当年的财政收支结余减少。

政府财政补充预算稳定调节基金时，借记"安排预算稳定调节基金"科目，贷记"预算稳定调节基金"科目。

年终结转时，"安排预算稳定调节基金"科目借方余额全数转入"一般公共预算结转结余"科目，借记"一般公共预算结转结余"科目，贷记"安排预算稳定调节基金"科目。

[例6-11]　某省财政根据财政超收情况，安排1 500 000元建立预算稳定调节基金。次年动用预算稳定调节基金1 200 000元。

财政总预算会计应编制如下会计分录：

（1）建立预算稳定调节基金时

借：安排预算稳定调节基金　　　　　　　　　　1 500 000

　　贷：预算稳定调节基金　　　　　　　　　　　　　1 500 000

（2）动用预算稳定调节基金时

借：预算稳定调节基金　　　　　　　　　　　　1 200 000

　　贷：动用预算稳定调节基金　　　　　　　　　　　1 200 000

6.5 债务还本支出及债务转贷支出的核算

6.5.1 债务还本支出

1）债务还本支出的概念

债务还本支出，是指政府财政偿还本级政府财政承担的纳入预算管理的债务本金支出。财政总预算会计核算的债务还本支出，应当按照《政府收支分类科目》中的债务还本支出科目进行分类。按照现行《政府收支分类科目》，"一般公共预算支出""政府性基金预算支出"科目中设置"债务还本支出"类级科目，该类级科目下设款级、项级科目，各级科目逐级递进，内容也逐级细化。

2）债务还本支出的核算

财政总预算会计通过设置"债务还本支出"科目来核算政府财政偿还本级政府财政承担的纳入预算管理的债务本金支出。该科目借方登记偿还本级政府财政承担的政府债券、主权外债等纳入预算管理的债务本金；贷方登记年终结转时转入"政府性基金预算结转结余"或"一般公共预算结转结余"科目的数额；平时借方余额反映本级政府财政债务还本支出的累计数；年终结转后，该科目无余额。

"债务还本支出"科目应当根据《政府收支分类科目》中"债务还本支出"有关规定设置明细科目。

政府财政偿还本级政府财政承担的政府债券、主权外债等纳入预算管理的债务本金时，借记"债务还本支出"科目，贷记"国库存款""其他财政存款"等科目。

根据债务管理部门转来的相关资料，按照实际偿还的本金金额，借记"应付短期政府债券""应付长期政府债券""借入款项""应付地方政府债券转贷款""应付主权外债转贷款"等科目，贷记"待偿债净资产"科目。

年终结转时，"债务还本支出"科目下"专项债务还本支出"明细科目的借方余额应按照对应的政府性基金种类分别转入"政府性基金预算结转结余"相应明细科目，借记"政府性基金预算结转结余"科目，贷记"债务还本支出——专项债务还本支出"科目。

"债务还本支出"科目下其他明细科目的借方余额全数转入"一般公共预算结转结余"科目，借记"一般公共预算结转结余"科目，贷记"债务还本支出"科目。

[**例6-12**] 某省财政以国库存款偿还本级政府财政承担的发行3年期政府债券债务本金500 000元，以其他财政存款偿还本级政府财政承担的主权外债2年期债务本金200 000元。

年终，将"债务还本支出"科目余额100 000全数转入"一般公共预算结转结余"科目。

财政总预算会计应编制如下会计分录：

（1）以国库存款偿还本级政府财政承担的政府债券债务本金时

借：债务还本支出　　　　　　　　　　　　　　500 000

　　贷：国库存款　　　　　　　　　　　　　　　　　500 000

同时，

借：应付长期政府债券　　　　　　　　　　　　500 000

　　贷：待偿债净资产　　　　　　　　　　　　　　　500 000

（2）以其他财政存款偿还本级政府财政承担的主权外债债务本金时

借：借入款项　　　　　　　　　　　　　　　　200 000

　　贷：其他财政存款　　　　　　　　　　　　　　　200 000

同时，

借：应付主权外债转贷款　　　　　　　　　　　200 000

　　贷：待偿债净资产　　　　　　　　　　　　　　　200 000

（3）年终结转时

借：一般公共预算结转结余　　　　　　　　　　100 000

　　贷：债务还本支出　　　　　　　　　　　　　　　100 000

6.5.2　债务转贷支出

1）债务转贷支出的概念

债务转贷支出，是指本级政府财政向下级政府财政转贷的债务支出。

与补助支出相比，债务转贷支出的特点是取得转贷资金的下级政府需要在未来偿还取得的贷款资金，并支付相应的贷款利息。债务转贷支出与债务转贷收入相互对应。

2）债务转贷支出的核算

财政总预算会计通过设置"债务转贷支出"科目来核算债务转贷支出情况。该科目借方登记债务转贷支出的增加；贷方登记债务转贷支出的减少；平时借方余额反映债务转贷支出的累计数；年终结转后，该科目无余额。

"债务转贷支出"科目下应当设置"地方政府一般债务转贷支出""地方政府专项债务转贷支出"明细科目。同时，还应当按照转贷地区进行明细核算。

（1）本级政府财政向下级政府财政转贷地方政府债券资金，借记"债务转贷支出"科目，贷记"国库存款"科目；根据债务管理部门转来的相关资料，按照到期收回的转贷款本金金额，借记"应收地方政府债券转贷款"科目，贷记"资产基金——应收地方政府债券转贷款"科目。

[例 6-13]　本级政府财政向下级政府财政转贷地方政府债券资金 200 000 元，并存入国库存款。

财政总预算会计应编制如下会计分录：

借：债务转贷支出　　　　　　　　　　　　　　200 000

　　贷：国库存款　　　　　　　　　　　　　　　　　200 000

同时，

借：应收地方政府债券转贷款　　　　　　　　200 000

　　贷：资产基金——应收地方政府债券转贷款　　　200 000

（2）本级政府财政向下级政府财政转贷主权外债资金时，本级政府财政向下级政府财政转贷主权外债资金，且主权外债最终还款责任由下级政府财政承担的，相关账务处理如下：

本级政府财政支付转贷资金时，根据转贷资金支付相关资料，借记"债务转贷支出"科目，贷记"其他财政存款"科目；根据债务管理部门转来的相关资料，按照实际持有的债权金额，借记"应收主权外债转贷款"科目，贷记"资产基金——应收主权外债转贷款"科目。

外方将贷款资金直接支付给用款单位或供应商时，本级政府财政根据转贷资金支付相关资料，借记"债务转贷支出"科目，贷记"债务收入""债务转贷收入"科目；根据债务管理部门转来的相关资料，按照实际持有的债权金额，借记"应收主权外债转贷款"科目，贷记"资产基金——应收主权外债转贷款"科目；同时，借记"待偿债净资产"科目，贷记"借入款项""应付主权外债转贷款"等科目。

[例6-14]　某省财政以其他财政存款向所辖 A 市政府转贷资金 1 000 000 元，本笔主权外债最终还款责任由所辖 A 市政府财政承担。向所辖 B 市政府转贷资金 2 000 000 元，本笔主权外债最终还款责任由所辖 B 市政府财政承担。外方已将贷款资金直接支付给用款单位。

财政总预算会计应编制如下会计分录：

（1）以其他财政存款向所辖 A 市政府转贷资金 1 000 000 元时

借：债务转贷支出　　　　　　　　　　　　1 000 000

　　贷：其他财政存款　　　　　　　　　　　1 000 000

按照实际承担的债权金额

借：应收主权外债转贷款　　　　　　　　　1 000 000

　　贷：资产基金——应收主权外债转贷款　　　1 000 000

（2）向所辖 B 市政府转贷资金 2 000 000 元时

借：债务转贷支出　　　　　　　　　　　　2 000 000

　　贷：债务转贷收入　　　　　　　　　　　2 000 000

按照实际持有的债权金额

借：应收主权外债转贷款　　　　　　　　　2 000 000

　　贷：资产基金——应收主权外债转贷款　　　2 000 000

同时，

借：待偿债净资产　　　　　　　　　　　　2 000 000

　　贷：应付主权外债转贷款　　　　　　　　2 000 000

（3）年终结转时

应将"债务转贷支出"科目下"地方政府一般债务转贷支出"明细科目的借方余额全数转入"一般公共预算结转结余"科目，借记"一般公共预算结转结余"科目，贷记"债务转贷支出——地方政府一般债务转贷支出"科目。

同时，应将"债务转贷支出"科目下"地方政府专项债务转贷支出"明细科目的借方余额全数转入"政府性基金预算结转结余"科目，借记"政府性基金预算结转结余"科目，贷记"债务转贷支出——地方政府专项债务转贷支出"科目。

[例6-15]　某省财政年终"债务转贷支出"科目借方余额 650 000 元。其中，"地方政府一般债务转贷支出"230 000 元，"地方政府专项债务转贷支出"420 000 元。将其分别转入结转结余科目。

财政总预算会计应编制如下会计分录：

借：一般公共预算结转结余　　　　　　　　　　　 230 000

　　政府性基金预算结转结余　　　　　　　　　　 420 000

　　贷：债务转贷支出——地方政府一般债务转贷支出　 230 000

　　　　　　　　——地方政府专项债务转贷支出　 420 000

【思考与练习】

一、思考题

1.什么是财政总预算会计的支出？它包括哪些核算内容？

2.一般公共预算本级支出的概念是什么？

3.什么是政府性基金预算本级支出？

4.什么是国有资本经营预算本级支出？

5.什么是转移性支出？

6.什么是债务还本支出？什么是债务转贷支出？

二、练习题

练习题一

（一）目的：综合练习财政总预算会计支出的核算。

（二）资料：某省财政 2016 年发生下列经济业务：

1.发生一般公共服务支出 560 000 元，款项已从国库—般公共预算资金支付。

2.发生教育支出 350 000 元，款项已从国库—般公共预算资金支付。

3.发生科学技术支出 269 000 元，款项已从国库—般公共预算资金支付。

4.发生医疗卫生与计划生育支出 350 000 元，款项已从国库—般公共预算资金支付。

5.发生节能环保支出 56 000 元,款项已从国库政府性基金预算资金支付。

6.发生彩票发行销售机构业务费的支出 57 000 元,款项已从国库政府性基金预算资金支付。

7.发生国有资本经营预算支出 9 800 元,款项已从国库国有资本经营预算资金支付。

8.发生债务还本支出 60 000 元,款项已从国库一般公共预算资金支付。

9.发生债务付息支出 3 000 元,款项已从国库一般公共预算资金支付。

10.发生补助支出 62 000,款项已从国库一般公共预算资金支付。

11.发生返还教育收费 69 000 元,款项已从财政专户教育收费资金支付。

12.发生社会保障和就业支出——基本养老保险基金的补助 68 500 元,款项已从国库一般公共预算资金支付。

13.发生按财政管理体制应上解上级的上解支出 64 000 元。

14.发生社会保障和就业的补助支出 89 000 元,为应补助下级的一般公共预算专项资金。

15.年终发生财政超收,财政收入大于财政支出,决定安排预算稳定调节基金 86 000 元。

(三)要求:根据以上经济业务,编制有关的会计分录。

练习题二

(一)目的:练习财政总预算会计年终支出结账的核算。

(二)资料:某市财政 2016 年年末有关财政总预算会计支出类账户结账前的余额如下:

1.一般公共预算本级支出 2 150 000 元。

2.政府性基金预算本级支出 550 000 元。

3.国有资本经营预算本级支出 250 000 元。

4.财政专户管理资金支出 136 000 元。

5.专用基金支出 10 000 元。

6.补助支出——一般性转移支付 220 000 元。

7.上解支出——体制上解支出 29 000 元。

8.调出资金——政府性基金预算调出资金 260 000 元。

9.安排预算稳定调节基金 36 000 元。

10.债务还本支出——地方政府一般债务还本支出 90 000 元。

11.债务转贷支出——地方政府专项债务转贷支出 60 000 元。

(三)要求:根据以上经济业务,编制有关年终结账的会计分录。

第 7 章　财政总预算会计报表

【学习目标】

通过本章的学习,了解财政总预算会计报表的特点及种类;理解财政总预算会计年终清理、年终结算和年终结账的相关内容;掌握财政总预算会计报表的组成及编制方法。

7.1　财政总预算会计年终清理、结算和结账

年终清理、结算和结账是各级总预算会计编制年度决算的重要基础工作。在年终前,各级总预算会计要根据财政部门年度决算编审工作要求,进行年终清理和办理各项结算,并在此基础上办理年度结账,结束当年的账务,编报年度财政总决算。

7.1.1　年终清理、结算

政府财政部门应当及时进行年终清理、结算。年终清理、结算的主要事项如下:

1)核对年度预算

预算是预算执行和办理会计结算的依据。年终前,总预算会计应配合预算管理部门将本级政府财政全年预算指标与上、下级政府财政总预算和本级各部门预算进行核对,及时办理预算调整和转移支付事项。本年预算调整和对下转移支付一般截至 11 月底;各项预算拨款,一般截至 12 月 25 日。

2)清理本年预算收支

认真清理本年预算收入,督促征收部门和国家金库年终前如数缴库。应在本年预算支领列报的款项,非特殊原因,应在年终前办理完毕。清理财政专户管理资金和专用基金收支。凡属应列入本年的收入,应及时催收,并缴入国库或指定财政专户。

3)组织征收部门和国家金库进行年度对账

如财政机关、税务机关和海关等负责管理、组织征收或监管政府预算收入的征收部门要与负责办理政府财政资金收入和支出的国库进行对账,保证数字一致。

4) 清理核对当年拨款支出

财政总预算会计对本级各单位的拨款支出应与单位的拨款收入核对无误。属于应收回的拨款,应及时收回,并按收回数相应冲减预算支出。属于预拨下年度的经费,不得列入当年预算支出。

5) 核实股权、债权和债务

财政部门内部相关资产、债务管理部门应于 12 月 20 日前向财政总预算会计提供与股权、债权、债务等核算和反映相关的资料。财政总预算会计对股权投资、借出款项、应收股利、应收地方政府债券转贷款、应收主权外债转贷款、借入款项、应付短期政府债券、应付长期政府债券、应付地方政府债券转贷款、应付主权外债转贷款、其他负债等余额应与相关管理部门进行核对,记录不一致的要及时查明原因,按规定调整账务,做到账实相符、账账相符。

6) 清理往来款项

政府财政要认真清理其他应收款、其他应付款等各种往来款项,在年终前予以收回或归还。应转作收入或支出的各项款项,要及时转入本年有关收支账。

7) 进行年终财政结算

财政预算管理部门要在年终清理的基础上,于次年元月底前结清上下级政府财政的转移支付收支和往来款项。财政总预算会计要按照财政管理体制的规定,根据预算结算单,与年度预算执行过程中已补助和已上解数额进行比较,结合往来款和借垫款情况,计算出全年最后应补或应退数额,填制"年终财政决算结算单",经核对无误后,作为年终财政结算凭证,据以入账。

财政总预算会计对年终决算清理期内发生的会计事项,应当划清会计年度。属于清理上年度的会计事项,记入上年度会计账;属于新年度的会计事项,记入新年度会计账,防止错记漏记。

7.1.2 财政总预算年终结账

各级财政总预算会计通过年终清理和结算,把各项结算收支记入旧账后,即可办理年终结账。年终结账工作一般分为年终转账、结清旧账和记入新账三个环节。

1) 年终转账

计算出各科目 12 月合计数和全年累计数,结出 12 月末余额,编制结账前的"资产负债表",再根据收支余额填制记账凭证,将收支分别转入"一般公共预算结转结余""政府性基金预算结转结余""国有资本经营预算结转结余""专用基金结余""财政专户管理资金结余"等科目冲销。

2) 结清旧账

将各个收入和支出科目的借方、贷方结出全年总计数。对年终有余额的科目,在"摘要"栏内注明"结转下年"字样,表示转入新账。

3）记入新账

根据年终转账后的总账和明细账余额编制年终"资产负债表"和有关明细表（不需填制记账凭证），将表列各科目余额直接记入新年度有关总账和明细账年初余额栏内，并在"摘要"栏注明"上年结转"字样，以区别新年度发生数。决算经本级人民代表大会常务委员会（或人民代表大会）审查批准后，如需更正原报决算草案收入、支出时，则要相应调整有关账目，重新办理结账事项。

7.2　财政总预算会计报表概述

7.2.1　财政总预算会计报表的概念及特征

财政总预算会计报表，是反映政府财政预算执行结果和财务状况的书面文件，是各级政府和上级财政部门了解情况、掌握政策、指导预算执行工作的重要资料，也是编制下一年度预算的基础。

财政总预算会计报表既是各级政府财政活动过程及结果的综合反映，也是社会公众了解政府财政有关情况的唯一来源，因此，应具备以下基本特征：

从服务的对象来看，总会计报表属于对外报表，其服务对象主要是人民代表大会、政府及其有关部门、政府财政部门自身和其他会计信息使用者；

从提供的信息内容来看，需反映各级政府财务资源（即预算资金）的来源、分配及其使用的信息，即财务状况信息；

从总会计报表的目标来看，它不仅为各级政府提供预算收支执行情况的会计信息，还为政府制定宏观政策提供有力的依据，并反映各级政府财政受托责任的履行情况；

通过对总预算会计报表进行准确和全面的分析，能及时掌握预算执行中出现的问题、研究预算活动的规律、总结预算管理的经验，提出改进措施，加强预算管理。

7.2.2　财政总预算会计报表的种类及编制要求

1）财政总预算会计报表的种类

（1）按经济内容分类

可分为资产负债表、收入支出表、一般公共预算执行情况表、政府性基金预算执行情况表、国有资本经营预算执行情况表、财政专户管理资金收支情况表、专用基金收支情况表等会计报表。

（2）按编制时间分类

可分为旬报、月报和年报。预算执行情况表反映预算收支的完成情况，其旬报、月报和年报的格式及内容不尽相同，但月度和年度资产负债表的格式则完全相同。

（3）按编制单位分类

可分为本级报表和汇总报表。

2）财政总预算会计报表的编制要求

（1）总体要求

一般公共预算执行情况表、政府性基金预算执行情况表、国有资本经营预算执行情况表应当按旬、月度和年度编制，财政专户管理资金收支情况表和专用基金收支情况表应当按月度和年度编制，收入支出表按月度和年度编制，资产负债表和附注至少应当按年度编制。旬报、月报的报送期限及编报内容应当根据上级政府财政的具体要求和本行政区域预算管理的需要办理。

财政总预算会计应当根据《财政总预算会计制度》编制并提供真实、完整的会计报表，切实做到账表一致，不得估列代编、弄虚作假。

财政总预算会计要严格按照统一规定的种类、格式、内容、计算方法和编制口径填制会计报表，以保证全国统一汇总和分析。汇总报表的单位，要把所属单位的报表汇集齐全，防止漏报。

（2）具体要求

口径与内容上的全国统一性。政府总预算会计的各种报表要严格按照规定的内容、会计科目、格式、统计口径、计算方法填制，以保证全国统一汇总和分析。

数字信息的准确性。政府总预算会计报表的数字，必须根据核对无误的账目记录编制，做到账账相符、账表相符，客观、准确地反映各级政府执行财政预算的情况。

报告及时性。所有预算单位和各级总预算都必须在规定的期限内上报报表，以便主管部门和财政部门及时汇总、及时上报。

7.3　财政总预算会计报表的编制

7.3.1　资产负债表

1）资产负债表的概念和格式

资产负债表，是反映政府财政在某一特定日期财务状况的报表。资产负债表应当按照资产、负债和净资产分类、分项列示。

资产负债表采用"资产=负债+净资产"的平衡等式。资产负债表中的金额，应当根据有关资产、负债与净资产账户的期末余额计算填列。

各级政府财政编制的资产负债表的格式如表7.1所示。

表 7.1　资产负债表

编制单位：　　　　　　　　　　　　　　　___年___月___日　　　　　　　　　　　　　　　单位：元

资产	年初余额	期末余额	负债和净资产	年初余额	期末余额
流动资产：			流动负债：		
国库存款			应付短期政府债券		
国库现金管理存款			应付利息		
其他财政存款			应付国库集中支付结余		
有价证券			与上级往来		
在途款			其他应付款		
预拨经费			应付代管资金		
借出款项			一年内到期的非流动负债		
应收股利			流动负债合计		
应收利息			非流动负债：		
与下级往来			应付长期政府债券		
其他应收款			借入款项		
流动资产合计			应付地方政府债券转贷款		
非流动资产：			应付主权外债转贷款		
应收地方政府债券转贷款			其他负债		
应收主权外债转贷款			非流动负债合计		
股权投资			负债合计		
待发国债			一般公共预算结转结余		
非流动资产合计			政府性基金预算结转结余		
			国有资本经营预算结转结余		
			财政专户管理资金结余		
			专用基金结余		
			预算稳定调节基金		
			预算周转金		
			资产基金		
			减：待偿债净资产		
			净资产合计		
资产总计			负债和净资产总计		

2）资产负债表中年初余额栏的列报方法

资产负债表中年初余额栏的相关项目,应当根据上年年末资产负债表"期末余额"栏内数字填列。如果本年度资产负债表规定的各个项目的名称和内容同上年度不相一致,应对上年年末资产负债表各项目的名称和数字按照本年度的规定进行调整,然后再填入"年初余额"栏内。

3）资产负债表中期末余额栏的内容和列报方法

（1）资产类项目

①"国库存款"项目,反映政府财政期末存放在国库单一账户的款项金额。该项目应当根据"国库存款"科目的期末余额填列。

②"国库现金管理存款"项目,反映政府财政期末实行国库现金管理业务持有的存款金额。该项目应当根据"国库现金管理存款"科目的期末余额填列。

③"其他财政存款"项目,反映政府财政期末持有的其他财政存款金额。该项目应当根据"其他财政存款"科目的期末余额填列。

④"有价证券"项目,反映政府财政期末持有的有价证券金额。该项目应当根据"有价证券"科目的期末余额填列。

⑤"在途款"项目,反映政府财政期末持有的在途款金额。该项目应当根据"在途款"科目的期末余额填列。

⑥"预拨经费"项目,反映政府财政期末尚未转列支出或尚待收回的预拨经费金额。该项目应当根据"预拨经费"科目的期末余额填列。

⑦"借出款项"项目,反映政府财政期末借给预算单位尚未收回的款项金额。该项目应当根据"借出款项"科目的期末余额填列。

⑧"应收股利"项目,反映政府财政期末尚未收回的现金股利或利润金额。该项目应当根据"应收股利"科目的期末余额填列。

⑨"应收利息"项目,反映政府财政期末尚未收回的应收利息金额。该项目应当根据"应收地方政府债券转贷款"科目和"应收主权外债转贷款"科目下"应收利息"明细科目的期末余额合计数填列。

⑩"与下级往来"项目,正数反映下级政府财政欠本级政府财政的款项金额;负数反映本级政府财政欠下级政府财政的款项金额。该科目应当根据"与下级往来"科目的期末余额填列,期末余额如为借方则以正数填列;如为贷方则以"-"号填列。

⑪"其他应收款"项目,反映政府财政期末尚未收回的其他应收款的金额。该项目应当根据"其他应收款"科目的期末余额填列。

⑫"应收地方政府债券转贷款"项目,反映政府财政期末尚未收回的地方政府债券转贷款的本金金额。该项目应当根据"应收地方政府债券转贷款"科目下"应收本金"明细科目的期末余额填列。

⑬"应收主权外债转贷款"项目,反映政府财政期末尚未收回的主权外债转贷款的本金金额。该项目应当根据"应收主权外债转贷款"科目下"应收本金"明细科目的期末余

额填列。

⑭"股权投资"项目,反映政府期末持有的股权投资的金额。该项目应当根据"股权投资"科目的期末余额填列。

⑮"待发国债"项目,反映中央政府财政期末尚未使用的国债发行额度。该项目应当根据"待发国债"科目的期末余额填列。

（2）负债类项目

①"应付短期政府债券"项目,反映政府财政期末尚未偿还的发行期限不超过 1 年（含 1 年）的政府债券的本金金额。该项目应当根据"应付短期政府债券"科目下"应付本金"明细科目的期末余额填列。

②"应付利息"项目,反映政府财政期末尚未支付的应付利息金额。该项目应当根据"应付短期政府债券""借入款项""应付地方政府债券转贷款""应付主权外债转贷款"科目下"应付利息"明细科目的期末余额,以及属于分期付息到期还本的"应付长期政府债券"的"应付利息"明细科目期末余额计算填列。

③"应付国库集中支付结余"项目,反映政府财政期末尚未支付的国库集中支付结余金额。该项目应当根据"应付国库集中支付结余"科目的期末余额填列。

④"与上级往来"项目,正数反映本级政府财政期末欠上级政府财政的款项金额;负数反映上级政府财政欠本级政府财政的款项金额。该科目应当根据"与上级往来"科目的期末余额填列,期末余额如为借方,则以"-"号填列。

⑤"其他应付款"项目,反映政府财政期末尚未支付的其他应付款的金额。该项目应当根据"其他应付款"科目的期末余额填列。

⑥"应付代管资金"项目,反映政府财政期末尚未支付的代管资金金额。该项目应当根据"应付代管资金"科目的期末余额填列。

⑦"一年内到期的非流动负债"项目,反映政府财政期末承担的 1 年以内（含 1 年）到偿还期的非流动负债。该项目应当根据"应付长期政府债券""借入款项""应付地方政府债券转贷款""应付主权外债转贷款""其他负债"等科目的期末余额及债务管理部门提供的资料分析填列。

⑧"应付长期政府债券"项目,反映政府财政期末承担的偿还期限超过 1 年的长期政府债券的本金金额及到期一次还本付息的长期政府债券的应付利息金额。该项目应当根据"应付长期政府债券"科目的期末余额分析填列。

⑨"应付地方政府债券转贷款"项目,反映政府财政期末承担的偿还期限超过 1 年的地方政府债券转贷款的本金金额。该项目应当根据"应付地方政府债券转贷款"科目下"应付本金"明细科目的期末余额分析填列。

⑩"应付主权外债转贷款"项目,反映政府财政期末承担的偿还期限超过 1 年的主权外债转贷款的本金金额。该项目应当根据"应付主权外债转贷款"科目下"应付本金"明细科目的期末余额分析填列。

⑪"借入款项"项目,反映政府财政期末承担的偿还期限超过 1 年的借入款项的本金金额。该项目应当根据"借入款项"科目下"应付本金"明细科目的期末余额分析填列。

⑫"其他负债"项目,反映政府财政期末承担的偿还期限超过 1 年的其他负债金额。该项目应当根据"其他负债"科目的期末余额分析填列。

（3）净资产类项目

①"一般公共预算结转结余"项目,反映政府财政期末滚存的一般公共预算结转金额。该项目应当根据"一般公共预算结转结余"科目的期末余额填列。

②"政府性基金预算结转结余"项目,反映政府财政期末滚存的政府性基金预算结转结余金额。该项目应当根据"政府性基金预算结转结余"科目的期末余额填列。

③"国有资本经营预算结转结余"项目,反映政府财政期末滚存的国有资本经营预算结转结余金额。该项目应当根据"国有资本经营预算结转结余"科目的期末余额填列。

④"财政专户管理资金结余"项目,反映政府财政期末滚存的财政专户管理资金结余金额。该项目应当根据"财政专户管理资金结余"科目的期末余额填列。

⑤"专用基金结余"项目,反映政府财政期末滚存的专用基金结余金额。该项目应当根据"专用基金结余"科目的期末余额填列。

⑥"预算稳定调节基金"项目,反映政府财政期末预算稳定调节基金的余额。该项目应当根据"预算稳定调节基金"科目的期末余额填列。

⑦"预算周转金"项目,反映政府财政期末预算周转金的余额。该项目应当根据"预算周转金"科目的期末余额填列。

⑧"资产基金"项目,反映政府财政期末持有的应收地方政府债券转贷款、应收主权外债转贷款、股权投资和应收股利等资产在净资产中占用的金额。该项目应当根据"资产基金"科目的期末余额填列。

⑨"待偿债净资产"项目,反映政府财政期末承担应付短期政府债券、应付长期政府债券、借入款项、应付地方政府债券转贷款、应付主权外债转贷款、其他负债等负债相应需在净资产中冲减的金额。该项目应当根据"待偿债净资产"科目的期末借方余额以"-"号填列。

在资产负债表中,资产项目中的"应收股利""应收利息""应收地方政府债券转贷款""应收主权外债转贷款""股权投资"等项目,与净资产项目中的"资产基金"项目在金额上存在相互联系。负债项目中的"应付短期政府债券""应付利息""一年内到期的非流动负债""应付长期政府债券""借入款项""应付地方政府债券转贷款""应付主权外债转贷款""其他负债"等项目,与净资产项目中的"待偿债净资产"项目在金额上存在相互联系。

7.3.2 收入支出表

1）收入支出表的概念和格式

收入支出表,是反映政府财政在某一会计期间各类财政资金收支余情况的报表。该表总括反映了各级政府占有或控制财政资金的来源、形成的渠道以及财政资金分配、使用情况,财政资金收支总量、结构以及财政资金结余情况。

收入支出表根据资金性质按照收入、支出、结转结余的构成分类、分项列示。收入支出表中的金额,应当根据有关收入、支出与结转结余账户的本期发生额计算填列。

各级政府财政编制的收入支出表的格式如表 7.2 所示。

表 7.2　收入支出表

会财政 02 表

编制单位:　　　　　　　　　　___年___月　　　　　　　　　　单位:元

项目	一般公共预算		政府性基金预算		国有资本经营预算		财政专户管理资金		专用基金	
	本月数	本年累计数	本月数	本年累计数	本月数	本年累计数	本月数	本年累计数	本月数	本年累计数
年初结转结余										
收入合计										
本级收入										
其中:来自预算安排的收入	—	—	—	—	—	—	—	—	—	—
补助收入					—	—	—	—	—	—
上解收入					—	—	—	—	—	—
地区间援助收入					—	—	—	—	—	—
债务收入					—	—	—	—	—	—
债务转贷收入					—	—	—	—	—	—
动用预算稳定调节基金					—	—	—	—	—	—
调入资金					—	—	—	—	—	—
支出合计										
本级支出										
其中:权责发生制列支							—	—	—	—
预算安排专用基金的支出			—	—	—	—	—	—	—	—
补助支出					—	—	—	—	—	—
上解支出					—	—	—	—	—	—
地区间援助支出			—	—	—	—	—	—	—	—
债务还本支出					—	—	—	—	—	—
债务转贷支出					—	—	—	—	—	—
安排预算稳定基金			—	—	—	—	—	—	—	—
调出资金							—	—	—	—
结余转出										
其中:增设预算周转金			—	—	—	—	—	—	—	—
年末结转结余										

注:表中有"—"的部分不必列。

2）收入支出表的列报方法

收入支出表"本月数"栏各项目的内容和填列方法如下：

（1）年初结转结余项目

"年初结转结余"项目，反映政府财政本年年初各类资金结转结余金额。其中：

一般公共预算的"年初结转结余"应当根据"一般公共预算结转结余"科目的年初余额填列；

政府性基金预算的"年初结转结余"应当根据"政府性基金预算结转结余"科目的年初余额填列；

国有资本经营预算的"年初结转结余"应当根据"国有资本经营预算结转结余"科目的年初余额填列；

财政专户管理资金的"年初结转结余"应当根据"财政专户管理资金结余"科目的年初余额填列；

专用基金的"年初结转结余"应当根据"专用基金结余"科目的年初余额填列。

（2）收入类项目

①"收入合计"项目，反映政府财政本期取得的各类资金的收入合计金额。其中：

一般公共预算的"收入合计"应当根据属于一般公共预算的"本级收入""补助收入""上解收入""地区间援助收入""债务收入""债务转贷收入""动用预算稳定调节基金"和"调入资金"各行项目金额的合计填列；

政府性基金预算的"收入合计"应当根据属于政府性基金预算的"本级收入""补助收入""上解收入""债务收入""债务转贷收入"和"调入资金"各行项目金额的合计填列；

国有资本经营预算的"收入合计"应当根据属于国有资本经营预算的"本级收入"项目的金额填列；

财政专户管理资金的"收入合计"应当根据属于财政专户管理资金的"本级收入"项目的金额填列；

专用基金的"收入合计"应当根据属于专用基金的"本级收入"项目的金额填列。

②"本级收入"项目，反映政府财政本期取得的各类资金的本级收入金额。其中：

一般公共预算的"本级收入"应当根据"一般公共预算本级收入"科目的本期发生额填列；

政府性基金预算的"本级收入"应当根据"政府性基金预算本级收入"科目的本期发生额填列；

国有资本经营预算的"本级收入"应当根据"国有资本经营预算本级收入"科目的本期发生额填列；

财政专户管理资金的"本级收入"应当根据"财政专户管理资金收入"科目的本期发生额填列；

专用基金的"本级收入"应当根据"专用基金收入"科目的本期发生额填列。

③"补助收入"项目，反映政府财政本期取得的各类资金的补助收入金额。其中：

一般公共预算的"补助收入"应当根据"补助收入"科目下的"一般公共预算补助收

入"明细科目的本期发生额填列;

政府性基金预算的"补助收入"应当根据"补助收入"科目下的"政府性基金预算补助收入"明细科目的本期发生额填列。

④"上解收入"项目,反映政府财政本期取得的各类资金的上解收入金额。其中:

一般公共预算的"上解收入"应当根据"上解收入"科目下的"一般公共预算上解收入"明细科目的本期发生额填列;

政府性基金预算的"上解收入"应当根据"上解收入"科目下的"政府性基金预算上解收入"明细科目的本期发生额填列。

⑤"地区间援助收入"项目,反映政府财政本期取得的地区间援助收入金额。该项目应当根据"地区间援助收入"科目的本期发生额填列。

⑥"债务收入"项目,反映政府财政本期取得的债务收入金额。其中:

一般公共预算的"债务收入"应当根据"债务收入"科目下除"专项债务收入"以外的其他明细科目的本期发生额填列;

政府性基金预算的"债务收入"应当根据"债务收入"科目下的"专项债务收入"明细科目的本期发生额填列。

⑦"债务转贷收入"项目,反映政府财政本期取得的债务转贷收入金额。其中:

一般公共预算的"债务转贷收入"应当根据"债务转贷收入"科目下"地方政府一般债务转贷收入"明细科目的本期发生额填列;

政府性基金预算的"债务转贷收入"应当根据"债务转贷收入"科目下的"地方政府专项债务转贷收入"明细科目的本期发生额填列。

⑧"动用预算稳定调节基金"项目,反映政府财政本期调用的预算稳定调节基金金额。该项目应当根据"动用预算稳定调节基金"科目的本期发生额填列。

⑨"调入资金"项目,反映政府财政本期取得的调入资金金额。其中:

一般公共预算的"调入资金"应当根据"调入资金"科目下"一般公共预算调入资金"明细科目的本期发生额填列;

政府性基金预算的"调入资金"应当根据"调入资金"科目下的"政府性基金预算调入资金"明细科目的本期发生额填列。

(3)支出类项目

①"支出合计"项目,反映政府财政本期发生的各类资金的支出合计金额。其中:

一般公共预算的"支出合计"应当根据属于一般公共预算的"本级支出""补助支出""上解支出""地区间援助支出""债务还本支出""债务转贷支出""安排预算稳定调节基金"和"调出资金"各行项目金额的合计填列;

政府性基金预算的"支出合计"应当根据属于政府性基金预算的"本级支出""补助支出""上解支出""债务还本支出""债务转贷支出"和"调出资金"各行项目金额的合计填列;

国有资本经营预算的"支出合计"应当根据属于国有资本经营预算的"本级支出"和"调出资金"项目金额的合计填列;

财政专户管理资金的"支出合计"应当根据属于财政专户管理资金的"本级支出"项目的金额填列；

专用基金的"支出合计"应当根据属于专用基金的"本级支出"项目的金额填列。

②"补助支出"项目，反映政府财政本期发生的各类资金的补助支出金额。其中：

一般公共预算的"补助支出"应当根据"补助支出"科目下的"一般公共预算补助支出"明细科目的本期发生额填列；

政府性基金预算的"补助支出"应当根据"补助支出"科目下的"政府性基金预算补助支出"明细科目的本期发生额填列。

③"上解支出"项目，反映政府财政本期发生的各类资金的上解支出金额。其中：

一般公共预算的"上解支出"应当根据"上解支出"科目下的"一般公共预算上解支出"明细科目的本期发生额填列；

政府性基金预算的"上解支出"应当根据"上解支出"科目下的"政府性基金预算上解支出"明细科目的本期发生额填列。

④"地区间援助支出"项目，反映政府财政本期发生的地区间援助支出金额。该项目应当根据"地区间援助支出"科目的本期发生额填列。

⑤"债务还本支出"项目，反映政府财政本期发生的债务还本支出金额。其中：

一般公共预算的"债务还本支出"应当根据"债务还本支出"科目下除"专项债务还本支出"以外的其他明细科目的本期发生额填列；

政府性基金预算的"债务还本支出"应当根据"债务还本支出"科目下的"专项债务还本支出"明细科目的本期发生额填列。

⑥"债务转贷支出"项目，反映政府财政本期发生的债务转贷支出金额。其中：

一般公共预算的"债务转贷支出"应当根据"债务转贷支出"科目下"地方政府一般债务转贷支出"明细科目的本期发生额填列；

政府性基金预算的"债务转贷支出"应当根据"债务转贷支出"科目下的"地方政府专项债务转贷支出"明细科目的本期发生额填列。

⑦"安排预算稳定调节基金"项目，反映政府财政本期安排的预算稳定调节基金金额。该项目应当根据"安排预算稳定调节基金"科目的本期发生额填列。

⑧"调出资金"项目，反映政府财政本期发生的各类资金的调出资金金额。其中：

一般公共预算的"调出资金"应当根据"调出资金"科目下"一般公共预算调出资金"明细科目的本期发生额填列；

政府性基金预算的"调出资金"应当根据"调出资金"科目下的"政府性基金预算调出资金"明细科目的本期发生额填列；

国有资本经营预算的"调出资金"应当根据"调出资金"科目下的"国有资本经营预算调出资金"明细科目的本期发生额填列。

⑨"增设预算周转金"项目，反映政府财政本期设置和补充预算周转金的金额。该项目应当根据"预算周转金"科目的本期贷方发生额填列。

（4）年末结转结余项目

"年末结转结余"项目，反映政府财政本年年末的各类资金的结转结余金额。其中：

一般公共预算的"年末结转结余"应当根据"一般公共预算结转结余"科目的年末余额填列；

政府性基金预算的"年末结转结余"应当根据"政府性基金预算结转结余"科目的年末余额填列；

国有资本经营预算的"年末结转结余"应当根据"国有资本经营预算结转结余"科目的年末余额填列；

财政专户管理资金的"年末结转结余"应当根据"财政专户管理资金结余"科目的年末余额填列；

专用基金的"年末结转结余"应当根据"专用基金结余"科目的年末余额填列。

在收入支出表中，"年初结转结余""收入合计""支出合计""增设预算周转金"和"年末结转结余"项目之间，在金额上存在相互联系。

另外，收入支出表中的"年初结转结余""年末结转结余"项目与资产负债表中的相关结转结余项目的年初余额、年末余额，在金额上存在相互联系。

7.3.3　预算执行情况表

1）一般公共预算执行情况表

一般公共预算执行情况表，是反映政府财政在某一会计期间一般公共预算收支执行结果的报表，它是各级财政收支决算的主体表。

一般公共预算执行情况表的格式如表 7.3 所示。

表 7.3　一般公共预算执行情况表

会财政 03-1 表

编制单位：　　　　　　　　　　　＿＿＿年＿＿月＿＿旬　　　　　　　　　　单位：元

项目	本月（旬）数	本年（月）累计数
一般公共预算本级收入		
101 税收收入		
10101 增值税		
1010101 国内增值税		
……		
一般公共预算本级支出		
201 一般公共服务支出		
20101 人大事务		
2010101 行政运行		
……		

　　"一般公共预算本级收入"项目及所属各明细项目,应当根据"一般公共预算本级收入"科目及所属各明细科目的本期发生额填列。

　　"一般公共预算本级支出"项目及所属各明细项目,应当根据"一般公共预算本级支出"科目及所属各明细科目的本期发生额填列。

　　一般公共预算执行情况表是对收入支出表中一般公共预算本级收入和本级支出具体情况的展开。它们在金额上存在相互联系。

2)政府性基金预算执行情况表

　　政府性基金预算执行情况表,是反映政府在某一会计期间政府性基金预算执行情况的报表。

　　政府性基金预算执行情况表的格式如表7.4所示。

表7.4　政府性基金预算执行情况表

会财政 03-2 表

编制单位：　　　　　　　　　　　___年___月___旬　　　　　　　　　　单位:元

项目	本月(旬)数	本年(月)累计数
政府性基金预算本级收入		
10301 政府性基金收入		
1030102 农网还贷资金收入		
103010201 中央农网还贷资金收入		
……		
政府性基金预算本级支出		
206 科学技术支出		
20610 核电站乏燃料处理处置基金支出		
2061001 乏燃料运输		
……		

　　政府性基金预算执行情况表中,"政府性基金预算本级收入"项目及所属各明细项目,应当根据"政府性基金预算本级收入"科目及所属各明细科目的本期发生额填列。

　　"政府性基金预算本级支出"项目及所属各明细项目,应当根据"政府性基金预算本级支出"科目及所属各明细科目的本期发生额填列。

　　政府性基金预算执行情况表是对收入支出表中政府性基金预算本级收入和本级支出具体情况的展开。它们在金额上存在相互联系。

3)国有资本经营预算执行情况表

　　国有资本经营预算执行情况表,是反映政府财政在某一会计期间国有资本经营预算收支执行结果的报表。

国有资本经营预算执行情况表的格式如表 7.5 所示。

表 7.5　国有资本经营预算执行情况表

编制单位：　　　　　　　　　　___年___月___旬　　　　　　　　　　单位:元

项目	本月（旬）数	本年（月）累计数
国有资本经营预算本级收入		
10306 国有资本经营收入		
1030601 利润收入		
103060103 烟草企业利润收入		
……		
国有资本经营预算本级支出		
208 社会保障和就业支出		
20804 补充全国社会保障基金		
2080451 国有资本经营预算补充社保基金支出		
……		

国有资本经营预算执行情况表中,"国有资本经营预算本级收入"项目及所属各明细项目,应当根据"国有资本经营预算本级收入"科目及所属各明细科目的本期发生额填列。

"国有资本经营预算本级支出"项目及所属各明细项目,应当根据"国有资本经营预算本级支出"科目及所属各明细科目的本期发生额填列。

国有资本经营预算执行情况表是对收入支出表中国有资本经营预算本级收入和本级支出具体情况的展开。它们在金额上存在相互联系。

7.3.4　资金收支情况表

1) 财政专户管理资金收支情况表

财政专户管理资金收支情况表,是反映政府财政在某一会计期间纳入财政专户管理的财政专户管理资金全部收支情况的报表。

财政专户管理资金收支情况表的格式如表 7.6 所示。

表 7.6　财政专户管理资金收支情况表

会财政 04 表

编制单位：　　　　　　　　　　　　___年___月　　　　　　　　　　　　单位:元

项目	本月数	本年累计数
财政专户管理资金收入		
财政专户管理资金支出		

　　财政专户管理资金收支情况表中，"财政专户管理资金收入"项目及所属各明细项目,应当根据"财政专户管理资金收入"科目及所属各明细科目的本期发生额填列。

　　"财政专户管理资金支出"项目及所属各明细项目,应当根据"财政专户管理资金支出"科目及所属各明细科目的本期发生额填列。

　　财政专户管理资金收支情况表是对收入支出表中财政专户管理资金本级收入和本级支出具体情况的展开。它们在金额上存在相互联系。

2)专用基金收支情况表

　　专用基金收支情况表,是反映政府财政在某一会计期间专用基金全部收支情况的报表。

　　专用基金收支情况表的格式如表 7.7 所示。

表 7.7　专用基金收支情况表

会财政 05 表

编制单位：　　　　　　　　　　　　___年___月　　　　　　　　　　　　单位:元

项目	本月数	本年累计数
专用基金收入		
粮食风险基金		
……		
专用基金支出		
粮食风险基金		
……		

专用基金收支情况表中,"专用基金收入"项目及所属各明细项目,应当根据"专用基金收入"科目及所属各明细科目的本期发生额填列。

"专用基金支出"项目及所属各明细项目,应当根据"专用基金支出"科目及所属各明细科目的本期发生额填列。

专用基金收支情况表是对收入支出表中专用基金本级收入和本级支出具体情况的展开。它们在金额上存在相互联系。

7.3.5　附注

财务报表附注,是为了便于财务报表使用者理解财务报表的内容而对财务报表的编制基础、编制依据、编制原则和方法,以及主要项目等所做的解释。它是会计报表的重要组成部分。

财政总预算会计报表附注应当至少披露下列内容:

①遵循《财政总预算会计制度》的声明;

②本级政府财政预算执行情况和财务状况的说明;

③会计报表中列示的重要项目的进一步说明,包括其主要构成、增减变动情况等;

④或有负债情况的说明;

⑤有助于理解和分析会计报表的其他需要说明的事项。

按照要求,一般公共预算执行情况表、政府性基金预算执行情况表、国有资本经营预算执行情况表应当按旬、月度和年度编制,财政专户管理资金收支情况表和专用基金收支情况表应当按月度和年度编制,收入支出表按月度和年度编制,资产负债表和附注应当至少按年度编制。

旬报、月报的报送期限及编报内容应当根据上级政府财政具体要求和本行政区域预算管理的需要办理。

【思考与练习】

一、思考题

1.什么是财政总预算会计报表? 主要有哪些种类?

2.什么是资产负债表?

3.什么是收入支出表?

4.什么是一般公共预算执行情况表?

5.什么是政府性基金预算执行情况表?

6.什么是国有资本经营预算执行情况表?

7.什么是财政专户管理资金收支情况表？

8.什么是专用基金收支情况表？

9.财政总预算会计的年终清理、结算的主要事项有哪些？

10.财政总预算会计年终结账工作有哪三个环节？

第 3 篇

行政单位会计

第8章 行政单位资产的核算

【学习目标】

通过本章的学习,理解行政单位资产的概念和内容;了解行政单位资产的管理和计量,掌握行政单位流动资产、固定资产、无形资产、在建工程、政府储备物资和公共基础设施、待处理财产损溢的核算方法和财务处理。

8.1 行政单位资产概述

行政单位资产是行政单位占有或使用的,能以货币计量的经济资源。占有,是指行政单位对经济资源拥有法律上的占有权。行政单位对符合《行政单位会计制度》第十八条资产定义的经济资源,即"行政单位占有或者使用的,能以货币计量的经济资源",应当在取得对其相关的权利并且能够可靠地进行货币计量时确认。

行政单位的资产应当按照取得时的实际成本进行计量,除国家另有规定外,行政单位不得自行调整其账面价值。其中,以支付对价方式取得的资产,应当按照取得资产时支付的现金或者现金等价物的金额,以及所付出的非货币性资产的评估价值等金额计量。取得资产时没有支付对价的,其计量金额应当按照有关凭据载明的金额加上相关税费、运输费等确定;没有相关凭据但依法经过资产评估的,其计量金额应当按照评估价值加上相关税费、运输费等确定;没有相关凭据也未经评估的,其计量金额按照同类或类似资产的市场价格加上相关税费、运输费等确定;没有相关凭据也未经评估,其同类或类似资产的市场价格无法可靠取得,所取得的资产应当按照名义金额(即人民币1元,下同)入账。

行政单位应当按照新《行政单位会计制度》的规定对无形资产进行摊销;行政单位对固定资产、公共基础设施是否计提折旧由财政部另行规定。

符合资产定义并确认的资产项目,应当列入资产负债表。

8.2　流动资产的核算

行政单位的流动资产是指可以在 1 年以内(含 1 年)变现或者耗用的资产,包括库存现金、银行存款、零余额账户用款额度、财政应返还额度、应收及预付款项、存货等。

8.2.1　库存现金

行政单位的库存现金,是指存于单位内部用于日常零星开支的货币资金。

为了核算行政单位库存现金情况,行政单位应设置"库存现金"科目,该科目借方反映当期行政单位库存现金的增加;贷方反映当期行政单位库存现金的减少;本科目期末借方余额反映行政单位实际持有的库存现金。

行政单位有外币现金的,应当分别按照人民币、外币种类设置"现金日记账"进行明细核算。

1)现金的提取和存入

行政单位从银行等金融机构提取现金,按照实际提取金额,借记"库存现金"科目,贷记"银行存款"科目;从零余额账户中提取现金,借记"库存现金"科目,贷记"零余额账户用款额度"等科目;将现金存入银行等金融机构,借记"银行存款"科目,贷记"库存现金"科目;将现金退回单位零余额账户,借记"零余额账户用款额度"科目,贷记本科目。

[例 8-1]　某水利局出纳人员从单位零余额账户提取现金 20 000 元,从银行基本户提取现金 5 000 元。该水利局的账务处理如下:

借:库存现金　　　　　　　　　　　　　　　　　25 000

　贷:零余额账户用款额度　　　　　　　　　　20 000

　　银行存款　　　　　　　　　　　　　　　　5 000

2)现金的借出

行政单位因支付内部职工出差款等所借的现金,借记"其他应收款"科目,贷记"库存现金"科目;出差人员报销差旅费时,按照应报销金额,借记有关科目,按照实际借出的现金金额,贷记"其他应收款"科目,按照其差额,借记或贷记"库存现金"科目。

[例 8-2]　某农业局职工张某借现金 5 000 元作为差旅费。出差归来报销交通、住宿等费用 4 500 元,余额退回财务部门。该单位的账务处理如下:

张某借款时:

借:其他应收款——张某　　　　　　　　　　　5 000

　贷:库存现金　　　　　　　　　　　　　　　5 000

张某报销费用并归还余款时:

借:经费支出　　　　　　　　　　　　　　　　4 500

　库存现金　　　　　　　　　　　　　　　　　500

贷:其他应收款——张某   5 000

3)现金收支

行政单位因开展业务或其他事项收到现金,借记本科目,贷记相关科目;因购买服务、商品或者其他事项支出现金,借记有关科目,贷记"库存现金"科目。

4)收到受托代理现金

行政单位收到受托代理的现金时,借记"库存现金"科目,贷记"受托代理负债"科目;支付受托代理的现金时,借记"受托代理负债"科目,贷记"库存现金"科目。

[例8-3]　某行政单位收到 A 公司委托代理接受货币捐赠 30 000 元,用于地震灾区。该行政单位会计部门根据有关凭证,填制记账凭单,做账务处理如下:

借:库存现金   30 000
　　贷:受托代理负债   30 000

5)现金溢余或短缺

行政单位应当设置"现金日记账",由出纳人员根据收付款凭证,按照业务发生顺序逐笔登记。每日终了,应当计算当日的现金收入合计数、现金支出合计数和结余数,并将结余数与实际库存数核对,做到账款相符。

每日终了结算现金收支,核对库存现金时发现有待查明原因的现金短缺或溢余,应通过"待处理财产损溢"科目核算。属于现金短缺,应当按照实际短缺的金额,借记"待处理财产损溢"科目,贷记"库存现金"科目;属于现金溢余,应当按照实际溢余的金额,借记"库存现金"科目,贷记"待处理财产损溢"科目。待查明原因后做如下处理:如为现金短缺,属于应由责任人赔偿或向有关人员追回的部分,借记"其他应收款"科目,贷记"待处理财产损溢"科目;如为现金溢余,属于应支付给有关人员或单位的,借记"待处理财产损溢"科目,贷记"其他应付款"科目。

[例8-4]　某行政单位出纳人员在当日结账时发现现金短款 1 000 元,因无法查清短款原因,故报经批准后,由责任人李梅赔偿 300 元(尚未赔付),其余短款计入当期费用。

发现现金短缺时:

借:待处理财产损溢   1 000
　　贷:库存现金   1 000

待查明原因后做如下账务处理:

借:其他应收款——李梅   300
　　经费支出   700
　　贷:待处理财产损溢   1 000

8.2.2　银行存款

银行存款是指行政单位存入银行或其他金融机构的各种存款。

为了核算存入银行或者其他金融机构的各种存款,行政单位应该设置"银行存款"科目,该科目借方反映行政单位收取的银行存款的增加;贷方反映行政单位银行存款的减少;本科目期末借方余额反映行政单位银行存款数额。有外币存款的行政单位,应当按人民币和各种外币分别设置"银行存款日记账"进行明细账核算。

1)银行存款的存取和支出

行政单位将款项存入银行或其他金融机构。借记"银行存款"科目,贷记"库存现金""其他收入"等有关科目。提取和支出存款时,借记有关科目,贷记本科目。收到银行存款利息时,借记本科目,贷记"其他收入"等科目;支出银行手续费或银行扣收罚金等时,借记"经费支出"科目,贷记"银行存款"科目。

[例8-5]　某行政单位将现金60 000元存入银行。该行政单位的账务处理如下:

借:银行存款　　　　　　　　　　　　　　　　60 000

　　贷:库存现金　　　　　　　　　　　　　　　　60 000

[例8-6]　上例中的行政单位收到银行存款利息共计2 000元。该行政单位的账务处理如下:

借:银行存款　　　　　　　　　　　　　　　　2 000

　　贷:其他收入——利息收入　　　　　　　　　　2 000

[例8-7]　行政单位以银行存款支付职工培训费20 000元。该行政单位的账务处理如下:

借:经费支出　　　　　　　　　　　　　　　　20 000

　　贷:银行存款　　　　　　　　　　　　　　　　20 000

2)受托代理的银行存款

行政单位收到受托代理的银行存款时,借记"银行存款"科目,贷记"受托代理负债"科目;支付受托代理的存款时,借记"受托代理负债"科目,贷记本科目。

[例8-8]　某行政单位银行存款基本户收到A单位转赠贫困地区的捐款30 000元。该行政单位的账务处理如下:

借:银行存款　　　　　　　　　　　　　　　　30 000

　　贷:受托代理负债　　　　　　　　　　　　　　30 000

3)外币业务

行政单位发生外币业务时,应当按照业务发生当日或当期期初的即期汇率,将外币金额折算为人民币金额记账,并登记外币金额和汇率。期末,各种外币账户的期末余额,应当按照期末的即期汇率折算为人民币,作为外币账户期末人民币余额。调整后的各种外币账户人民币余额与原账面余额的差额,作为汇兑损益计入当期支出。主要账务处理为:以外币购买物资、劳务等,按照购入当日或当期期初的即期汇率将支付的外币或应支付的外币折算为人民币金额,借记有关科目,贷记"银行存款""应付账款"等科目的外币账户;以外币收取相关款项等,按照收入确认当日或当期期初的即期汇率将收取的外币或应收取的外币折算为人民币金额,借记"银行存款""应收账款"等科目的外币账户,贷记有关科目;期末,根据各外币账户按期末汇率调整后的人民币余额与原账面人民币余额的差额,作为汇总损益,借记或贷记"银行存款""应收账款""应付账款"等科目,贷记或借记"经费支出"等科目。

8.2.3　零余额账户用款额度

零余额账户用款额度是指实行国库集中支付的行政单位根据财政部门批复的用款计划收到和支用的财政授权支付额度,具有与银行存款相同的支付结算功能。

为了核算实行国库集中支付的行政单位根据财政部门批复的用款计划收到和支用的零余额账户用款额度情况,行政单位应设置"零余额账户用款额度"科目,该科目借方反映行政单位零余额账户用款额度的增加;贷方反映行政单位零余额账户用款额度的减少;本科目期末借方余额反映行政单位尚未支用的零余额账户用款额度;年度终了,注销单位零余额账户用款额度后,本科目应无余额。

1) 财政授权支付额度的下达和支用

行政单位收到"财政授权支付额度到账通知书"时,根据通知书所列数额,借记本科目,贷记"财政拨款收入"科目。按规定支用额度时,借记"经费支出"等科目,贷记本科目。从零余额账户提取现金时,借记"库存现金"科目,贷记本科目。

[例8-9]　某行政单位收到财政授权支付额度到账通知书,收到财政拨款1 000 000元。该行政单位的账务处理如下:

借:零余额账户用款额度　　　　　　　　　　　　1 000 000

　　贷:财政拨款收入　　　　　　　　　　　　　　　　1 000 000

[例8-10]　某行政单位从零余额账户中取款购买计算机一台,价款12 000元,计算机直接交付使用。该行政单位的账务处理如下:

借:经费支出　　　　　　　　　　　　　　　　12 000

　　贷:零余额账户用款额度　　　　　　　　　　　　12 000

借:固定资产　　　　　　　　　　　　　　　　12 000

　　贷:资产基金——固定资产　　　　　　　　　　　　12 000

2) 财政授权支付额度年终结余

年末,根据代理银行提供的对账单注销额度时,借记"财政应返还额度——财政授权支付"科目,贷记本科目;如果单位本年度财政授权支付预算指标数大于财政授权支付额度下达数的差额,借记"财政应返还额度——财政授权支付"科目,贷记"财政拨款收入"科目。

下年年初,行政单位根据代理银行提供的额度恢复到账通知书作恢复额度的相关账务处理,借记本科目,贷记"财政应返还额度——财政授权支付"科目。行政单位收到财政部门批复的上年末下达零余额账户用款额度时,借记本科目,贷记"财政应返还额度——财政授权支付"科目。

8.2.4 财政应返还额度

财政应返还额度是指实行国库集中支付的行政单位应收财政返还的资金额度。

为了核算实行国库集中支付的行政单位应收财政返还的资金额度,行政单位应设置"财政应返还额度"科目。"财政应返还额度"科目应当设置"财政直接支付""财政授权支付"两个明细科目进行明细核算。本科目期末借方余额反映行政单位应收财政返还的资金额度。

1)财政直接支付

年末,行政单位根据本年度财政直接支付预算指标数与财政直接支付实际支出数的差额,借记"财政应返还额度"(财政直接支付)科目,贷记"财政拨款收入"科目。下年度初,行政单位使用以前年度财政直接支付额度发生支出时,借记"经费支出"科目,贷记本科目(财政直接支付)。

[例8-11] 某行政单位当年度财政直接支付的预算指标数为800 000元,汇总当年财政直接支付实际支出数为500 000元。该行政单位的财务处理如下:

借:财政应返还额度——财政直接支付　　　　　　300 000
　　贷:财政拨款收入　　　　　　　　　　　　　　　　300 000

2)财政授权支付

年末,财政授权支付尚未使用资金额度的账务处理,参见"零余额账户用款额度"科目。年度终了,行政单位的代理银行提供的对账单中的注销额度,借记"财政应返还额度——财政授权支付"科目,贷记"零余额账户用款额度"科目。

[例8-12] 某行政单位的代理银行提供的账单中的注销额度为400 000元。该行政单位的账务处理如下:

借:财政应返还额度——财政授权支付　　　　　　400 000
　　贷:零余额账户用款额度　　　　　　　　　　　　400 000

8.2.5 应收及预付款项

应收及预付款项是指行政单位在开展业务活动中形成的各项债权,包括应收账款、预付账款、其他应收款等。应收及预付款项应当按实际发生额计量。

1)应收账款的核算

应收账款是行政单位出租资产、出售物资等应当收取的款项。应收账款应当在资产已出租或物资已出售,且尚未收到款项时确认。

为了核算出租资产、出售物资等应当收取款项,行政单位应设置"应收账款"科目。行政单位收到的商业汇票,也通过本科目核算。本科目应当按照购货、接受服务单位(或个人)或开出、承兑商业汇票的单位等进行明细核算。借方反映行政单位收取的应收账款的增加;贷方反映行政单位应收账款的减少;本科期末借方余额反映行政单位尚未收回的应收账款。

(1)出租资产发生的应收账款

行政单位出租资产尚未收到款项时,按照应收未收金额,借记本科目,贷记"其他应付款"科目。收回应收账款时,借记"银行存款"等科目,贷记本科目;同时,借记"其他应付款"科目,按照应缴的税费,贷记"应缴税费"科目,按照扣除应缴税费后的净额,贷记"应缴财政款"科目。

[例8-13] 某行政单位出租办公用房10间给A公司,月租金10 000元,每月收一次租金,房子已出租1个月,但仍未收到租金。该行政单位的账务处理如下:

月末,尚未收到租金时:

借:应收账款——A公司　　　　　　　　　　　10 000
　　贷:其他应付款　　　　　　　　　　　　　　　　10 000

收到租金10 000元(假设免税),已存入银行。

借:银行存款　　　　　　　　　　　　　　　　10 000
　　贷:应收账款——A公司　　　　　　　　　　　　10 000

同时,

借:其他应付款　　　　　　　　　　　　　　　10 000
　　贷:应缴财政款　　　　　　　　　　　　　　　　10 000

(2)出售物资发生的应收账款

行政单位物资已发出并到达约定状态且尚未收到款项时,按照应收未收金额,借记本科目,贷记"待处理财产损溢"科目;收回应收收账款时,借记"银行存款"等科目,贷记本科目。

[例8-14] 某行政单位出售一批旧电脑,价值20 000元,电脑已发出,但尚未收到款项。该行政单位的账务处理如下:

借:应收账款　　　　　　　　　　　　　　　　20 000
　　贷:待处理财产损溢　　　　　　　　　　　　　　20 000

收到价款时:

借:银行存款　　　　　　　　　　　　　　　　20 000
　　贷:应收账款　　　　　　　　　　　　　　　　20 000

(3)收到商业汇票

①行政单位出租资产收到商业汇票,按照商业汇票的票面金额,借记"应收账款"科目,贷记"其他应付款"科目。出售物资收到商业汇票,按照商业汇票的票面金额,借记"应收账款"科目,贷记"待处理财产损溢"科目。

②商业汇票到期收回款项时,借记"银行存款"等科目,贷记"应收账款"科目,其中出租资产收回款项的,还应当同时借记"其他应付款"科目,按照应缴的税费,贷记"应缴税费"科目,按照扣除应缴税费后的净额,贷记"应缴财政款"科目。行政单位应当设置

"商业汇票备查簿",逐笔登记每一笔应收商业汇票的种类、号数、出票日期、到期日、票面金额、交易合同号等相关信息资料。商业汇票到期结清票款或退票后,应当在备查簿内逐笔注销。

(4)核销逾期无法收回的应收账款

逾期 3 年或以上,有确凿证据表明确实无法收回的应收账款,按规定报经批准后予以核销。核销的应收账款应在备查簿中保留登记。

①转入待处理财产损溢时,按照待核销的应收账款金额,借记"待处理财产损溢"科目,贷记"应收账款"科目。

②已核销的应收账款在以后期间收回的,借记"银行存款"科目,贷记"应缴财政款"等科目。

[例 8-15]　某行政单位有一笔 2012 年 5 月 1 日即到期的应收账款为 60 000 元,因对方单位破产清算,截至 2016 年 1 月 31 日仍无法收回,按规定报经批准后予以核销。该行政单位的账务处理如下:

转入待处理财产损溢时:

借:待处理财产损溢　　　　　　　　　　　　　　　60 000

　　贷:应收账款　　　　　　　　　　　　　　　　　　60 000

报经批准予以核销时:

借:其他应付款　　　　　　　　　　　　　　　　　60 000

　　贷:待处理财产损溢　　　　　　　　　　　　　　　60 000

已核销的应收账款在以后又收回时:

借:银行存款　　　　　　　　　　　　　　　　　　60 000

　　贷:应缴财政款　　　　　　　　　　　　　　　　　60 000

2)预付账款的核算

预付账款是指行政单位按照购货、服务合同规定预付给供应单位(或个人)的款项。预付账款应当在已支付款项且尚未收到物资或服务时确认。

为了核算行政单位预付账款的情况,行政单位应设置"预付账款"科目。行政单位依据合同规定支付的定金,也通过"预付账款"核算。行政单位支付可以收回的定金,不通过"预付账款"核算,应当通过"其他应收款"科目核算。"预付账款"应当按照供应单位(或个人)进行明细核算。借方反映行政单位因购货和服务而预付的账款;贷方反映行政单位收到预付账款所购的物资或服务时冲减预付账款的金额和退回的款项;本科目期末借方余额反映行政单位实际预付但尚未结算的款项。

(1)预付账款的发生和退回

行政单位发生预付账款时,借记"预付账款"科目,贷记"资产基金——预付款项"科目;同时,借记"经费支出"科目,贷记"财政拨款收入""零余额账户用款额度""银行存款"等科目。发生当年预付账款退回的,借记"资产基金——预付款项"科目,贷记本科目;同时,借记"财政拨款收入""零余额账户用款额度""银行存款"等科目,贷记"经费支

123

出"科目。发生以前年度预付账款退回的,借记"资产基金——预付款项"科目,贷记本科目;同时,借记"财政应返还额度""零余额账户用款额度""银行存款"等科目,贷记"财政拨款结转""财政拨款结余""其他资金结转结余"等科目。

(2)收到所购物资或服务

行政单位收到所购物资或服务时,按照相应预付账款金额,借记"资产基金——预付款项"科目,贷记"预付账款"科目;发生补付款项的,按照实际补付的款项,借记"经费支出"科目,贷记"财政拨款收入""零余额账户用款额度""银行存款"等科目。收到物资的,同时按照收到所购物资的成本,借记有关资产科目,贷记"资产基金"及相关明细科目。

(3)发生逾期确实无法收回的预付账款

行政单位逾期3年或以上,有确凿证据表明确实无法收到所购物资和服务,且无法收回的预付账款,按规定报经批准后予以核销。核销的预付账款应在备查簿中保留登记。转入待处理财产损溢时,按照待核销的预付账款金额,借记"待处理财产损溢"科目,贷记"预付账款"科目。已核销的预付账款在以后期间又收回的,借记"零余额账户用款额度""银行存款"等科目,贷记"财政拨款结转""财政拨款结余""其他资金结转结余"等科目。

3)其他应收款的核算

其他应收款是行政单位除应收账款、预付账款以外的其他各项应收及暂付款项,如职工预借的差旅费、拨付给内部有关部门的备用金、应向职工收取的和垫付款项等。

为了核算除应收账款、预付账款以外的其他和应收及暂付款项,行政单位应设置"其他应收款"科目。本科目应当按照其他应收款的类别以及债务单位(或个人)进行明细核算。借方反映行政单位收取的其他应收款项的增加;贷方反映行政单位其他应收款的减少;本科目期末借方余额反映行政单位尚未收回的其他应收款。

(1)其他应收款的发生和收回

行政单位发生其他应收款及暂付款项时,借记"其他应收款"科目,贷记"零余额账户用款额度""银行存款"等科目;收回或转销上述款项时,借记"银行存款""零余额账户用款额度"或有关支出等科目,贷记"其他应收款"科目。

(2)备用金的发放

行政单位内部实行备用金制度的,有关部门使用备金后及时到财务部门报销并补足备用金。财务部门核定并发放备用金时,借记"其他应收款"科目,贷记"库存现金"等科目。根据报销数用现金补足备用金定额时,借记"经费支出"科目,贷记"库存现金"等科目,报销数和拨补数都不再通过"其他应收款"科目核算。

(3)发生逾期确实无法收回的其他应收款

行政单位逾期3年或以上,有确凿证据表明确实无收回的其他应收款,按规定报经批准后予以核销。核销的其他应收款应在备查簿中保留登记。将待核销的其他应收款转入待处理财产损溢时,按照待核销的其他应收款金额,借记"待处理财产损溢"科目,贷记本科目;已核销的其他应收款在以后期间又收回的,如属于在核销年度内收回的,借记

"银行存款"等科目,贷记"经费支出"科目;如属于在核销年度以后收回的,借记"银行存款"等科目,贷记"财政拨款结转""财政拨款结余""其他资金结转结余"等科目。

8.2.6　存货

存货是指行政单位在开展业务活动及其他活动中为耗用而储存的各种物资,包括材料、燃料、包装物和低值易耗品及未达到固定资产标准的家具、用具、装具等。存货应当在其到达存放地点并验收时确认。

为了核算行政单位存货的情况,行政单位应该设置"存货"科目。"存货"在行政单位接受委托人指定受赠人的转赠物资,应当通过"受托代理资产"科目核算,不通过"存货"科目核算。行政单位随买随用的零星办公用品等,可以在购进时直接列作支出,不通过"存货"科目核算。"存货"应当按照存货的种类、规格和保管地点等进行明细核算。行政单位有委托加工存货业务的,应当在"存货"科目下设置"委托加工存货成本"科目。出租、出借的存货,应当设置备查簿进行登记。"存货"科目借方反映行政单位收取的存货的增加;贷方反映行政单位存货的减少;本科目期末借方余额反映行政单位存货的实际成本。

1)存货取得的核算

行政单位取得存货的方式主要包括购入、置换换入、接受捐赠、无偿调入、委托加工等。行政单位存货在取得时,应当按照其实际成本入账。

（1）购入的存货

行政单位购入的存货,其成本包括购买价款、相关税费、运输费、装卸费、保险费以及其他使得存货达到目前场所和状态所发生的支出。行政单位购入的存货验收入库,按照确定的成本,借记本科目,贷记"资产基金——存货"科目;同时,按照实际支付的金额,借记"经费支出"科目,贷记"财政拨款收入""零余额账户用款额度""银行存款"等科目;对尚未付款的,应当按照应付未付的金额,借记"待偿债净资产"科目,贷记"应付账款"科目。

[例 8-16]　某行政单位购入专用甲材料 1 000 千克,每千克 1 000 元,增值税 170 000元,材料款实行财政直接支付。另外,以银行存款支付运杂费 1 500 元。该行政单位的账务处理如下:

借:存货——甲材料　　　　　　　　　　　　　1 171 500

　贷:资产基金——存货　　　　　　　　　　　　　　1 171 500

同时,

借:经费支出　　　　　　　　　　　　　　　　1 171 500

　贷:财政拨款收入　　　　　　　　　　　　　　　　1 170 000

　　银行存款　　　　　　　　　　　　　　　　　　　1 500

（2）置换换入的存货

行政单位置换换入的存货,其成本按照换出资产评估价值,加上支付的补价或减去收到的补价,加上为换入存货支付的其他费用(运输费等)确定,换入的存货验收入库,按照确定的成本,借记"存货"科目,贷记"资产基金——存货"科目;同时,按实际支付的补价、运输费等金额,借记"经费支出"科目,贷记"财政拨款收入""零余额账户用款额度""银行存款"等科目。

[例8-17] 某行政单位经批准以账面余额为60 000元、评估价值为40 000元的包装物置换E单位的丙材料。另外,以现金支付运杂费800元。对置换换入的丙材料,该行政单位的账务处理如下:

借:存货——丙材料　　　　　　　　　　　40 800
　贷:资产基金——存货　　　　　　　　　　　40 800
同时,
借:经费支出　　　　　　　　　　　　　　800
　贷:库存现金　　　　　　　　　　　　　　800

(3)接受捐赠、无偿调入的存货

行政单位接受捐赠、无偿调入的存货,其成本按照有关凭据注明的金额加上相关税费、运输费等确定;没有相关凭据可供取得,但依法经过资产评估的,其成本应当按照评估价值加上相关税费、运输费等确定;没有相关凭据可供取得,也未经评估的,其成本按照同类或类似的市场价格加上相关税费、运输费等确定;没有相关凭据,也未经评估,其同类或类似存货的市场价格也无法可靠取得,该存货按照名义金额入账。接受捐赠、无偿调入的存货验收入库,按照确定的成本,借记"存货"科目,贷记"资产基金——存货"科目,同时,按实际支付的相关税费、运输费等金额,借记"经费支出"科目,贷记"财政拨款收入""零余额账户用款额度""银行存款"等科目。

[例8-18] 某行政单位接受一公司捐赠M材料一批,价值60 000元,发生运输费500元,以现金支付。该行政单位的账务处理如下:

借:存货——M材料　　　　　　　　　　　60 500
　贷:资产基金——存货　　　　　　　　　　　60 500
同时,
借:经费支出　　　　　　　　　　　　　　500
　贷:库存现金　　　　　　　　　　　　　　500

(4)委托加工的存货

行政单位委托加工的存货,其成本按照未加工存货的成本加上加工费用和往返运费等确定。委托加工的存货出库,借记"存货"下的"委托加工存货成本"明细科目,贷记"存货"下的相关明细科目。支付加工费用和相关运输费等时,借记"经费支出"科目,贷记"财政拨款收入""零余额账户用款额度""银行存款"等科目;同时,按照相同的金额,借记本科目下的"委托加工存货成本"明细科目,贷记"资产基金——存货"科目。委托加工完成的存货验收入库时,按照委托加工存货的成本,借记"存货"下的相关明细科目,贷记"存货"下的"委托加工存货成本"明细科目。

2）存货发出的核算

行政单位存货发出的方式主要包括领用和发出、对外捐赠和无偿调出、对外出售和置换换出等。存货发出时，应根据实际情况采用先进先出法、加权平均法或者个别计价法确定发出存货的实际成本。计价方法一经确定，不得随意变更。行政单位开展业务活动等领用、发出存货时，按照领用、发出存货的实际成本，借记"资产基金——存货"科目，贷记本科目。

[例8-19]　某行政单位领用甲材料600千克，每千克平均单价为980元。该行政单位的账务处理如下：

借：资产基金——存货　　　　　　　　　　　　588 000
　　贷：存货——甲材料　　　　　　　　　　　　588 000

（1）存货的对外捐赠、无偿调出

行政单位经批准对外捐赠、无偿调出存货时，按照对外捐赠、无偿调出存货的实际成本，借记"资产基金——存货"科目，贷记本科目。对外捐赠、无偿调出存货发生由行政单位承担的运输费等支出，借记"经费支出"科目，贷记"财政拨款收入""零余额账户用款额度""银行存款"等科目。

[例8-20]　某行政单位经批准向地震灾区捐赠B材料一批，该材料实际成本58 500元。该行政单位的账务处理如下：

借：资产基金——存货　　　　　　　　　　　　58 500
　　贷：存货——B材料　　　　　　　　　　　　58 500

（2）存货的对外出售、置换换出

行政单位经批准对外出售、置换换出的存货，应当转入待处理财产损溢，按照相关存货的实际成本，借记"待处理财产损溢"科目，贷记本科目。

3）报废、毁损的存货的核算

报废、毁损的存货，应当转入待处理财产损溢，按照相关存货的账面余额，借记"待处理财产损溢"科目，贷记"存货"科目。行政单位的存货应当定期进行清查盘点，每年至少盘点一次，对发生的存货盘盈、盘亏，应当及时查明原因，按规定报经批准后进行账务处理。

（1）盘盈的存货

按照取得同类或类似存货的实际成本确定入账价值；没有同类或类似存货的实际成本，按照同类或类似的市场价格确定入账价值；同类或类似存货的实际成本或市场价格无法可靠取得，按照名义金额入账。盘盈的存货，按照确定的入账价值，借记"存货"科目，贷记"待处理财产损溢"科目。

（2）盘亏的存货

盘亏的存货转入待处理财产损溢时，按照其账面余额，借记"待处理财产损溢"科目，贷记"存货"科目。

8.3 非流动资产的核算

行政单位的非流动资产是指可以在 1 年以上变现或者耗用的资产,包括固定资产、在建工程和无形资产。

8.3.1 固定资产

固定资产是指使用期限超过 1 年(不含 1 年),单位价值在规定标准以上(1 000 元以上,其中专用设备单位价值在 1 500 元以上),并在使用过程中基本保持原有物质形态的资产。单位价值虽未达到规定标准,但是耐用时间在 1 年以上的大批同类物资,也作为固定资产进行核算与管理。

为了核算各类固定资产的原价,行政单位应设置"固定资产"科目。行政单位应当根据固定资产的定义,有关主管部门对固定资产的统一分类,结合本单位的具体情况,制订适合本单位的固定资产目录、具体分类方法,作为进行固定资产核算的依据。行政单位应当设置"固定资产登记簿"和"固定资产卡片",按照固定资产类别、项目和使用部门等进行明细核算。出租、出借的固定资产,应当设置备查簿进行登记。"固定资产"科目借方反映当期行政单位固定资产的增加;贷方反映当期行政单位固定资产的减少;本科目期末借方余额反映行政单位固定资产的原价。

1)外购固定资产的核算

行政单位购入固定资产,其成本包括实际支付的购买价款、相关税费、使固定资产交付使用前所发生的可归属于该项资产的运输费、装卸费、安装费和专业人员服务费等。以一笔款项购入多项没有单独标价的固定资产,按照各项固定资产同类或类似固定资产市场价格的比例对总成本进行分配,分别确定各项固定资产的入账价值。

行政单位购入的固定资产,分为需安装的固定资产和不需安装的固定资产。

①购入不需安装的固定资产的核算。购入需安装的固定资产,按照确定的固定资产成本,借记"固定资产"科目,贷记"资产基金——固定资产"科目;同时,按照实际支付的金额,借记"经费支出"科目,贷记"财政拨款收入""零余额账户用款额度""银行存款"等科目。

②购入需安装的固定资产的核算。购入需安装的固定资产,先通过"在建工程"科目核算。安装完工交付使用时,借记"固定资产"科目,贷记"资产基金——固定资产"科目;同时,借记"资产基金——在建工程"科目,贷记"在建工程"科目。

③购入固定资产分期付款或扣留质量保证金的,在取得固定资产时,按照确定的固定资产成本,借记"固定资产"(不需安装)或"在建工程"科目(需要安装),贷记"资产基金——固定资产、在建工程"科目;同时,按照已实际支付的价款,借记"经费支出"科目,贷记"财政拨款收入""零余额账户用款额度""银行存款"等科目;按照应付未付的款项或扣留的质量保证金等金额,借记"待偿债净资产"科目,贷记"应付账款"或"长期应付

款"科目。

[例 8-21]　某行政单位向 A 公司购入电梯一部（需要安装），电梯价格为 800 000 元，运输及保险费 100 000 元，扣留质量保证金 50 000 元，全部价款使用财政授权支付方式进行支付。该行政单位的账务处理如下：

开始安装电梯时：

借：在建工程——电梯　　　　　　　　　　　　900 000

　　贷：资产基金——在建工程　　　　　　　　　　　900 000

借：经费支出　　　　　　　　　　　　　　　　850 000

　　贷：零余额账户用款额度/银行存款　　　　　　　850 000

借：待偿债净资产　　　　　　　　　　　　　　50 000

　　贷：应付账款　　　　　　　　　　　　　　　　50 000

电梯安装合格时：

借：固定资产——电梯　　　　　　　　　　　　900 000

　　贷：资产基金——固定资产　　　　　　　　　　　900 000

借：资产基金——在建工程　　　　　　　　　　900 000

　　贷：在建工程——电梯　　　　　　　　　　　　　900 000

支付质量保证金时：

借：应付账款　　　　　　　　　　　　　　　　50 000

　　贷：待偿债净资产　　　　　　　　　　　　　　　50 000

借：经费支出　　　　　　　　　　　　　　　　50 000

　　贷：零余额账户用款额度/银行存款　　　　　　　50 000

2) 自行建造固定资产的核算

行政单位自行建造的固定资产，其成本包括建造该项资产至交付使用前所发生的全部必要支出。固定资产的各组成部分需要分别核算的，按照各组部分固定资产造价确定其成本；没有各组成部分固定资产造价的，按照各组成部分固定资产同类或类似固定资产市场造价的比例对总造价进行分配，确定各组成部分固定资产的成本。

工程完工交付使用时，按照自行建造过程中发生的实际支出，借记"固定资产"科目，贷记"资产基金——固定资产"科目；同时，借记"资产基金——在建工程"科目，贷记"在建工程"科目；已交付使用但尚未办理竣工决算手续的固定资产，按照估计的价值入账，待确定实际成本后再进行调整。

[例 8-22]　某行政单位以出包方式自行建造的办公楼工程完工交付使用。该办公楼在自行建造过程中共发生实际支出 6 000 000 元。该行政单位的账务处理如下：

借：固定资产——房屋及建筑物　　　　　　　6 000 000

　　贷：资产基金——固定资产　　　　　　　　　　6 000 000

同时，

借：资产基金——在建工程　　　　　　　　　6 000 000

|　　贷:在建工程　　　　　　　　　　　　　　　　　　6 000 000

3)改建、扩建、修缮的固定资产的核算

在原有固定资产基础上进行改建、扩建、修缮的固定资产,其成本按照固定资产的账面价值("固定资产"科目账面余额减去"累计折旧"科目账面余额后的净值)加上改建、扩建、修缮发生的支出,再扣除固定资产拆除部分账面价值后的金额确定。

行政单位将固定资产转入改建、扩建、修缮时,按照固定资产的账面价值,借记"在建工程"科目,贷记"资产基金——在建工程"科目;同时,按照固定资产的账面价值,借记"资产基金——固定资产"科目,按照固定资产已计提折旧,借记"累计折旧"科目,按照固定资产的账面余额,贷记"固定资产"科目。工程完工交付使用时,按照确定的固定资产成本,借记"固定资产"科目,贷记"资产基金——固定资产"科目;同时,借记"资产基金——在建工程"科目,贷记"在建工程"科目。

[例8-23]　某行政单位的一栋库房需要改建为办公楼,库房原价为150 000元。已计提折旧90 000元。改建期间,支付工程公司建设费用200 000元,使用财政直接支付方式进行支付。该行政单位的账务处理如下:

库房转入改建工程时:

借:在建工程　　　　　　　　　　　　　　　　　　60 000
　　贷:资产基金——在建工程　　　　　　　　　　　　　　60 000
借:资产基金——固定资产　　　　　　　　　　　　　60 000
　　累计折旧　　　　　　　　　　　　　　　　　　90 000
　　贷:固定资产　　　　　　　　　　　　　　　　　　150 000

支付改建工程费用时:

借:在建工程　　　　　　　　　　　　　　　　　　200 000
　　贷:资产基金——在建工程　　　　　　　　　　　　　200 000
借:经费支出　　　　　　　　　　　　　　　　　　200 000
　　贷:财政拨款收入　　　　　　　　　　　　　　　　200 000

完工交付使用时:

借:固定资产　　　　　　　　　　　　　　　　　　260 000
　　贷:资产基金——固定资产　　　　　　　　　　　　　260 000
借:资产基金——在建工程　　　　　　　　　　　　　260 000
　　贷:在建工程　　　　　　　　　　　　　　　　　　260 000

4)置换取得固定资产的核算

行政单位置换取得的固定资产,其成本按照换出资产的评估价值加上支付的补价或减去收到的补价,加上为换入固定资产支付的其他费用(运输费等)确定,借记"固定资产"(不需安装)或"在建工程"科目(需安装),贷记"资产基金——固定资产、在建工程"科目;按照实际支付的补价、相关税费、运输费等,借记"经费支出"科目,贷记"财政拨款收入""零余额账户用款额度""银行存款"等科目。

5) 接受捐赠、无偿调入固定资产的核算

行政单位接受捐赠、无偿调入的固定资产,其成本按照有关凭据注明的金额加上相关税费、运输费等确定;没有相关凭据可供取得,但依法经过资产评估的,其成本应当按照评估价值加上相关税费、运输费等确定;没有相关凭据可供取得,也未经评估的,其成本按照同类或类似固定资产的市场价格加上相关税费、运输费等确定;没有相关凭据,也未经评估的,其同类或类似固定资产的市场价格无法可靠取得,所取得的固定资产应当按照名义金额入账。接受捐赠、无偿调入的固定资产,按照确定的成本,借记"固定资产"(不需安装)或"在建工程"科目(需要安装),贷记"资产基金——固定资产、在建工程"科目;按照实际支付的相关税费、运输费等,借记"经费支出"科目,贷记"财政拨款收入""零余额账户用款额度""银行存款"等科目。

6) 固定资产折旧的核算

行政单位按月计提固定资产折旧时,按照应计提折旧金额,借记"资产基金——固定资产"科目,贷记本科目。

[**例 8-24**]　某行政单位的一台专用设备原价 45 000 元,预计使用年限为 5 年,该设备折旧采用年限平均法。则该设备月折旧额的计算及账务处理如下:

月折旧额 = 45 000 元÷5÷12 = 750 元

借:资产基金——固定资产　　　　　　　　　　　　　750

　　贷:累计折旧——固定资产累计折旧额　　　　　　　　750

7) 固定资产有关的后续支出的核算

固定资产后续支出是指行政单位固定资产投入使用后,为维护固定资产正常使用的需要,或者为了增加固定资产使用效能或延长其使用寿命而发生的改建、扩建或修缮等所发生的各项支出。固定资产后续支出可分为资本化后续支出和费用化后续支出。

(1) 为增加固定资产使用效能或延长其使用寿命而发生的改建、扩建或修缮等后续支出,应当计入固定资产成本,通过"在建工程"科目核算,完工交付使用时转入"固定资产"科目。

(2) 为维护固定资产正常使用而发生的日常修理等后续支出,应当计入当期支出,但不计入固定资产成本,借记"经费支出"科目,贷记"财政拨款收入""零余额账户用款额度""银行存款"等科目。

8) 固定资产处置的核算

行政单位固定资产处理方式主要包括出售、置换换出、报废、毁损、盘盈和盘亏等。

(1) 出售、置换换出的固定资产

行政单位经批准出售、置换换出的固定资产转入待处理财产损溢时,按照固定资产的账面价值,借记"待处理财产损溢"科目,按照已计提折旧,借记"累计折旧"科目,按照固定资产的账面余额,贷记"固定资产"科目。

（2）报废、毁损的固定资产

报废、毁损的固定资产转入待处理财产损溢时，按照固定资产的账面价值，借记"待处理财产损溢"科目，按照已计提折旧，借记"累计折旧"科目，按照固定资产的账面余额，贷记"固定资产"科目。（参照出售、置换换出的固定资产的账务处理）

（3）盘盈、盘亏的固定资产

行政单位的固定资产应当定期进行清查盘点，每年至少盘点一次。对固定资产发生盘盈、盘亏的，应当及时查明原因，按照规定报经批准后进行账务处理。

①盘盈的固定资产。行政单位盘盈的固定资产，按照取得同类或类似固定资产的实际成本确定入账价值；没有同类或类似固定资产的实际成本，按照同类或类似固定资产的市场价格确定入账价值；同类或类似固定资产的实际成本或市场价格无法可靠取得，按照名义金额入账。盘盈的固定资产，按照确定的入账价值，借记"固定资产"科目，贷记"待处理财产损溢"科目。

②盘亏的固定资产。行政单位盘亏的固定资产，按照盘亏固定资产的账面价值，借记"待处理财产损溢"科目，按照已计提折旧，借记"累计折旧"科目，按照固定资产账面余额，贷记"固定资产"科目。

8.3.2　在建工程

在建工程是指行政单位已经发生必要支出，但尚未完工交付使用的各种建筑（包括新建、改建、扩建、修缮等）工程、设备安装工程和信息系统建设工程。不能够增加固定资产、公共基础设施使用效能或延长其使用寿命的修缮、维护等，不属于在建工程。

为了核算已经发生必要支出，但尚未达到交付使用状态的建设工程，行政单位应设置"在建工程"科目。应该按照具体工程项目等进行明细核算。需要分摊计入不同工程项目的间接工程成本，应当通过"在建工程"下设置的"待摊投资"明细科目核算。借方反映行政单位各项在建工程所发生的实际支出；贷方反映行政单位各项在建工程完工交付使用时转出的实际成本；本科目期末借方余额反映行政单位尚未完工的在建工程的实际成本。

1）建筑工程的核算

（1）建筑工程转入的核算

行政单位将固定资产转入改建、扩建或修缮等时，按照固定资产的账面价值，借记"在建工程"科目，贷记"资产基金——在建工程"科目；同时，按照固定资产的账面价值，借记"资产基金——固定资产"科目，按照固定资产已计提折旧，借记"累计折旧"科目，按照固定资产的账面余额，贷记"固定资产"科目。

［例8-25］　某行政单位对办公楼进行修缮，该办公楼原值1 200 000元，已计提折旧600 000元。该行政单位的账务处理如下：

借：在建工程　　　　　　　　　　　　　　　　　600 000

　　贷：资产基金——在建工程　　　　　　　　　　　　600 000

借:资产基金——固定资产	600 000	
累计折旧	600 000	
贷:固定资产		1 200 000

（2）建筑工程部分拆除的核算

行政单位将改建、扩建或修缮的建筑部分拆除时,按照拆除部分的账面价值（没有固定资产拆除部分的账面价值的,按照同类或类似固定资产的实际成本或市场价格及其拆除部分占全部固定资产价值的比例确定）,借记"资产基金——在建工程"科目,贷记"在建工程"科目。

改建、扩建或修缮的建筑部分拆除获得残值收入时,借记"银行存款"等科目,贷记"经费支出"科目;同时,借记"资产基金——在建工程"科目,贷记"在建工程"科目。

[例 8-26]　某行政单位拆除了一层办公楼三间办公室,该部分占整栋办公楼的比例为 1/5,故此部分的账面价值为 120 000 元。拆除部分的残值收入为 40 000 元。该行政单位的账务处理如下:

将改建、扩建或修缮的建筑部分拆除时:

| 借:资产基金——在建工程 | 120 000 | |
| 贷:在建工程 | | 120 000 |

改建、扩建或修缮的建筑部分拆除获得残值收入时:

借:银行存款	40 000	
贷:经费支出		40 000
借:资产基金——在建工程	40 000	
贷:在建工程		40 000

（3）根据工程进度支付工程款的核算

行政单位根据工程进度支付工程款时,按照实际支付的金额,借记"经费支出"科目,贷记"财政拨款收入""零余额账户用款额度""银行存款"等科目;同时,按照相同的金额,借记"在建工程"科目,贷记"资产基金——在建工程"科目。

根据工程价款结算账单与施工企业结算工程价款时,按照工程价款结算账单上列明的金额（扣除已支付的金额）,借记"在建工程"科目,贷记"资产基金——在建工程"科目;同时,按照实际支付的金额,借记"经费支出"科目,贷记"财政拨款收入""零余额账户用款额度""银行存款"等科目,按照应付未付的金领,借记"待偿债净资产"科目,贷记"应付账款"科目。支出工程价款结算账单以外的款项时,借记"在建工程"科目,贷记"资产基金——在建工程"科目;同时,借记"经费支出"科目,贷记"财政拨款收入""零余额账户用款额度""银行存款"等科目。

[例 8-27]　上例中,某行政单位根据工程进度支付工程款 150 000 元。该行政单位账务处理如下:

| 借:经费支出 | 150 000 | |
| 贷:零余额账户用款额度 | | 150 000 |

借:在建工程   150 000

     贷:资产基金——在建工程   150 000

(4) 工程项目完工的核算

行政单位建筑工程项目完工交付使用时，按照交付使用工程的实际成本，借记"资产基金——在建工程"科目，贷记"在建工程"科目；同时，借记"固定资产""无形资产"科目（交付使用的工程项目中有能够单独区分成本的无形资产），贷记"资产基金——固定资产、无形资产"科目。建筑工程项目完工交付使用时扣留质量保证金的，按照扣留的质量保证金金额，借记"待偿债净资产"科目，贷记"长期应付款"等科目。

工程项目结束，需要分摊间接工程成本的，按照应当分摊到该项目的间接工程成本，借记"在建工程——××项目"科目，贷记"在建工程——待摊投资"科目。为工程项目配套而建成的、产权不归属本单位的专用设施，将专用设施产权移交其他单位时，按照应当交付专用设施的实际成本，借记"资产基金——在建工程"科目，贷记本科目。

工程完工但不能形成资产的项目，应当按照规定报经批准后予以核销。转入待处理财产损溢时，按照不能形成资产的工程项目的实际成本，借记"待处理财产损溢"科目，贷记"在建工程"科目。

2) 设备安装的核算

行政单位购入需要安装的设备，按照购入的成本，借记"在建工程"科目，贷记"资产基金——在建工程"科目；同时，按照实际支付的金额，借记"经费支出"科目，贷记"财政拨款收入""零余额账户用款额度""银行存款"等科目。

发生安装费用时，按照实际支付的金额，借记"在建工程"科目，贷记"资产基金——在建工程"科目；同时，借记"经费支出"科目，贷记"财政拨款收入""零余额账户用款额度""银行存款"等科目。

设备安装完工交付使用时，使用设备的实际成本，借记"资产基金——在建工程"科目，贷记"在建工程"科目；同时，借记"固定资产""无形资产"科目（交付使用的设备中有能够单独区分成本的无形资产），贷记"资产基金——固定资产、无形资产"科目。

3) 信息系统建设的核算

行政单位发生各项建设支出时，按照实际支付的金额，借记"在建工程"科目，贷记"资产基金——在建工程"科目；同时，借记"经费支出"科目，贷记"财政拨款收入""零余额账户用款额度""银行存款"等科目。信息系统建设完成交付使用时，按照交付使用信息系统的实际成本，借记"资产基金——在建工程"科目，贷记"在建工程"科目；同时，借记"固定资产""无形资产"科目，贷记"资产基金——固定资产、无形资产"科目。

4) 在建工程毁损的核算

行政单位毁损的在建工程成本，应当转入"待处理财产损溢"科目进行处理。转入待处理财产损溢时，借记"待处理财产损溢"科目，贷记"在建工程"科目。

8.3.3　无形资产

无形资产是指不具有实物形态而能够为行政单位提供某种权利的非货币资产,包括著作权、土地使用权、专利权、非专利技术等。

无形资产应当在完成对其权属的规定登记或其他证明单位取得无形资产时确认。

为了核算行政单位无形资产的增减变动和结存情况,应当设置"无形资产"科目。本科目应当按照无形资产的类别、项目等进行明细核算。"无形资产"科目借方反映行政单位取得无形资产的实际成本;贷方反映行政单位出售无形资产等转出的无形资产的账面价值;本科目期末借方余额反映行政单位无形资产的原价。

1)无形资产取得

行政单位取得无形资产时,应当按照其实际成本入账。主要包括外购、委托开发、自行开发、置换取得、接受捐赠、无偿调入等。

(1)外购的无形资产的核算

外购的无形资产,其成本包括实际支付的购买价款、相关税费以及可归属于该项资产达到预定用途所发生的其他支出。购入的无形资产,按照确定的成本,借记"无形资产"科目,贷记"资产基金——无形资产"科目;同时,按照实际支付的金额,借记"经费支出"科目,贷记"财政拨款收入""零余款账户用款额度""银行存款"等科目。

购入无形资产尚未付款的,取得无形资产时,按照确定的成本,借记"无形资产"科目,贷记"资产基金——无形资产"科目;同时,按照应付未付的款项金额,借记"待偿债净资产"科目,贷记"应付账款"科目。

[例8-28]　某行政单位通过单位零余额账户支用款项购买专利权一项,价款150 000元。该行政单位的账务处理如下:

借:无形资产——专利权　　　　　　　　　　150 000
　　贷:资产基金——无形资产　　　　　　　　　　150 000
同时,
借:经费支出　　　　　　　　　　　　　　　150 000
　　贷:零余额账户用款额度　　　　　　　　　　　150 000

[例8-29]　某行政单位经批准获取土地使用权,价值2 000 000元,款项尚未支付。该行政单位的账务处理如下:

借:无形资产——土地使用权　　　　　　　　2 000 000
　　贷:资产基金——无形资产　　　　　　　　　　2 000 000
同时,
借:待偿债净资产　　　　　　　　　　　　　2 000 000
　　贷:应付账款　　　　　　　　　　　　　　　　2 000 000

(2)自行开发取得的无形资产的核算

行政单位自行开发并按法律程序申请取的无形资产,按照依法取得时发生的注册费、聘请律师费等费用确定成本。取得无形资产时,按照确定的成本,借记"无形资产"科目,贷记"资产基金——无形资产"科目;同时,按照实际支付的金额,借记"经费支出"科目,贷记"财政拨款收入""零余额账户用款额度""银行存款"等科目。

依法取得前所发生研究开发支出,应当于发生时直接计入当期支出,但不计入无形资产的成本。借记"经费支出"科目,贷记"财政拨款收入""零余额账户用款额度""财政应返还额度""银行存款"等科目。

(3)置换取得的无形资产的核算

行政单位置换取得的无形资产,其成本按照换出资产的评估价值加上支付的补价或减去收到的补价,加上为换入无形资产支付费用(登记费等)确定。

置换取得的无形资产,按照确定的成本,借记"无形资产"科目,贷记"资产基金——无形资产"科目;按照实际支付的补价、相关税费等,借记"经费支出"科目,贷记"财政拨款收入""零余额账户用款额度""银行存款"等科目。

(4)接受捐赠、无偿调入的无形资产的核算

行政单位接受捐赠、无偿调入的无形资产,其成本按照有关凭据注明的金额加上相关税费确定;没有相关凭据可供取得,但依法经过资产评估的,其成本应当按照评估价值加上相关税费确定;没有相关凭据可供取得,也未经评估的,其成本按照同类或类似资产的市场价格加上相关税费确定;没有相关凭据,也未经评估,其同类或类似无形资产的市场价格无法可靠取得,所取得的无形资产应当按照名义金额入账。

接受捐赠、无偿调入无形资产时,按照确定的无形资产成本,借记"无形资产"科目,贷记"资产基金——无形资产"科目;按照发生的相关税费,借记"经费支出"科目,贷记"零余额账户用款额度""银行存款"等科目。

2)无形资产摊销

无形资产摊销是指在无形资产使用寿命内,按照确定的方法对应摊销金额进行系统分摊。行政单位应当按照规定对无形资产进行摊销,以名义金额计量的无形资产除外。

为了核算无形资产计提的累计摊销,行政单位应设置"累计摊销"科目,应当按照无形资产的类别、项目等进行明细核算。"累计摊销"科目借方反映当期行政单位累计摊销的减少;贷方反映当期行政单位累计摊销的增加;本科目期末贷方余额反映行政单位计提的无形资产摊销累计数。

行政单位按月计提无形资产摊销时,按照应计提摊销金额,借记"资产基金——无形资产"科目,贷记"累计摊销"科目。

[例8-30]　某行政单位有一项专利权,原价360 000元,按规定摊销年限为10年。则该专利权月摊销的账务处理如下:

专利权月摊销额 = 360 000元÷10÷12 = 3 000元

借:资产基金——无形资产　　　　　　　　　　　　　3 000
　　贷:累计摊销——专利权　　　　　　　　　　　　　　　3 000

3）无形资产的后续支出

与无形资产有关的后续支出，行政单位应分以下情况处理：一是为增加无形资产使用效能而发生的后续支出，如对软件进行升级改造或扩展其功能等所发生的支出，应当计入无形资产的成本，借记"无形资产"科目，贷记"资产基金——无形资产"科目；同时，借记"经费支出"科目，贷记"财政拨款收入""零余额账户用款额度""银行存款"等科目。二是为了维护无形资产的正常使用而发生的后续支出，如对软件进行的漏洞修补、技术维护等所发生的支出，应当计入当期支出，但不计入无形资产的成本，借记"经费支出"科目，贷记"财政拨款收入""零余额账户用款额度""银行存款"等科目。

4）无形资产的处置

无形资产的处置主要包括出售、置换换出、核销等。

行政单位报经批准出售、置换换出无形资产转入待处理财产损溢时，按照待出售、置换换出无形资产的账面价值，借记"待处理财产损溢"科目，按照已计提摊销，借记"累计摊销"科目，按照无形资产的账面余额，贷记"无形资产"科目。

8.4 特殊资产的核算

行政单位特殊资产是指直接为社会提供公共服务和接受委托方委托代为管理的资产。

8.4.1 政府储备物资

政府储备物资是指行政单位直接储存管理的各项政府应急或救灾储备物资等。负责采购并拥有储备物资调拨权力的行政单位（简称"采购单位"）将政府储备物交由其他行政单位（简称"代储单位"）代为储存的，由采购单位通过"政府储备物资"核算政府储备物资，代储单位将受托代储的政府储备物资作为受托代理资产核算。政府储备物资应当在其到达存放地点并验收时确认。

为了核算直接储存管理的各项政府应急或救灾储备物资等，行政单位应设置"政府储备物资"科目。本科目应当按照政府储备物资的种类、品种、存放地点等进行明细核算。借方反映行政单位政府取得储备物资的成本；贷方反映行政单位政府发出储备物资的成本；本科目期末借方余额反映行政单位管理的政府储备物资的实际成本。

1）政府储备物资取得的核算

行政单位取得政府储备物资时，应当按照其成本入账。

（1）购入的政府储备物资，其成本包括购买价款、相关税费、运输费、装卸费、保险费以及其他使政府储备物资达到目前场所和状态所发生的支出；单位支付的政府储备物资保管费、仓库租赁费等日常储备费用，不计入政府储备物资的成本。

购入的政府储备物资验收入库，按照确定的成本，借记"政府储备物资"科目，贷记

"资产基金——政府储备物资"科目;同时,按实际支付的金额,借记"经费支出"科目,贷记"财政拨款收入""零余额账户用款额度""银行存款"等科目。

（2）接受捐赠、无偿调入的政府储备物资,其成本按照有关凭证注明的金额加上相关税费、运输费等确定;没有相关凭证可供取得,但依法经过资产评估的,其成本应当按照评估价值加上相关税费、运输费等确定;没有相关凭证可供取得,也未经评估的,其成本按照同类或类似政府储备物资的市场价格加上相关税费、运输费等确定。

接受捐赠、无偿调入的政府储备物资验收入库,按照确定的成本,借记"政府储备物资"科目,贷记"资产基金——政府储备物资"科目,由行政单位承担运输费用等的,按实际支付的相关税费、运输费等金额,借记"经费支出"科目,贷记"财政拨款收入""零余额账户用款额度""银行存款"等科目。

2）发出政府储备物资

政府储备物资发出时,应当根据实际情况采用先进先出法、加权平均法或者个别计价法确定发出政府储备物资的实际成本。计价方法一经确定,不得随意变更。

对外捐赠、无偿调出的政府储备物资,按照对外捐赠、无偿调出政府储备物资的实际成本,借记"资产基金——政府储备物资"科目,贷记"政府储备物资"科目。

对外捐赠、无偿调出政府储备物资发生由行政单位承担的运输费用等支出时,借记"经费支出"科目,贷记"财政拨款收入""零余额账户用款额度""银行存款"等科目。

[例8-31]　某行政单位经批准捐赠医疗器械一批,实际成本500 000元,以银行存款支付运输费800元。该行政单位的账务处理如下:

借:资产基金——政府储备物资　　　　　　　　　　500 000
　　贷:政府储备物资——医疗器械　　　　　　　　　　　　500 000
借:经费支出　　　　　　　　　　　　　　　　　　800
　　贷:银行存款　　　　　　　　　　　　　　　　　　　　800

政府储备物资的出售。行政单位报经批准将不需储备的物资出售时,应当转入待处理财产损溢,按照相关储备物资的账面余额,借记"待处理财产损溢"科目,贷记"政府储备物资"科目。

3）政府储备物资的盘盈、盘亏或报废、毁损

行政单位管理的政府储备物资应当定期进行清查盘点,每年至少盘点一次。对发生的政府储备物资盘盈、盘亏或者报废、毁损,应当及时查明原因,按规定报经批准后进行账务处理。

盘盈的政府储备物资,按照取得同类或类似政府储备物资的实际成本确定入账价值;没有同类或类似政府储备物资的实际成本,按照同类或类似政府储备物资的市场价格确定入账价值。盘盈的政府储备物资,按照确定的入账价值,借记"政府储备物资"科目,贷记"待处理财产损溢"科目。

盘亏或者报废、毁损的政府储备物资,转入待处理财产损溢时,按照其账面余额,借记"待处理财产损溢"科目,贷记"政府储备物资"科目。

8.4.2　公共基础设施

公共基础设施是由行政单位占有并直接负责维护管理、供社会公众使用的工程性公共基础设施资产,包括城市交通设施、公共照明设施、环保设施、防灾设施、健身设施、广场及公共构筑物等其他公共设施。公共基础设施应当在对其取得占有权利时确认。

为了核算占有并直接负责维护管理、供社会公众使用的工程性公共基础设施资产,行政单位应设置"公共基础设施"科目,本科目应当按照公共基础设施的类别和项目进行明细核算,行政单位应当结合本单位的具体情况,制订适合于本单位管理的公共基础设施目录、分类方法,作为进行公共基础设施核算的依据。借方反映行政单位取得公共基础设施的成本;贷方反映行政单位处置公共基础设施的账面价值等;本科目的期末借方余额,反映行政单位管理的公共基础设施的实际成本。

与公共基础设施配套使用修理设备、工具器具、车辆等动产,作为管理公共基础设施的行政单位的固定资产核算,不通过"公共基础设施"科目核算。与公共基础设施配套、供行政单位在公共基础设施管理中自行使用的房屋构筑物等,能够与公共基础设施分开核算的,作为行政的固定资产核算,不通过"公共基础设施"科目核算。

8.4.3　受托代理资产

受托代理资产是行政单位接受受托方委托管理的各项资产,包括受托指定转赠的物资、受托储存管理的物资等。受托代理资产应当在行政单位收到受托代理的资产时确认。

为了核算接受委托方委托管理的各项资产,行政单位应设置"受托代理资产"科目。行政单位收到的受托代理资产为现金和银行存款的,不通过本科目核算,应当通过"库存现金""银行存款"科目进行核算,本科目应当按照资产的种类和委托人进行明细核算;属于转赠资产的,还应当按照受赠人进行明细核算。本科目期末借方余额反映单位受托代理资产中实物资产的价值。

1) 受托转赠物资的核算

行政单位接受委托人委托需要转赠给受赠人的物资,其成本按照有关凭据注明的金额确定;没有相关凭据可供取得的,其成本按照同类或类似物资的市场价格确定,接受委托转赠的物资验收入库,按照确定的成本,借记"受托代理资产"科目,贷记"受托代理负债"科目;受托协议约定由行政单位承担相关税费、运输费等的,还应当按照实际支付的相关税费、运输费等金额,借记"经费支出"科目,贷记"银行存款"等科目。将受托转赠物资交付受赠人时,按照转赠物资的成本,借记"受托代理负债"科目,贷记"受托代理资产"科目。转赠物资的委托人取消了对捐赠物资的转赠要求,且不再收回捐赠物资的,应当将转赠物资转为存货或固定资产,按照转赠物资的成本,借记"受托代理负债"科目,贷记"受托代理资产"科目;同时,借记"存货""固定资产"科目,贷记"资产基金——存货、固定资产"科目。

2)受托储存管理物资的核算

行政单位接受委托人委托储存管理的物资,其成本按照有关凭据注明的金额确定。接受委托储存的物资验收入库,按照确定的成本,借记"受托代理资产"科目,贷记"受托代理负债"科目。支付由受托单位承担的与受托储存管理的物资相关的运费、保管费等费用时,按照实际支付的金额,借记"经费支出"科目,贷记"银行存款"等科目,根据委托人要求交付受托储存管理的物资时,按照储存管理物资的成本,借记"受托代理负债"科目,贷记"受托代理负债"科目。

8.5　待处理财产损溢的核算

待处理财产损溢是指行政单位处理资产而发生的资产盘盈、盘亏和毁损的价值。行政单位财产的处理包括资产的出售、报废、毁损、盘盈、盘亏,以及货币性资产损失核销等。

为了核算行政单位待处理财产的价值及财产处理损溢,行政单位应设置"待处理财产损溢"科目,应当按照待处理财产项目进行明细核算;对于在财产处理过程中取得收入或发生相关费用的项目,还应当设置"待处理财产价值""处理净收入"明细科目,进行明细核算。行政单位财产的处理,一般先记入"待处理财产损溢"科目,按照规定报经批准后及时进行相应的账务处理。年终结账前一般应处理完毕。本科目期末如为借方余额,反映尚未处理完毕的各种财产的价值计入净损失;期末如为贷方余额,反映尚未处理完毕的各种财产净溢余,年度终了,报经批准处理后,本科目一般应无余额。

【思考与练习】

一、思考题

1.什么是行政单位的资产?包括哪些内容?

2.什么是行政单位的流动资产和非流动资产?各自包括哪些内容?

3.行政单位的资产如何确认和计量?

4.什么是零余额账户用款额度和财政应返还额度?零余额账户用款额度有何功能?

5.行政单位可能发生坏账的资产项目有哪些?坏账如何确认?

6.行政单位的接受捐赠、无偿调入、盘盈的存货如何计价?

7.行政单位存货和政府储备物资发出的计价方法有哪些?

8.什么是行政单位的固定资产?包括哪几类?如何确认?

9.什么是行政单位的无形资产?计提摊销的范围和方法是什么?

10.什么是行政单位的政府储备物资和公共基础设施?

二、练习题

练习题一

(一)目的:练习行政单位流动资产的核算。

(二)资料:某行政单位 2016 年 3 月发生如下经济业务:

1.从单位零余额账户提取现金 20 000 元。

2.职工王某借现金 2 000 元作为差旅费。

3.收到职工交来的转赠地震灾区的捐款,现金 50 000 元。

4.收到代理银行转来的"财政直接支付入账通知书",使用上年尚未使用的财政付用款额度 100 000 元购买专用材料,材料已验收入库。

5.收到代理银行转来的 50 000 元财政授权支付额度恢复到账通知书和上年度末下达零余额账户用款额度 50 000 元。

6.收到 1 月购买的包装物,并通过单位零余额账户补付货款 50 000 元。包装物已验收入库。1 月已按照合同规定预付货款 50 000 元。

7.从"单位零余额账户"支付购入专用材料费 40 000 元、增值税款 6 800 元,以银行存款支付运费 500 元,材料已验收入库。

8.从某单位无偿调入专用材料一批,价值 50 000 元。

9.领用甲材料 500 千克,每千克平均单价为 980 元。

10.经批准以评估价值为 40 000 元的专用材料置换某公司的乙材料,通过单位零余额账户补付价款 5 000 元,以现金支付运杂费 800 元。(只对置换换入的乙材料进行账务处理)。

(三)要求:根据上述经济业务编制相应会计分录,其中涉及"资金基金"科目的要求列出二级明细科目。

练习题二

(一)目的:练习行政单位在建工程、固定资产、无形资产、政府储备物资和公共基础设施的核算。

(二)资料:某行政单位 2016 年发生如下经济业务:

1.购买图书一批,取得的增值税专用发票上注明的价款 500 000 元,增值税进项税额 85 000 元,支付运输费 5 000 元,款项实行财政授权支付。

2.7 月,购入一批专用技术设备,取得的增值税专用发票上注明的设备价款 200 000 元,增值税进项税额 34 000 元,支付运输费 1 000 元,款项实行财政直接支付;8 月,设备安装调试完毕并交付使用,以银行存款支付安装费用 800 元。

3.接受外单位捐赠办公设备一台,价值 70 000 元。

4.将不需要的一批图书捐赠给希望工程,其账面余额为 40 000 元。

5.购买 1 000 平方米的土地使用权,价值 8 000 000 元,款项实行财政直接支付。

6.以一台技术设备置换项专利权。该技术设备的账面价值 100 000 元,评估价值 80 000元,以银行存款支付补价款 5 000 元。(只对置换换入的专利权进行账务处理)

7.经批准将一项专利权捐赠给合作单位,该专利权的账面价值为 16 000 元,已计提摊销 64 000 元,账面余额 80 000 元。

8.为地震灾区购入一批药品,取得的增值税专用发票上注明的价款 100 000 元,增值税进项税额 17 000 元,支付运输 1 000 元,款项以银行存款支付。

9.自行建造环保设施完工并交付使用,设施总造价 200 000 元。

10.接受甲单位委托储存管理一批物资,该物资发票金额 80 000 元,已验收库存。

(三)要求:根据上述经济业务编制会计分录,其中涉及"资金基金"科目的要求列出二级明细科目。

第9章 行政单位负债的核算

【学习目标】
    通过本章的学习,要求理解行政单位负债的概念和内容;明确行政单位负债的确认、计量及分类,掌握行政单位流动负债和非流动负债的核算方法及财务处理。

9.1　行政单位负债概述

    行政单位负债是指行政单位承担的、能以货币计量的,需要以资产偿付的债务,包括应缴财政款、应缴税费、应付职工薪酬、应付及暂存款项、应付政府补贴款、长期应付款等。

    行政单位负债的确认,行政单位对符合新《行政会计制度》第二十三条负债定义的债务,即"行政单位所承担的能以货币计量,需要以资产等偿还的债务",应当在确定承担偿债责任并且能够可靠地进行货币计量时确认。行政单位负债的计量,行政单位的负债应当按照承担的相关合同金额或实际发生额进行计量。行政单位负债的报告,行政单位符合负债定义并确认的负债项目,应当列入资产负债表;行政单位承担或有责任(偿命责任需要通过未来不确定事项的发生或不发生予以证实)的负债,不列入资产负债表,但应当在报表附注中披露。

    行政单位的负债按照流动性,分为流动负债和非流动负债。

9.2　流动负债的核算

    流动负债是指预计在 1 年内(含 1 年)偿还的负债,包括应缴财政款、应缴税费、应付职工薪酬、应付及暂存款项、应付政府补贴款等。

9.2.1 应缴财政款

1) 应缴财政款的概念与内容

应缴财政款是指行政单位按照规定取得的应当上缴财政的款项,包括罚没收入、行政事业性收费、政府性基金、国有资产处置和出租收入等。

行政事业性收费,是指行政单位根据国家法律法规行使其管理职能,向公民、法人和其他组织收取的行政性费用。如各级公安、司法、工商行政管理等行政单位为发放各种证照等而向有关单位和个人收取的证照工本费、手续费、企业登记注册费等。

政府性基金,是指行政单位依据有关的法律、法规向公民、法人和其他组织无偿征收的具有专门用途的财政资金。

罚没收入,是指行政单位依法收缴的罚款(罚金)、没收款、赃款、没收物资、赃物的变价收入。

其他应缴财政的资金,是指其他按规定应缴财政预算的资金,如国有资产处置和出租出借收入等。

2) 应缴财政款的核算

为了核算行政单位应上缴财政款项的收取及其上缴情况,行政单位应设置"应缴财政款"科目,应当按照应缴财政款项的类别进行明细核算。该科目贷方登记行政单位收取的各项应缴财政款,行政单位取得按照规定应当上缴财政的款项时,借记"银行存款"等科目,贷记本科目;借方登记实际上缴财政的款项,行政单位上缴应缴财政的款项时,按照实际上缴的金额,借记本科目,贷记"银行存款"科目;本科目贷方余额反映行政单位应当上缴财政但尚未缴纳的款项;年终清缴后,本科目一般应无余额。

[例9-1] 某行政单位按照规定征收政府性基金收入5 000元,该款项实行集中汇缴方式上缴国库。该行政单位的账务处理如下:

征收基金收入时:

借:银行存款   5 000

    贷:应缴财政款——政府性基金收入   5 000

上缴财政国库时:

借:应缴财政款——政府性基金收入   5 000

    贷:银行存款   5 000

9.2.2 应缴税费

应缴税费是指行政单位按照国家税法等有关规定应当缴纳的各种税费。应缴税费应当在产生缴纳税费义务时确认。

为了核算按照国家税法等有关规定应当缴纳的各种税费,行政单位应设置"应缴税费"科目,本科目应当按照应缴纳的税费种类进行明细核算。行政单位代扣代缴的个人所得税,也通过本科目核算。本科目期末贷方余额反映行政单位应缴未缴的税费金额。

1）因资产处置发生的应缴税费

行政单位因资产处置等发生增值税、城市维护建设税、教育费附加等缴纳义务的,按照税法等规定计算的应缴税费金额,借记"待处理财产损溢"科目,贷记本科目;实际缴纳时,借记本科目,贷记"银行存款"等科目。

2）因出租资产发生的应缴税费

行政单位因出租资产等发生增值税、城市维护建设税、教育费附加等缴纳义务的,按照税法等规定计算的应缴税费金额,借记"应缴财政款"等科目,贷记"应缴税费"科目;实际缴纳时,借记"应交税费"科目,贷记"银行存款"等科目。

3）代扣代缴个人所得税

行政单位按照税法等规定计算的应代扣代缴的个人所得税金额,借记"应付职工薪酬"科目(从职工工资中代扣个人所得税)或"经费支出"科目(劳务费中代扣个人所得税),贷记本科目。实际缴纳时,借记本科目,贷记"财政拨款收入""零余额账户用款额度""银行存款"等科目。

9.2.3　应付职工薪酬

1）应付职工薪酬的概念与内容

应付职工薪酬是行政单位按照有关规定应付给职工及为职工支付的各种薪酬,包括基本工资、奖金、国家统一规定的津贴补贴、社会保险费、住房公积金等。行政单位应当在规定支付职工薪酬时确认应付职工薪酬。

2）应付职工薪酬的核算

为了核算按照有关规定应付给职工及为职工支付的各种薪酬,行政单位应设置"应付职工薪酬"科目。本科目应当根据国家有关规定按照"工资"(离退休费)、"地方(部门)津贴补贴""其他个人收入""社会保险费""住房公积金"等进行明细核算。该科目属于负债类科目,贷方登记行政单位应付给职工的各种薪酬;借方登记实际发放给职工的薪酬以及从应付职工薪酬扣还的各种代垫款或代扣款项;本科目期末贷方余额反映行政单位应付未付的的职工薪酬。

(1)应付职工薪酬的计提

行政单位发生应付职工薪酬时,按照计算出的应付职工薪酬金额,借记"经费支出"科目,贷记"应付职工薪酬"科目。

(2)应付职工薪酬的支付

行政单位向职工支付工资、津贴补贴等薪酬时,按照实际支付的金额,借记"应付职工薪酬"科目,贷记"财政拨款收入""零余额账户用款额度""银行存款"等科目。

从应付职工薪酬中代扣为职工垫付的水电费、房租费用时,按照实际扣除的金额,借记"应付职工薪酬"科目(工资),贷记"其他应付款"等科目。

从应付职工薪酬中代扣代缴个人所得税,按照代扣代缴的金额,借记"应付职工薪酬"科目(工资),贷记"其他应付款"科目。

[**例9-2**]　某行政单位计算出本月应付职工薪酬为825 000元,其中工资(离退休费)500 000元,地方(部门)津贴补贴300 000元,其他个人收入25 000元。该行政单位的账务处理如下:

借:经费支出　　　　　　　　　　　　　　　　825 000
　贷:应付职工薪酬——工资(离退休费)　　　　　500 000
　　　　　　　　——地方(部门)津贴补贴　　　300 000
　　　　　　　　——其他个人收入　　　　　　　 25 000

上例行政单位通过财政部门零余额账户向职工实际支付薪酬715 000元。代扣由职工个人承担的社会保险费30 000元、住房公积金60 000元、个人所得税20 000元。该行政单位的账务处理如下:

借:应付职工薪酬——工资(离退休费)　　　　　500 000
　　　　　　　　——地方(部门)津贴补贴　　　300 000
　　　　　　　　——其他个人收入　　　　　　　 25 000
　贷:财政拨款收入　　　　　　　　　　　　　　715 000
　　其他应付款——社会保障费　　　　　　　　　 30 000
　　　　　　　——住房公积金　　　　　　　　　 60 000
　　应缴税费——个人所得税　　　　　　　　　　 20 000

9.2.4　应付及暂存款项

应付及暂存款项是指行政单位在开展业务活动中发生的各项债务,包括应付账款、其他应付款等。

1)应付账款的核算

应付账款是行政单位在开展业务活动中因购买物资或服务、工程建设等而应付的偿还期限在1年以内(含1年)的款项。应付账款应当在收到所购物资或服务、完成工程而产生应付款项时确认应付账款。

为了核算因购买物资或服务、工程建设等而应付的偿还期限在1年以上(含1年)的款项,行政单位应设置"应付账款"科目。本科目应当按照债权单位(或个人)进行明细核算。贷方登记行政单位收到所购物资或服务、完成工程而形成的应付未付款项;借方登记行政单位偿付的应付账款;期末贷方余额反映行政单位尚未支付的应付账款。

行政单位收到所购物资或服务、完成工程但尚未付款时,按照应付未付款项的金额,借记"待偿债净资产"科目,贷记本科目;偿付应付账款时,借记"应付账款"科目,贷记"待偿债净资产"科目;同时,借记"经费支出"科目,贷记"财政拨款收入""零余额账户用款额度""银行存款"等科目;无法偿付或债权人豁免偿还的应付账款,应当按照规定报经批准后进行账务处理。经批准核销时,借记本科目,贷记"待偿债净资产"科目。核销的应付账款应在备查簿中保留登记。

[**例9-3**]　某行政单位收到向甲公司采购的一批计算机,取得的增值税用发票上注

明计算机价款400 000元,增值税进项税额68 000元,款项在两个月后支付。计算机直接交付使用。该行政单位的账务处理如下:

借:待偿债净资产　　　　　　　　　　　468 000
　　贷:应付账款——甲公司　　　　　　　　　　　468 000

同时,

借:固定资产　　　　　　　　　　　　　468 000
　　贷:资产基金——固定资产　　　　　　　　　　468 000

引用上例中的行政单位两个月后通过单位零余额账户偿付计算机款项468 000元。该行政单位的账务处理如下:

借:应付账款——甲公司　　　　　　　　468 000
　　贷:待偿债净资产　　　　　　　　　　　　　468 000

同时,

借:经费支出　　　　　　　　　　　　　468 000
　　贷:零余额账户用款额度　　　　　　　　　　468 000

2)其他应付款的核算

其他应付款是行政单位除应缴财政款、应缴税费、应付职工薪酬、应付政府补贴款、应付账款以外的其他各项偿还期在1年以内(含1年)的应付及暂存款项。其他应付款主要包括行政单位收取的押金、保证金、未纳入行政单位预算管理的转拨资金、代扣代缴职工社会保险费和住房公积金等。

为了核算其他各项偿还期在1年以内(含1年)的应付及暂存款项,行政单位应设置"其他应付款"科目。按照其他应付款的类别以及债权单位(或个人)进行明细核算。该科目贷方登记行政单位发生其他各项应付及暂存款项;借方登记行政单位支付的其他各项应付及暂存款项;期末贷方余额反映行政单位尚未支付的其他应付款。

行政单位发生其他各项应付及暂存款项时,借记"银行存款"等科目,贷记"其他应付款"科目;支付其他各项应付及暂存款项时,借记本科目,贷记"银行存款"科目;因故无法偿付或债权人豁免偿还的其他应付款项,应当按规定报经批准进行账务处理。经批准核销时,借记"其他应付款"科目,贷记"其他收入"科目。核销的其他应付款应在备查簿中保留登记。

9.2.5　应付政府补贴款

应付政府补贴是指负责发放政府补贴的行政单位,按照有关规定应付给政府补贴接受者的各种政府补贴款。补贴项目包括生活补助、救济费、抚恤金、助学金等。行政单位应当在规定发放政府补贴时确认应付政府补贴款。

为了核算行政单位负责应发政府补贴款项及其支付情况,行政单位应设置"应付政府补贴款"科目,按照补贴接受者建立备查簿,分类进行明细核算。该科目贷方登记行政单位负债应发的政府补贴款;借方登记行政单位支付的政府补贴款;期末贷方余额反映行政单位应付未付的政府补贴金额。

行政单位发生应付政府补贴时,按照规定计算出的应付政府补贴金额,借记"经费支出"科目,贷记"应付政府补贴款"科目。支付应付的政府补贴款时,借记"应付政府补贴款"科目,贷记"零余额账户用款额度""银行存款"等科目。

9.3   非流动负债的核算

非流动负债是指流动负债以外的负债,包括长期应付款和受托代理负债。

9.3.1   长期应付款

长期应付款是指行政单位发生的偿还期限超过 1 年(不含 1 年)的应付款项,如跨年度分期付款购入固定资产的价款等。

长期应付款应当按照以下条件确认:①因购买物资、服务等发生的长期应付款,应当在收到所购物资或服务时确认;②因其他原因发生的长期应付款,应当在承担付款义务时确认。

为了核算偿还期限超过 1 年(不含 1 年)的应付款项,行政单位应设置"长期应付款"科目,按照长期应付款的类别以及债权单位(或个人)进行明细核算。该科目贷方登记行政单位发生的长期应付款;借方登记行政单位偿付的各项长期应付款;期末贷方余额反映行政单位尚未支付的长期付款。

行政单位发生长期应付款时,按照应付未付的金额,借记"待偿债净资产"科目,贷记"长期应付款"科目;偿付长期应付款时,借记"经费支出"科目,贷记"财政拨款收入""零余额账户用款额度""银行存款"等科目;同时,借记"长期应付款"科目,贷记"待偿债净资产"科目;无法偿付或债权人豁免偿还的长期应付款,应按照规定报经批准后进行账务处理。经批准核销时,借记"长期应付款"科目,贷记"待偿债净资产"科目。核销的长期应付款应在备查簿中保留登记。

[例9-4]   某行政单位以分期付款方式购入一批专用设备,应付价款为 5 000 000元。分两年分期付款,每年年末通过财政部门零余额账户支付50%。专用设备收到并直接投入使用。该行政单位的账务处理如下:

收到专用设备时:

借:待偿债净资产　　　　　　　　　　　　　　　5 000 000

　　贷:长期应付款——专用设备价款　　　　　　　　5 000 000

同时,

借:固定资产　　　　　　　　　　　　　　　　　5 000 000

　　贷:资产基金——固定资产　　　　　　　　　　　5 000 000

年末偿付长期应付款时:

借:经费支出　　　　　　　　　　　　　　　　　2 500 000

贷:财政拨款收入　　　　　　　　　　　　　　　2 500 000

同时,

借:长期应付款　　　　　　　　　　　　　　　　2 500 000

　　贷:待偿债净资产　　　　　　　　　　　　　　　2 500 000

9.3.2　受托代理负债

受托代理负债是指行政单位接受委托,取得受托管理资产时形成的负债。受托代理负债应当在行政单位收到受托代理资产并产生受托代理义务时确认。

为了核算接受委托,取得受托管理资产时形成的负债,行政单位应设置"受托代理负债"科目。按照委托人等进行明细核算,属于转赠物资和资金的,还应当按照指定受赠人进行明细核算。该科目贷方登记行政单位接受委托并取得受托管理资产而形成的负债;借方登记行政单位交付的受托资产;期末贷方余额反映行政单位尚未清偿的受托代理负债。

【思考与练习】

一、思考题

1.什么是行政单位的负债?其包括哪些内容?

2.什么是行政单位的流动负债和非流动负债?各自包括哪些内容?

3.什么是行政单位的受托代理负债?

二、练习题

(一)目的:练习行政单位负债的核算。

(二)资料:某行政单位 2016 年发生如下经济业务:

1.出租固定资产,取得租金收入 10 000 元,已存入银行,同时规定计提增值税、城市维护建设税、教育费附加。

2.通过单位零余额账户向职工实际支付工资、津贴补贴等薪酬 715 000 元。同时,代扣个人承担的社会保险费 30 000 元、住房公积金 60 000 元、个人所得税 20 000 元。

3.收到向甲公司采购的一批专用材料,取得的增值税专用发票上注明价款 50 000 元,增值税进项税额 8 500 元,款项尚未支付。专用材料已验收入库。

4.按照国家政策规定标准计算出就业困难人员的公益性岗位补贴 100 000 元。

5.年初收到购买的大巴车两台,价值 800 000 元,分两年分期付款,每年年末通过单位零余额账户支付 50%,分别对年初收到大巴车和年末付款做出账务处理。

6.通过财政部门零余额账户偿付期限为 6 个月的应付账款 50 000 元。

(三)要求:根据上述经济业务编制相应会计分录。

第 10 章　行政单位净资产的核算

【学习目标】

通过本章的学习,理解行政单位净资产的概念和内容;了解行政单位净资产的管理及来源,掌握行政单位各项净资产的核算方法及财务处理。

10.1　行政单位净资产概述

行政单位净资产是指行政单位所拥有的资产净值,它反映国家和行政单位的资产所有权。在数量上,行政单位的净资产是全部资产减去全部负债后的余额,包括财政拨款结转、财政结余、其他资金结转结余、资产基金、待偿债净资产等。

财政拨款结转和结余的管理,应当按照同级财政部门的规定执行。

行政单位的预算收支分两部分:一部分是一般经费收支,另一部分是项目收支;资金来源有两个:一个是财政拨款资金,另一个是非财政拨款资金。不同性质、不同来源的资金年末转账时,核算反映各剩余资金所用的账户也不同。

财政拨款中的一般经费结余和未完工项目资金结余通过"财政拨款结转"科目进行核算;财政拨款中的项目资金如果完成当年预算工作目标或因故终止,剩余的财政拨款资金则通过"财政拨款结余"科目进行核算。

财政拨款之外的各项收支的结余资金,则通过"其他资金结转结余"科目进行核算。

10.2　财政拨款结转与结余的核算

10.2.1　财政拨款结转

财政拨款结转是指行政单位当年预算已执行但尚未完成或因故未执行,下一年度需要按照原用途继续使用的财政拨款滚存资金,财政拨款结转的管理,应当按照同级财政部门的规定执行。根据行政单位支出的分类,将行政单位滚存的财政拨款结转资金分为两部分：一部分是基本支出结转，另一部分是项目支出结转。

为了核算滚存的财政拨款结转资金，行政单位应设置"财政拨款结转"科目。该科目应当设置"基本支出结转""项目支出结转"两个明细科目；在"基本支出结转"明细科目下按照"人员经费"和"日常公用经费"进行明细核算，在"项目支出结转"明细科目下按照具体项目进行明细核算。本科目还应当按照《政府收支分类科目》中"支出功能分类科目"项级科目进行明细核算。

有公共财政预算拨款、政府性基金预算拨款等两种或两种以上财政拨款的行政单位，还应当按照财政拨款种类分别进行明细核算。

本科目还可以根据管理需要按照财政拨款结转变动原因，设置"收支转账""结余转账""年初余额调整""归集上缴""归集调入""单位内部调剂""剩余结转"等明细科目，进行明细核算。该科目期末贷方余额反映行政单位滚存的财政拨款结转资金数额。

1）调整以前年度财政拨款结转

因发生差错更正，以前年度支出收回等原因，需要调整财政拨款结转的，按照实际调增财政拨款结转的金额，借记有关科目，贷记本科目（年初余额调整）；按照实际调减财政拨款结转的金额，借记本科目（年初余额调整），贷记有关科目。

2）从其他单位调入财政拨款结余资金

按照规定从其他单位调入的财政拨款结余资金，按照实际调增的额度或调入的资金数额，借记"零余额账户用款额度""银行存款"等科目，贷记本科目（归集调入）及其明细科目。

3）上缴财政拨款结转

按照规定上缴财政拨款结转资金时，按照实际核销的额度数额或上缴的资金数额，借记本科目（归集上缴）及其明细科目，贷记"财政应返还额度""零余额账户用款额度""银行存款"等科目。

4）单位内部调剂结余资金

行政单位经财政部门批准对财政拨款结余资金改变用途，调整用于其他未完成项目等，按照调整的金额，借记"财政拨款结余"科目（单位内部调剂）及其明细科目，贷记本科目（单位内部调剂）及其明细科目。

5）结转本年财政拨款收入和支出

年末，行政单位将财政拨款收入本年发生额转入本科目，借记"财政拨款收入——基本支出拨款、项目支出拨款"科目及其明细科目，贷记本科目（收支转账——基本支出结转、项目支出结转）及其明细科目；将财政拨款支出本年发生额转入本科目，借记本科目（收支转账——基本支出结转、项目支出结转）及其明细科目，贷记"经费支出——财政拨款支出——基本支出、项目支出"科目及其明细科目。

6）将完成项目的结转资金转入财政拨款结余

年末，完成上述财政拨款收支转账后，对各项目执行情况进行分析，按照有关规定将符合财政拨款结余性质的项目余额转入财政拨款结余,借记本科目(结余转账——项目支出结转)及其明细科目,贷记"财政拨款结余"(结余转账——项目支出结转)科目及其明细科目。

7)年末冲销有关明细科目余额

年末收支转账后,将本科目所属"收支转账""结余转账""年初余额调整""归集上缴""归集上缴""归集调入""单位内部调剂"等明细科目余额转入"剩余结转"明细科目;转账后,本科目除"剩余结转"明细科目外,其他明细科目应无余额。

[例10-1] 某行政单位是只有公共财政预算拨款的单位。年终结账前有关财政拨款收入和支出科目本期发生额如表10.1所示。

表10.1

单位:元

收入科目		贷方金额	支出科目		借方金额
财政拨款收入	基本支出	500 000	经费支出——财政拨款支出	基本支出	480 000
	项目支出(未完成项目)	200 000		项目支出(未完成项目)	190 000
	项目支出(已完成项目)	100 000		项目支出(已完成项目)	70 000

年终结账时,该行政单位的账务处理如下:

将"财政拨款收入"科目本期发生额转入"财政拨款结转"科目及其明细科目:

借:财政拨款收入　　　　　　　　　　800 000

　　贷:财政拨款结转——收支转账——基本支出结转　500 000

　　　　　　　　——收支转账——项目支出结转　300 000

将"经费支出"科目本期发生额转入"财政拨款结转"科目及其明细科目:

借:财政拨款结转——收支转账——基本支出结转　480 000

　　　　　　——收支转账——项目支出结转　260 000

　　贷:经费支出　　　　　　　　　　740 000

10.2.2　财政拨款结余

财政拨款结余是指行政单位当年预算工作目标已完成,或因故终止,剩余的财政拨款滚存资金。为规范行政单位结转和结余资金的使用与管理,《行政单位财务规则》规定:结转资金在规定使用年限未使用或者未使用完的,视为结余资金。

为了核算滚存的财政拨款项目支出结余资金,行政单位应设置"财政拨款结余"科目。本科目应当按照具体项目进行明细核算,同时还应当按照《政府收支分类科目》中"支出功能分类"科目的项级科目等进行明细核算。

有公共财政预算拨款、政府性基金预算拨款等两种或两种以上财政拨款的行政单位,还应当按照财政拨款的种类分别进行明细核算。本科目还可以根据管理需要按照财政拨款结余变动原因,设置"结余转账""年初余额调整""归集上缴""单位内部调剂""剩余结余"等明细科目,进行明细核算。本科目期末贷方余额反映行政单位滚存的财政拨款结余资金数额。

1)调整以前年度财政拨款结余

行政单位因发生差错更正、以前年度支出收回等情况,需要调整财政拨款结余的,按照实际调增财政拨款结余的金额,借记有关科目,贷记本科目(年初余额调整);按照实际调减财政拨款结余的金额,借记本科目(年初余额调整),贷记有关科目。

2)上缴财政拨款结余

行政单位按照规定上缴财政拨款结余时,按照实际核销的额度数额或上缴的资金数额,借记本科目(归集上缴)及其明细科目,贷记"财政应返还额度""零余额账户用款额度""银行存款"等科目。

3)单位内部调剂结余资金

行政单位经财政部门批准将本单位完成项目结余资金调整用于基本支出或其他未完成项目支出时,按照批准调剂的金额,借记本科目(单位内部调剂)及其明细科目,贷记"财政拨款结转"(单位内部调剂)科目及其明细科目。

4)将完成项目的结转资金转入财政拨款结余

年末,对财政拨款各项目执行情况进行分析,按照有关规定将符合财政拨款结余性质的项目余额转入本科目,借记"财政拨款结转"(结余转账——项目支出结转)科目及其明细科目,贷记本科目(结余转账——项目支出结余)及其明细科目。

5)年末冲销有关明细科目余额

年末,将本科目所属"结余转账""年初余额调整""归集上缴""单位内部调剂"等明细科目余额转入"剩余结余"明细科目;转账后,本科目除"剩余结余"明细科目外,其他明细科目应无余额。

[例 10-2] 沿用上例数据,该行政单位账务处理如下:

将完成项目的结转资金转入"财政拨款结余"科目及其明细科目:

借:财政拨款结转——结余转账——项目支出结转　　30 000
　　贷:财政拨款结余——结余转账——项目支出结转　　30 000

将"财政拨款结转"科目所属明细科目余额转入"剩余结转"明细科目:

借:财政拨款结转——收支转账　　　　　　　　　　60 000
　　贷:财政拨款结转——剩余结转　　　　　　　　30 000
　　　　　　　　　　——结余转账　　　　　　　　30 000

将"财政拨款结余"科目所属"结余转账"明细科目余额转入"剩余结余"明细科目:

借:财政拨款结余——结余转账　　　　　　　　　　30 000
　　贷:财政拨款结余——剩余结余　　　　　　　　30 000

10.3　其他资金结转结余的核算

其他资金结转结余是指行政单位除财政拨款收支以外的各项收支相抵后剩余的滚存资金。

为了核算除财政拨款收支以外的其他各项收支相抵后剩余的滚存资金,行政单位应设置"其他资金结转结余"科目。本科目应当设置"项目结转"和"非项目结余"明细科目,分别对项目资金和非项目资金进行明细核算,对项目结转,还应当按照具体项目进行明细核算。本科目还可以根据管理需要按照其他资金结转结余变动原因,设置"收支转账""年初余额调整""结余调剂""剩余结转结余"等明细科目,进行明细核算。本科目期末贷方余额反映行政单位滚存的各项非财政拨款资金结转结余数额。

10.3.1　调整以前年度其他资金结转结余的核算

行政单位因发生差错更正、以前年度支出收回等情况,需要调整其他资金结转结余的,按照实际调增的金额,借记有关科目,贷记本科目(年初余额调整)及其相关明细;按照实际调减的金额,借记本科目(年初余额调整)及其相关明细,贷记有关科目。

10.3.2　结转本年其他资金收入和支出的核算

年末,行政单位将其他收入中的项目资金收入本年发生额转入本科目,借记"其他收入"科目及其明细科目,贷记本科目(项目结转——收支转账)及其明细科目;将其他收入中的非项目资金收入本年发生额转入本科目,借记"其他收入"科目及其明细科目,贷记本科目(非项目结余——收支转账);将其他资金支出中的项目支出本年发生额转入本科目,借记本科目(项目结转——收支转账)及其明细科目,贷记"经费支出——其他资金支出"科目(项目支出)及其明细科目、"拨出经费"科目(项目支出)及其明细科目;将其他资金支出中的基本支出本年发生额转入本科目,借记本科目(非项目结余——收支转账),贷记"经费支出——其他资金支出"科目(基本支出)、"拨出经费"科目(基本支出)。

10.3.3　缴回或转出项目结余的核算

行政单位完成上述本年其他资金收入和支出转账后,对本年年末各项目执行情况进行分析,区分的年末已完成项目和尚未完成项目,在此基础上,对完成项目的剩余资金根据不同情况进行账务处理:需要缴回原项目资金出资单位的,按照缴回的金额,借记本科目(项目结转——结余调剂)及其明细科目,贷记"银行存款""其他应付款"等科目;将项目剩余资金留归本单位用于其他非项目用途的,按照剩余的项目资金金额,借记本科目(项目结转——结余调剂)及其明细科目,贷记本科目(非项目结余——结余调剂)。

10.3.4　用非项目资金结余补充项目资金的核算

行政单位按照实际补充项目资金的金额,借记本科目(非项目结余——结余调剂),

贷记本科目(项目结转——结余调剂)及其明细科目。

10.3.5　年末冲销有关明细科目余额的核算

年末收支转账后,将本科目所属"收支转账""年初余额调整""结余调剂"等明细科目余额转入"剩余结转结余"明细科目;转账后,本科目除"剩余结转结余"明细科目外,其他明细科目应无余额。

[例 10-3]　某行政单位是只有公共财政预算拨款的单位。年终结账前有关财政拨款收支以外的其他收入和支出科目本期发生额如表 10.2 所示。

表 10.2

单位:元

	收入科目		贷方金额	支出科目		借方金额
其他收入	非项目资金收入		800 000	经费支出——其他资金支出	基本支出	700 000
					项目支出(未完成)	120 000
	项目资金收入	未完成	200 000	拨出经费	基本支出	50 000
		已完成	150 000		项目支出(已完成)	140 000

假设已完成项目的剩余资金 50% 缴回原项目出资单位,50% 留归本单位用于其他非项目用途;非项目结余用于补充项目资金。

年终结账时,该行政单位的账务处理如下:

将"其他收入"科目本年发生额转入"其他资金结转结余"科目及明细科目:

借:其他资金收入　　　　　　　　　　　　　　　　1 150 000
　　贷:其他资金结转结余——非项目结余——收支转账　800 000
　　　　　　　　　　　——项目结转——收支转账　350 000

将财政拨款支出以外的其他资金支出本期发生额转入"其他资金结转结余"科目及其明细科目:

借:其他资金结转结余——非项目结余——收支转账 750 000
　　　　　　　　　　——项目结转——收支转账　260 000
　　贷:经费支出——其他资金支出　　　　　　　　　820 000
　　　　拨出经费　　　　　　　　　　　　　　　　190 000

缴回和转出项目结余:

借:其他资金结转结余——项目结转——结余调剂　　10 000
　　贷:其他应付款　　　　　　　　　　　　　　　　5 000
　　　　其他资金结转结余——非项目结余——结余调剂　5 000

用非项目结余资金补充项目资金:

借:其他资金结转结余——非项目结余——结余调剂　50 000
　　贷:其他资金结转结余——项目结转——结余调剂　　50 000

年末冲销有关明细科目余额：

借：其他资金结转结余——收支转账　　　　　　140 000

　　贷：其他资金结转结余——剩余结转结余　　　　　135 000

　　　　其他资金结转结余——结余调剂　　　　　　5 000

10.4　资产基金与待偿债净资产的核算

10.4.1　资产基金

资产基金是指行政单位的非货币性资产在净资产中占用的金额，具体指行政单位的预付账款、存货、固定资产、在建工程、无形资产、政府储备物资、公共基础设施等非货币性资产在净资产中占用的金，代表着不能作为支出资金来源的净资产。

为了核算非货币性资产在净资产中占用的金额，行政单位应设置"资产基金"科目。本科目应当设置"预付款项""存货""固定资产""在建工程""无形资产""政府储备物资""公共基础设施"等明细科目，进行明细核算。本科目期末贷方余额反映行政单位非货币性资产在净资产中占用的金额。

1）资产基金发生的核算

资产基金应当在发生预付账款，取得存货、固定资产、在建工程、无形资产、政府储备物资、公共基础设施时确认。

发生预付账款时，按照实际发生的金额，借记"预付账款"科目，贷记本科目（预付款项）；同时，按照实际支付的金额，借记"经费支出"科目，贷记"财政拨款收入""零余额账户用款额度""银行存款"等科目。

取得存货、固定资产、在建工程、无形资产、政府储备物资、公共基础设施等资产时，按照取得资产的成本，借记"存货""固定资产""在建工程""无形资产""政府储备物资""公共基础设施"等科目，贷记本科目（存货、固定资产、在建工程、无形资产、政府储备物资、公共基础设施）；同时按照实际发生的支出，借记"经费支出"科目，贷记"财政拨款收入""零余额账户用款额度""银行存款"等科目。

2）资产基金冲减的核算

（1）收到预付账款购买的物资或服务时，应当按照相应的预付账款金额中冲减资产基金，借记本科目（预付款项），贷记"预付账款"科目。

（2）领用和发出存货、政府储备物资时，应当按照领用和发出存货、政府储备物资的成本冲减资产基金，借记本科目（存货、政府储备物资），贷记"存货""政府储备物资"科目。

（3）计提固定资产折旧、公共基础设施折旧、无形资产摊销时，应当按照计提的折旧金额、摊销金额冲减资产基金，借记本科目（固定资产、公共基础设施、无形资产），贷记

"累计折旧""累计摊销"科目。

（4）无偿调出、对外捐赠存货、固定资产、无形资产、政府储备物资、公共基础设施时，应当冲销该资产对应的资产基金。

①无偿调出、对外捐赠存货、政府储备物资时，按照存货、政府储备物资的账面余额，借记本科目及其明细科目，贷记"存货""政府储备物资"等科目。

②无偿调出、对外捐赠固定资产、公共基础设施、无形资产时，按照相关固定资产、公共基础设施、无形资产的账面价值，借记本科目及其明细科目；按照已计提折旧、已计提摊销的金额，借记"累计折旧""累计摊销"科目；按照固定资产、无形资产、公共基础设施的账面余额，贷记"固定资产""无形资产""公共基础设施"科目。

资产基金发生和冲减的核算举例参见教材前面预付账款、存货、固定资产、在建工程、无形资产、政府储备物资、公共基础设施等核算的相关例题。

3）财产处理过程中的资产基金

通过"待处理财产损溢"科目核算的资产基金，其账务处理参见待处理财产损溢核算的相关例题。

10.4.2   待偿债净资产

待偿债净资产是指行政单位因发生应付账款和长期应付款而相应需在净资产中冲减的金额，代表着需要对结转结余资金抵减的净资产。

为了核算因发生应付账款和长期应付款而相应需在净资产中冲减的金额，行政单位应设置"待偿债净资产"科目，本科目期末借方余额反映行政单位因尚未支付的应付账款和长期应付款而需相应冲减净资产的金额。

行政单位发生应付账款、长期应付款时，按照实际发生的金额，借记本科目，贷记"应付账款""长期应付款"等科目。偿付应付账款、长期应付款时，按照实际偿还的金额，借记"应付账款""长期应付款"等科目，贷记本科目；同时，按照实际支付的金额，借记"经费支出"科目，贷记"财政拨款收入""零余额账户用款额度""银行存款"等科目。因债权人原因，核销确定无法支付的应付账款、长期应付款时，按照报经批准核销的金额，借记"应付账款""长期应付款"科目，贷记本科目。

[**例 10-4**]   某行政单位按照规定报经批准核销了一笔因债权人多年无法联系、确定无法支付的应付账款 5 600 元(核销的应付账款应在备查簿中保留登记)，该行政单位的账务处理如下：

借：应付账款   5 600
　贷：待偿债净资产   5 600

该行政单位在上述账务处理后，如果"待偿债净资产"科目的期末借方有余额，反映了该行政单位因发生应付账款和长期应付款而相应冲减净资产的金额。

【思考与练习】

一、思考题

1.什么是行政单位的净资产？包括哪些内容？

2.行政单位的结转结余分为哪几类？

3.什么是行政单位的资产基金？

4.什么是行政单位的待偿债净资产？与其对应的项目有哪些？

二、练习题

（一）目的：练习行政单位结转和结余的核算。

（二）资料：某行政单位 2016 年年终结账前各项收入和支出本月发生额如表 10.3 所示。

表 10.3

	收入科目	贷方金额		支出科目		借方金额
财政拨款收入	基本支出	850 000	经费支出	财政拨款支出	基本支出	700 000
	项目支出（未完成项目）	200 000			项目支出（未完成）	120 000
	项目支出（已完成项目）	100 000			项目支出（已完成）	80 000
其他收入	非项目资金收入	400 000		其他资金支出	基本支出	250 000
					项目支出（已完成）	50 000
	项目资金收入（已完成）	150 000	拨出经费		基本支出	100 000
					项目支出（已完成）	80 000

1.结转本年财政拨款收入和支出。

2.将本年已完成项目的结转资金转入财政拨款结余。

3.假设本年财政拨款结余中 50% 予以核销，以抵财政应返还额度中的财政直接支付未使用的额度，50% 已通过单位零余额账户上缴财政部门。

4.将财政拨款结转科目明细科目余额转入"剩余结转"明细科目。

5.结转本年其他资金收入和支出。

6.假设本年其他资金结转结余中已完成项目的剩余资金 60% 已通过银行缴回原项目资金出资单位，剩余资金留归本单位用于其他非项目用途。

7.将其他资金结转结余科目余额转入"剩余结转结余"明细科目。

（三）要求：根据上述资料，编制以下经济业务的会计分录，其中涉及结转结余科目的要求列出二级和三级明细科目。

第 11 章 行政单位收入和支出的核算

【学习目标】

通过本章的学习,理解行政单位收入和支出的概念和分类;了解行政单位收入和支出管理的规定,以及收入和支出确认的条件及计量方法;掌握行政单位收入和支出的核算方法及财务处理。

11.1 行政单位收入的核算

行政单位收入是指行政单位为开展业务活动,依法取得的非偿还性资金,包括财政拨款收入和其他收入等。

根据《行政单位会计制度》规定,行政单位的收入核算一般采用收付实现制,国库集中支付的年终结余事项采用权责发生制。采用收付实现制核算的行政单位的收入应当在收到款项时予以确认,并按照实际收到的金额进行计量。

11.1.1 财政拨款收入

财政拨款收入是指行政单位从同级财政部门获取的财政预算资金,具体包括行政单位为其基本支出以及特定项目支出而向同级财政部门申请取得的财政拨款资金。财政拨款收入是行政单位最主要的收入来源,也是行政单位开展业务活动的基本财力保障。

为了核算从同级财政部门取得的财政预算资金,行政单位应设置"财政拨款收入"总账科目。此科目贷方登记财政拨款收入实际发生数;借方登记财政拨款资金的收回或核销数;平时余额在贷方,表示财政拨款收入的累计数。年末结账,将本科目贷方余额转入财政拨款结转时,借记本科目,贷记"财政拨款结转"科目。年终结账后,本科目应无余额。

"财政拨款收入"总账科目应当设置"基本支出拨款"和"项目支出拨款"两个明细科目,分别核算行政单位取得用于基本支出和项目支出的财政拨款资金。同时,按照《政府收支分类科目》中"支出功能分类科目"的项级科目进行明细核算。在"基本支出拨款"

明细科目下按照"人员经费"和"日常公用经费"进行明细核算。"项目支出拨款"明细科目下按照具体项目进行明细核算。行政单位有公共财政预算拨款、政府性基金预算拨款两种或两种以上财政预算拨款的,应当按照财政拨款的种类分别进行明细核算。

1)财政直接支付方式下的财政拨款收入的核算

在直接支付方式上,行政单位根据财政国库支付执行机构委托代理银行转来的《财政直接支付入账通知书》及相关原始凭证,按照通知书中的直接支付的入账金额,借记"经费支出"科目,贷记"财政拨款收入"科目。

年末,根据本年度财政直接支付预算指标与当年财政直接支付实际支出数的差额,借记"财政应返还额度——财政直接支付"科目,贷记"财政拨款收入"科目。本年度财政直接支付的资金收回时,借记"财政拨款收入"科目,贷记"经费支出"等科目。

[例11-1] 某行政单位收到财政部门委托其代理银行转来的财政直接支付入账通知书及相关原始凭证,财政部门为该行政单位支付了日常行政活动的经费50 000元。该行政单位的账务处理如下:

借:经费支出　　　　　　　　　　　　　　　50 000
　　贷:财政拨款收入——基本支出拨款　　　　　　　50 000

[例11-2] 某行政单位是有公共财政预算拨款和政府性基金预算拨款的单位。某日收到财政直接支付入账通知书,列明当月用公共财政预算拨款支付基本支出600 000元、项目支出200 000元;用政府性基金预算拨款支付的项目支出300 000元。该行政单位的账务处理如下:

借:经费支出　　　　　　　　　　　　　　　1 100 000
　　贷:财政拨款收入——公共财政预算拨款——基本支出拨款
　　　　　　　　　　　　　　　　　　　　　　600 000
　　　　　　　　——公共财政预算拨款——项目支出拨款
　　　　　　　　　　　　　　　　　　　　　　200 000
　　　　　　　　——政府性基金预算拨款——项目支出拨款
　　　　　　　　　　　　　　　　　　　　　　300 000

[例11-3] 某市审计局将本年度上月以财政直接支付方式购买的部分办公设备因质量问题退货,收回资金30 000元。该审计局的财务处理如下:

借:财政拨款收入——基本支出拨款　　　　　　30 000
　　贷:经费支出　　　　　　　　　　　　　　　　30 000

[例11-4] 某行政单位本年度财政直接支付预算指标数(基本支出拨款)为900 000元,汇总当年财政直接支付实际支出数(基本支出)为800 000元,年末确定行政单位应收财政返还资金额度为100 000元。该行政单位的账务处理如下:

借:财政应返还额度　　　　　　　　　　　　　100 000
　　贷:财政拨款收入——基本支出拨款　　　　　　　100 000

2)财政授权支付方式下的财政拨款收入的核算

在财政授权支付方式下,行政单位根据收到的《财政授权支付到账通知书》,按照通知书中授权支付额度,借记"零余额账户用款额度"科目,贷记"财政拨款收入"科目。

年末,行政单位本年度财政授权支付预算指标数大于零余额账户用款额度下达数的,根据两者间的差额,借记"财政应返还额度——财政授权支付"科目,贷记"财政拨款收入"科目。

[例11-5] 某行政单位收到其代理银行转来的财政授权支付额度到账通知书,收到财政部门拨入一笔财政授权支付用款额度40 000元,规定用于该单位的日常行政活动开支。该行政单位的账务处理如下:

借:零余额账户用款额度 40 000
　　贷:财政拨款收入——基本支出拨款 40 000

[例11-6] 某行政单位收到其代理银行转来的财政授权支付额度到账通知书,收到财政部门拨入一笔财政授权支付用款额度20 000元,规定用于开展某专项活动。该行政单位的账务处理如下:

借:零余额账户用款额度 20 000
　　贷:财政拨款收入——项目支出拨款 20 000

[例11-7] 某行政单位本年度财政授权支付的预算指标数为1 500 000元,其中:基本支出拨款指标数为1 000 000元,项目支出拨款指标数为500 000元。汇总当年财政授权支付额度下达数1 300 000元,其中:基本支出拨款支付额度下达数900 000元,项目支出拨款支付额度下达数400 000元。年末确定行政单位应收财政返还的资金额度为200 000元。该行政单位的账务处理如下:

借:财政应返还额度——财政授权支付 200 000
　　贷:财政拨款收入——基本支出拨款 100 000
　　　　　　　　　　——项目支出拨款 100 000

3)其他支付方式下的财政拨款收入的核算

其他支付方式下,实际收到财政拨款收入时,按照实际收到的金额,借记"银行存款"等科目,贷记"财政拨款收入"科目。

[例11-8] 某行政单位是只有公共财政预算拨款的单位。某日通过财政实拨资金方式收到财政部门拨来的经费500 000元,其中基本支出拨款300 000元,项目支出拨款200 000元。该行政单位的账务处理如下:

借:银行存款 500 000
　　贷:财政拨款收入——基本支出拨款 300 000
　　　　　　　　　　——项目支出拨款 200 000

年末,行政单位应将"财政拨款收入"科目的本期发生额转入财政拨款结转,借记"财政拨款收入"科目,贷记"财政拨款结转"科目。年终结账后,"财政拨款收入"科目应无余额。

[例11-9]　某行政单位年终结账,该行政单位"财政拨款收入"科目贷方余额600 000元,有关明细科目贷方余额为:"基本支出拨款"500 000元、"项目支出拨款"100 000元。该行政单位的账务处理如下:

借:财政拨款收入——基本支出拨款　　　　　500 000
　　　　　　　　——项目支出拨款　　　　　100 000
　　贷:财政拨款结转　　　　　　　　　　　　　　600 000

11.1.2　其他收入

其他收入是指行政单位依法取得的除财政拨款收入以外的其他各项收入,包括库存现金溢余、后勤服务收入、专项收入、银行存款利息收入等。行政单位从上级政府单位、本级政府其他单位、下级政府单位取得的用于完成项目或专项任务的资金,不属于其他收入。行政单位从上级单位等取得的用于转给下级单位、不纳入本单位预算的资金,属于"其他应付款"的核算。行政单位依法取得的应当上缴财政的罚没收入、行政事业性收费、政府性基金、国有资产处置和出租出借收入等,不属于行政单位的收入,属于"应缴财政款"的核算内容。

为了核算行政单位取得属于其他收入的各种款项,行政单位应设置"其他收入"总账科目,应当按照其他收入的类别、项目资金和非项目资金进行明细核算。对项目资金收入,还应当按照具体项目进行明细核算。行政单位从非同级财政部门、上级主管部门等取得指定转给其他单位,且未纳入本单位预算管理的资金,不通过"其他收入"核算,应当通过"其他应付款"科目核算。本科目平时贷方余额反映其他收入本期累计数。

行政单位收到属于其他收入的各种款项时,按照实际收到的金额,借记"银行存款""库存现金"等科目,贷记本科目。年末,将本科目本年发生额转入其他资金结转结余时,借记本科目,贷记"其他资金结转结余"科目。年终结账后,本科目应无余额。

11.2　行政单位支出的核算

行政单位支出是指行政单位为保障机构正常运转和完成任务所发生的资金耗费和损失,包括经费支出和拨出经费。

11.2.1　经费支出

经费支出是指行政单位自身开展业务活动使用各项资金发生的基本支出和项目支出。经费支出是行政单位最主要的支出,也是行政单位在完成行政任务以实现社会管理职能而按计划发生的资金的消耗,属于非生产性支出。经费支出是日常行政工作任务完成的重要财力保障。

为核算在开展业务活动中发生的各项支出,行政单位应设置"经费支出"总账科目。本科目借方登记经费支出实际发生数;贷方登记支出收回或冲销转出数;平时余额在借方,表示年内经费支出的累计数。年末结账将本科目借方余额转入"财政拨款结转"和"其他资金结转结余"科目,贷记"经费支出"科目。年终结账后,"经费支出"科目应无余额。

"经费支出"总账科目应当分别按照"财政拨款支出"和"其他资金支出","基本支出"和"项目支出"等科目分类进行明细核算;并按照《政府收支分类科目》中"支出功能分类"科目的项级科目进行明细核算。"基本支出"和"项目支出"明细科目下应当按照《政府收支分类科目》中"支出经济分类科目"的款级科目进行明细核算。同时在"项目支出"明细科目下按照具体项目进行明细核算。

1) 基本支出的核算

行政单位在发生相关支出时,应该按照实际支付的金额,借记"经费支出"科目,贷记"应付职工薪酬""财政拨款收入""零余额账户用款额度""银行存款"等相关科目,具体账务处理如下:

计提单位职工薪酬时,按照计算出的金额,借记本科目,贷记"应付职工薪酬"科目。

[例 11-10]　某行政单位计提当月职工薪酬 750 000 元。该行政单位账务处理如下:

借:经费支出——财政拨款支出(基本支出)　　　750 000

　　贷:应付职工薪酬　　　　　　　　　　　　　　　750 000

支付外部人员劳务费,按照应当支付的金额,借记"经费支出"科目,按照代扣代缴个人所得税的金额,贷记"应缴税费"科目,按照扣税后实际支付的金额,贷记"财政拨款收入""零余额账户用款额度""银行存款"等科目。

[例 11-11]　某教育局需要支付外聘人员劳务费 30 000 元,代扣个人所得税 4 000元。该教育局通过单位零余额账户支付其劳务费。该教育局的账务处理如下:

借:经费支出——财政拨款支出(基本支出)　　　30 000

　　贷:应缴税费——个人所得税　　　　　　　　　　4 000

　　零余额账户用款额度　　　　　　　　　　　　26 000

支付购买存货、固定资产、无形资产、政府储备物资和工程结算的款项,按照实际支付的金额,借记"经费支出"科目,贷记"财政拨款收入""零余额账户用款额度""银行存款"等科目。同时,按照采购或工程结算成本,借记"存货""固定资产""无形资产""在建工程""政府储备物资"等科目,贷记"资产基金"及其明细科目。

[例 11-12]　某行政单位通过零余额账户购买属于基本支出预算的日常用 C 型专用材料一批,其金额为 60 000 元,材料已验收入库。该行政单位的账务处理如下:

借:经费支出——财政拨款支出(基本支出)　　　60 000

　　贷:零余额账户用款额度　　　　　　　　　　　60 000

　　同时,

| 借:存货——C 型专用材料 | 60 000 |
| 贷:资产基金——存货 | 60 000 |

发生预付账款时,按照实际预付的金额,借记本科目,贷记"财政款收入""零余额账户用款额度""银行存款"等科目;同时,借记"预付账款"科目,贷记"资产基金——预付款项"科目。

[例11-13] 某行政单位收到财政部门委托其代理银行转来的财政直接支付入账通知书,财政部门替该行政单位预付货款给 A 公司,办公设备货款 50 000 元。该行政单位的账务处理如下:

| 借:经费支出——财政拨款支出(基本支出) | 50 000 |
| 贷:财政拨款收入——基本支出拨款 | 50 000 |

同时,

| 借:预付账款——A 公司 | 50 000 |
| 贷:资产基金——预付款项 | 50 000 |

偿还应付款项时,按照实际偿还的金额,借记"经费支出"科目,贷记"财政款收入""零余额账户用款额度""银行存款"等科目;同时,借记"应付账款""长期应付款"科目,贷记"待偿债净资产"科目。

[例11-14] 某行政单位收到财政部门委托其代理银行转来的财政直接支付入账通知书,财政部门为该行政单位偿还上月欠 B 企业 C 型材料价款 30 000 元,这批材料属于基本支出预算的日常用材料。该行政单位的账务处理如下:

借:经费支出——财政拨款支出(基本支出)	30 000
贷:财政拨款收入——基本支出拨款	30 000
借:应付账款——B 企业	30 000
贷:待偿债净资产	30 000

发生其他各项支出时,按照实际支付的金额,借记"经费支出"科目,贷记"财政款收入""零余额账户用款额度""银行存款"等科目。

行政单位因退货等原因发生支出收回的,属于当年支出收回的,借记"财政拨款收入""零余额账户用款额度""银行存款"等科目,贷记"经费支出"科目;属于以前年度支出收回的,借记"财政应返还额度""零余额账户用款额度""银行存款"等科目,贷记"财政拨款结转""财政拨款结余""其他资金结转结余"等科目。

[例11-15] 某行政单位采用财政直接支付方式采购的专用材料因质量问题予以退回,共计 60 000 元,其中属于上年度支付的款项 20 000 元,属于本年度支付的款项 40 000 元。该行政单位的账务处理如下:

借:财政应返还额度	20 000
财政拨款收入	40 000
贷:财政拨款结转	20 000

```
        经费支出——财政拨款支出(基本支出)            40 000
  借:资产基金——存货                            60 000
     贷:存货                                    60 000
```

2)项目支出的核算

项目支出是指行政单位为完成特定的工作任务而发生的支出,行政单位的项目支出一般包括专项会议支出、专项设备购置支出、专项大型修缮支出和专项业务支出等。"经费支出——项目支出"明细科目下应当按照《政府收支分类科目》中"支出经济分类科目"的款级科目进行明细核算。

[**例** 11-16]　某行政单位通过单位零余额账户支付某一专门会议费用 70 000 元。该行政单位的账务处理如下:

```
  借:经费支出——财政拨款支出(项目支出)          70 000
     贷:零余额账户用款额度                        70 000
```

3)经费支出年终结账的核算

年末,将经费支出本年发生额分别转入财政拨款结转和其他资金结转结余时,借记"财政拨款结转""其他资金结转结余"科目,贷记"经费支出"科目。年终结账后,"经费支出"科目应无余额。

[**例** 11-17]　年末,某行政单位"经费支出"总账科目借方余额 800 000 元,有关明细科目借方余额为:"财政拨款支出——基本支出" 600 000 元,"财政拨款支出——项目支出" 100 000 元,"其他资金支出——基本支出" 100 000 元。年终结账时,该行政单位的账务处理如下:

```
  借:财政拨款结转                              700 000
     其他资金结转结余                          100 000
     贷:经费支出——财政拨款支出(基本支出)        600 000
           ——财政拨款支出(项目支出)            100 000
           ——其他资金支出(基本支出)            100 000
```

11.2.2　拨出经费

拨出经费是指行政单位纳入单位预算管理、拨付给所属单位的非同级财政投款资金,如拨给所属单位的专项经费和补助经费等。

按部门预算管理要求分类,拨出经费可分为基本支出和项目支出。基本支出是指行政单位使用非同级财政拨款资金拨付给所属单位的补助经费。项目支出是指行政单位使用非同级财政拨款资金拨付给所属单位的专项经费。

为了核算纳入单位预算管理、拨付给所属单位的非同级财政拨款资金,行政单位应设置"拨出经费"科目。此科目借方登记拨出经费实际发生数;贷方登记拨出经费的收回数;平时余额在借方,表示年内拨出经费的累计数。

行政单位向所属单位拨付非同级财政拨款资金等款项时,借记本科目,贷记"银行存款"等科目;收回拨出经费时,借记"银行存款"等科目,贷记本科目。年末,将本科目本年发生额转入其他资金结转结余时,借记"其他资金转结余"科目,贷记本科目。年终结账后,本科目应无余额。

本科目应当分别按照"基本支出"和"项目支出"进行明细核算;还应当按照接受拨出经费的具体单位和款项类别等分别进行明细核算。

[例11-18] 某行政单位根据核定的预算,通过其开户银行向属单位转拨预算资金合计为300 000元,其中:基本支出经费200 000元,项目支出经费100 000元。该行政单位的账务处理如下:

借:拨出经费——基本支出   200 000
         ——项目支出   100 000
  贷:银行存款   300 000

[例11-19] 某行政单位年终结账,"拨出经费"总账科目借方余额为300 000元。有关明细科目借方余额为:"基本支出"200 000元,"项目支出"100 000元。行政单位将以上"拨出经费"科目的借方余额转入"其他资金结转结余"科目。该行政单位的账务处理如下:

借:其他资金结转结余   300 000
  贷:拨出经费——基本支出   200 000
          ——项目支出   100 000

【思考与练习】

一、思考题

1.什么是行政单位的收入和支出?它们各自包括什么内容?

2.行政单位的收入和支出如何确认?

3.什么是财政拨款收入和其他收入?

4.什么是经费支出?可以分为哪几类?

5.什么是拨出经费?它是怎样形成的?

二、练习题

练习题一

(一)目的:练习行政单位各项收入的核算。

(二)资料:某行政单位2016年12月发生的经济业务。

1.收到"财政授权支付额度到账通知书",列明本月授权支付额度为400 000元。

2.购买办公设备一批,价款 150 000 元,实行财政直接支付。办公设备直接交付使用。

3.购买专用材料 100 千克,每千克 20 000 元,材料款实行财政直接支付。材料已验收入库。

4.通过财政部门余额账户支付本月职工工资 500 000 元。

5.年末通过对账确认本年度财政直接支付预算指标数与财政直接支付实际支出数的差额为 50 000 元,当年零余额账户用款额度尚未下达数 20 000 元。

6.从非同级财政部门获得科研项目经费 200 000 元。

(三)要求:根据上述经济业务编制相应的会计分录。

练习题二

(一)目的:练习行政单位各项支出的核算。

(二)资料:某行政单位 2016 年 12 月的经济业务。

1.计提本月职工工资薪酬 200 000 元。

2.采用财政直接支付方式采购的专用材料因质量问题予以退回,共计 80 000 元,其中属于上年度支付的款项 50 000 元,属于本年度支付的款项 30 000 元。

3.职工报销差旅费,实际支出 4 500 元,退回现金 500 元。

4.从零余额账户支取款项购买办公用品一批,价值 50 000 元。

5.以银行存款支付职工培训费 20 000 元。

6.通过财政部门零余额账户预付购买政府储备物资款 100 000 元。

7.使用非同级财政拨款资金向所属单位拨付经费 30 000 元。

(三)要求:根据上述经济业务编制相应的会计分录。

第12章 行政单位财务报告

【学习目标】

通过本章的学习,理解行政单位财务会计报告的概念及构成,了解行政单位会计报表的特点,掌握行政单位会计报表的编制方法。

12.1 财务报告概述

财务报告是反映行政单位在一定时期财务状况和预算执行结果的总结性书面文件,包括财务报表和财务情况说明书。行政单位财务报告是会计信息使用者(包括人民代表大会、政府及其有关部门、行政单位自身和其他会计信息使用者)了解行政单位财务状况、预算执行情况,反映行政单位受托责任的履行情况,有助于会计信息使用者进行管理、监督和决策的重要依据,也是编制下年度单位预算的基础。

12.1.1 财务报表

1) 财务报表的定义和构成

财务报表是反映行政单位财务状况和预算执行结果等的书面文件,由会计报表及其附注构成。

会计报表是反映行政单位在某一特定日期财务状况和某一会计期间预算执行结果的书面文件,包括资产负债表、收入支出表、财政拨款收入支出表等。

附注是指在会计报表中列示项目的文字描述或明细资料,以及对未能在会计报表中列示项目的说明等。行政单位报表附注应当至少披露下列内容:①遵循《行政单位会计制度》的声明;②单位整体财务状况、预算执行情况的说明;③会计报表中列示的重要项目的进一步说明,包括其主要特构成、增减变动情况等;④重要资产处理、资产重大损失情况的说明;⑤以名义金额计量的资产名称、数量等情况,以及以名义金额计量理由的说明;⑥或有负债情况的说明,1年以上到期负债预计偿还时间和数量的说明;⑦以前年度结转结余调整情况的说明;⑧有助于理解和分析会计报表的其他需要说明事项。

2）财务报表编制要求

为了充分发挥利润表的应有作用,行政单位应当按照下列规定编制财务报表:

行政单位资产负债表、财政拨款收入支出表和附注应当至少按照年度编制,收入支出表应当按照月度和年度编制。

行政单位应当根据本制度编制并提供真实、完整的财务报表。行政单位不得违反规定,随意改变本制度规定的会计报表格式、编制依据和方法,不得随意改变本制度规定的会计报表有关数据的会计口径。

行政单位的财务报表应当根据登记完整、核对无误的账簿记录和其他有关资料编制,要做到数字真实、计算准确、内容完整、报送及时。

行政单位财务报表应当由单位负责人和主管会计工作的负责人、会计机构负责人(会计主管人员)签名并盖章。

12.1.2　财务情况说明书

财务情况说明书是行政单位在对某一会计期间的收入和支出、结转结余、资产负债变动等情况进行分析的基础上所做的数字和文字说明。它是行政单位财务报告的有机组成部分。

财务情况说明书,应主要说明行政单位本期收入、支出、结转、结余、专项资金使用及资产负债变动等情况,以及影响财务状况变化的重要事项,总结财务管理经验,对存在的问题提出改进意见。

12.2　财务报表编制

12.2.1　资产负债表

1）资产负债表的概念及基本格式

资产负债表是反映行政单位在某一特定日期财务状况的报表,是行政单位的最基本、最重要的报表。它属于静态报表。行政单位资产负债表应当按照资产、负债和净资产分类、分项列示。

行政单位资产负债表的结构和格式为账户式,即分为左右两方:左方列示资产各项目,反映资产的分布及存在形态;右方列示负债和净资产各项目,反映负债和净资产的内容及构成情况,左右呈对称关系。

设置资产负债表依据的会计等式是:资产＝负债+净资产。

行政单位资产负债表的基本格式如表 12.1 所示。

表 12.1　资产负债表

会行政 01 表

编制单位：　　　　　　　　　　　　年　　月　　日　　　　　　　　金额单位:元

资产	年初余额	期末余额	负债和净资产	年初余额	期末余额
流动资产:			流动负债:		
库存现金			应缴财政款		
银行存款			应缴税费		
财政应返还额度			应付职工薪酬		
应收账款			应付账款		
预付账款			应付政府补贴款		
其他应收款			其他应付款		
存货			1 年以内到期的长期负债		
流动资产合计			流动负债合计		
固定资产			非流动负债:		
固定资产原价			长期应付款		
减:固定资产累计折旧			受托代理负债		
在建工程			非流动负债合计		
无形资产			负债合计		
无形资产原价					
减:累计摊销			净资产:		
待处理财产损溢			财政拨款结转		
政府储备物资			财政拨款结余		
公共基础设施			其他资产结转结余		
公共基础设施原价			其中:项目结转		
减:公共基础设施累计折旧			资产基金		
公共基础设施在建工程			待偿债净资产		
受托代理资产			净资产合计		
资产总计			负债和净资产合计		

单位负责人:　　　　　　　　会计:　　　　　　　　　　　　　制表:

2) 资产负债表的填列方法

资产负债表中的各项目都有两栏数据,即"年初余额"和"期末余额"。其中"年初余额"栏内各项数字,应当根据上年年末资产负债表"期末余额"栏内数字填列。如果本年度资产负债表规定的各个项目的名称和内容同上年度不一致,应对上年年末资产负债表各项目的名称和数字按照本年度进行调整,填入本表"年初余额"栏内。"期末余额"栏内各项目数字,一般根据资产、负债和净资产类科目的期末余额填列,具体填列方法如下:

(1)资产类项目

"流动资产"反映行政单位可以在 1 年内变现或者耗用的资产,包括库存现金、银行存款、财政应返还额度、应收账款、预付账款、其他应收款、存货等,按价值进行反映。

①"库存现金"项目,反映行政单位期末库存现金的金额。本项目应当根据"库存现金"科目的期末余额填列;期末库存现金中有属于受托代理现金的,本项目应当根据"库存现金"科目的期末余额减去其中属于受托代理的现金金额后余额填列。

②"银行存款"项目,反映行政单位期末银行存款的金额。本项目应当根据"银行存款"科目的期末余额填列;期末银行存款中有属于受托代理存款的,本项目应当根据"银行存款"科目的期末余额减去其中属于受托代理的存款后的余额填列。

③"财政应返还额度"项目,反映行政单位期末财政应返还额度的金额。本项目应当根据"财政应返还额度"科目的期末余额填列。

④"应收账款"项目,反映行政单位期末尚未收回的应收账款金额。本项目应当根据"应收账款"科目的期末余额填列。

⑤"预付账款"项目,反映行政单位预付给物资或者服务提供者款项的金额。本项目应当根据"预付账款"科目的期末余额填列。

⑥"其他应收款"项目,反映行政单位期末尚未收回的其他应收款余额。本项目应当根据"其他应收款"科目的期末余额填列。

⑦"存货"项目,反映行政单位期末为开展业务活动耗用而储存的存货的实际成本。本项目应当根据"存货"科目的期末余额填列。

⑧"固定资产"项目,反映行政单位期末各项固定资产的账面价值。本项目应当根据"固定资产"科目的期末余额减去"累计折旧"科目中"固定资产累计折旧"明细科目的期末余额后的金额填列。

"固定资产原价"项目,反映行政单位期末各项固定资产的原价。本项目应当根据"固定资产"科目的期末余额填列。

"固定资产累计折旧"项目,反映行政单位期末各项固定资产的累计折旧金额。本项目应当根据"累计折旧"科目中"固定资产累计折旧"明细科目的期末余额填列。

⑨"在建工程"项目,反映行政单位期末除公共基础设施在建工程以外的尚未完工交付使用的在建工程的实际成本。本项目应当根据"在建工程"科目中属于非公共基础设施在建工程的期末余额填列。

⑩"无形资产"项目,反映行政单位期末各项无形资产的账面价值。本项目应当根据"无形资产"科目的期末余额减去"累计摊销"科目的期末余额的金额填列。

"无形资产原价"项目,反映行政单位期末各项无形资产的原价。本项目应当根据"无形资产"科目的期末余额填列。

"累计摊销"项目,反映行政单位期末各项无形资产的累计摊销金额。本项目应当根据"累计摊销"科目的期末余额填列。

⑪"待处理财产损溢"项目,反映行政单位期末待处理财产的价值及待处理损溢。本项目应当根据"待处理财产损溢"科目的期末借方余额填列;如果"待处理财产损溢"科目期末为贷方余额,则以"-"号填列。

⑫"政府储备物资"项目,反映行政单位期末储存管理的各种政府储备物资的实际成本。本项目应当根据"政府储备物资"科目的期末余额填列。

⑬"公共基础设施"项目,反映行政单位期末占有并直接管理的公共基础设施的账面价值。本项目应当根据"公共基础设施"科目的期末余额减去"累计折旧"科目中"公共基础设施累计折旧"明细科目的期末余额后的金额填列。

"公共基础设施原价"项目,反映行政单位期末占有并直接管理的公共基础设施的原价。本项目应当根据"公共基础设施"科目的期末余额填列。

"公共基础设施累计折旧"项目,反映行政单位期末占有并直接管理的公共基础设施的累计折旧金额。本项目应当根据"累计折旧"科目中"公共基础设施累计折旧"明细科目的期末余额填列。

⑭"公共基础设施在建工程"项目,反映行政单位期末尚未完工交付使用的公共基础设施在建工程的实际成本。本项目应当根据"在建工程"科目中属于公共基础设施在建工程的期末余额填列。

⑮"受托代理资产"项目,反映行政单位期末受托代理资产的价值。本项目应当根据"受托代理资产"科目的期末余额(扣除其中受托储存管理物资的金额)加上"库存现金""银行存款"科目中属于受托代理资产的现金金额和银行存款余额的合计数填列。

(2)负债类项目

⑯"应缴财政款"项目,反映行政单位期末按规定应当上缴财政的款项(应缴税费除外)。本项目应当根据"应缴财政款"科目的期末余额填列。

⑰"应缴税费"项目,反映行政单位期末应缴未缴的各种税费。本项目应当根据"应缴税费"科目的期末贷方余额填列;如"应缴税费"科目期末为借方余额,则以"-"号填列。

⑱"应付职工薪酬"项目,反映行政单位期末尚未支付给职工的各种薪酬。本项目应当根据"应付职工薪酬"科目的期末余额填列。

⑲"应付账款"项目,反映行政单位期末尚未支付的偿还期限在1年内(含1年)的应付账款的金额。本项目应当根据"应付账款"科目的期末余额填列。

⑳"应付政府补贴款"项目,反映行政单位期末尚未支付的应付政府补贴款的金额。本项目应当根据"应付政府补贴款"科目的期末余额填列。

㉑"其他应付款"项目,反映行政单位期末尚未支付的其他各项应付及暂收款项的金额。本项目应当根据"其他应付款"科目的期末余额填列。

㉒"1年内到期的非流动负债"项目,反映行政单位期末承担的1年内(含1年)到偿还期的非流动负债。本项目应当根据"长期应付款"等科目的期末余额分析填列。

㉓"长期应付款"项目,反映行政单位期末承担的偿还期限超过 1 年的应付款项。本项目应当根据"长期应付款"科目的期末余额减去其中 1 年以内(含 1 年)到偿还期的长期应付款金额后的余额填列。

㉔"受托代理负债"项目,反映行政单位期末受托代理负债的金额。本项目应当根据"受托代理负债"科目的期末余额(扣除其中受托储存管理物资的金额)填列。

(3)净资产类项目

㉕"财政拨款结转"项目,反映行政单位期末滚存的财政拨款结转资金。本项目应当根据"财政拨款结转"科目的期末余额填列。

㉖"财政拨款结余"项目,反映行政单位期末滚存的财政拨款结余资金。本项目应当根据"财政拨款结余"科目的期末余额填列。

㉗"其他资金结转结余"项目,反映行政单位期末滚存的除财政拨款以外的其他资金结转结余的金额。本项目应当根据"其他资金结转结余"科目的期末余额填列。

"项目结转"项目,反映行政单位期末滚存的非财政拨款未完成项目结转资金。本项目应当根据"其他资金结转结余"科目中"项目结转"明细科目的期末余额填列。

㉘"资产基金"项目,反映行政单位期末预付账款、存货、固定资产、在建工程、无形资产、政府储备物资、公共基础设施等非货币性资产在净资产中占用的金额。本项目应当根据"资产基金"科目的期末余额填列。

㉙"待偿债净资产"项目,反映行政单位期末因应付账款和长期应付款等负债而相应需在净资产中冲减的金额。本项目应当根据"待偿债净资产"科目的期末借方余额以"-"号填列。

3)行政单位按月编制资产负债表,应当遵照以下规定编制

(1)月度资产负债表应在资产部分的"银行存款"项目下增加"零余额账户用款额度"项目。

(2)"零余额账户用款额度"项目,反映行政单位期末零余额账户用款额度的金额。本项目应当根据"零余额账户用款额度"科目的期末余额填列。

(3)"财政拨款结转"项目。本项目应当根据"财政拨款结转"科目的期末余额,加上"财政拨款收入"科目本年累计发生额,减去"经费支出——财政拨款支出"科目本年累计发生额后的余额填列。

(4)"其他资金结转结余"项目。本项目应当根据"其他资金结转结余"科目的期末余额,加上"其他收入"科目本年累计发生额,减去"经费支出——其他资金支出"科目本年累计发生额,再减去"拨出经费"科目本年累计发生额后的余额填列。

"项目结转"项目。本项目应当根据"其他资金结转结余"科目中"项目结转"明细科目的期末余额,加上"其他收入"科目中项目收入的本年累计发生额,减去"经费支出——其他资金支出"科目中项目支出本年累计发生额,再减去"拨出经费"科目中项目支出本年累计发生额后的余额填列。

(5)月度资产负债表其他项目的填列方法与年度资产负债表的填列方法相同。

[例 12-1] A 行政单位 2015 年 12 月 31 日的资产负债表(年初余额略)及 2016 年 12 月 31 日的科目余额表分别如表 12.2、表 12.3 所示。

表 12.2 资产负债表

编制单位:A 行政单位　　　　　2015 年 12 月 31 日　　　　　会行政 01 表

单位:元

资产	年初余额	期末余额	负债和净资产	年初余额	期末余额
流动资产:			流动负债:		
库存现金		11 500	应缴财政款		
银行存款		135 200	应缴税费		12 700
财政应返还额度		21 500	应付职工薪酬		95 000
应收账款		20 000	应付账款		120 000
预付账款		10 000	应付政府补贴款		
其他应收款		13 000	其他应付款		5 000
存货		78 000	1 年内到期的长期负债		
流动资产合计		277 700	流动负债合计		232 700
固定资产		110 000	非流动负债:		
固定资产原价		150 000	长期应付款		60 000
减:固定资产累计折旧		40 000	受托代理负债		25 000
在建工程		140 000	非流动负债合计		85 000
无形资产			负债合计		317 700
无形资产原价					
减:累计摊销			净资产:		
待处理财产损溢			财政拨款结转		67 000
政府储备物资		71 300	财政拨款结余		
公共基础设施			其他资产结转结余		10 000
公共基础设施原价			其中:项目结转		
减:公共基础设施累计折旧			资产基金		409 300
公共基础设施在建工程			待偿债净资产		-180 000
受托代理资产		25 000	净资产合计		306 300
资产总计		624 000	负债和净资产合计		624 000

单位负责人:　　　　　　　审核人:　　　　　　　　制表:

表 12.3　科目余额表

2016 年 12 月 31 日　　　　　　　　　　　　　　　　单位:元

科目名称	借方余额	科目名称	贷方余额
库存现金	20 000	应缴税费	50 000
银行存款	83 000	应付职工薪酬	120 000
财政应返还额度	25 000	应付账款	50 000
应收账款	30 000	其他应付款	5 000
预付账款	20 000	长期应付款	60 000
其他应收款	9 000	财政拨款结转	32 000
存货	25 000	其他资金结转结余	5 000
固定资产原价	170 000	资产基金	503 000
累计折旧	−50 000	待偿债净资产	−110 000
在建工程	230 000		
无形资产原价	120 000		
累计摊销	−12 000		
合计	670 000	合计	670 000

根据上述资料,编制 A 行政单位 2016 年 12 月 31 日的资产负债表如表 12.4 所示。

表 12.4　资产负债表

会行政 01 表

编制单位:A 行政单位　　　　　　2016 年 12 月 31 日　　　　　　单位:元

资产	年初余额	期末余额	负债和净资产	年初余额	期末余额
流动资产:			流动负债:		
库存现金	11 500	20 000	应缴财政款		
银行存款	135 200	83 000	应缴税费	12 700	5 000
财政应返还额度	21 500	25 000	应付职工薪酬	95 000	120 000
应收账款	20 000	30 000	应付账款	120 000	50 000
预付账款	10 000	20 000	应付政府补贴款		
其他应收款	13 000	9 000	其他应付款	5 000	5 000
存货	78 000	25 000	1 年内到期的长期负债		
流动资产合计	277 700	212 000	流动负债合计	232 700	180 000
固定资产	110 000	120 000	非流动负债:		
固定资产原价	150 000	170 000	长期应付款	60 000	60 000

续表

资产	年初余额	期末余额	负债和净资产	年初余额	期末余额
减:固定资产累计折旧	40 000	50 000	受托代理负债	25 000	
在建工程	140 000	230 000	非流动负债合计	85 000	60 000
无形资产		108 000	负债合计	317 700	240 000
无形资产原价		120 000			
减:累计摊销		12 000	净资产:		
待处理财产损溢			财政拨款结转	67 000	32 000
政府储备物资	71 300		财政拨款结余		
公共基础设施			其他资产结转结余	10 000	5 000
公共基础设施原价			其中:项目结转		
减:公共基础设施累计折旧			资产基金	409 300	503 000
公共基础设施在建工程			待偿债净资产	−180 000	−110 000
受托代理资产	25 000		净资产合计	306 300	430 000
资产总计	624 000	670 000	负债和净资产合计	624 000	670 000

12.2.2 收入支出表

1)收入支出表的概念及基本格式

收入支出表是反映行政单位在某一会计期间全部预算收支执行结果的报表,是行政单位的主要报表之一。它属于动态报表。通过收入支出表,可以提供行政单位在某一会计期间内各项收入、支出和结转结余情况。按编制的时间不同,收入支出表分为月报和年报。

收入支出表应当按照收入、支出的构成和结转结余情况分项列示。收入支出表的基本格式如表12.5所示。

表 12.5 收入支出表

会行政02表

编制单位:　　　　　　　　　　　年　　月　　　　　　　　　　　单位:元

项目	本月数	本年累计数
一、年初各项资金结转结余		
(一)年初财政拨款结转结余		
1.财政拨款结转		
2.财政拨款结余		

续表

项目	本月数	本年累计数
(二)年初其他资金结转结余		
二、各项资金结转结余调整及变动		
(一)财政拨款结转结余调整及变动		
(二)其他资金结转结余调整及变动		
三、收入合计		
(一)财政拨款收入		
1.基本支出拨款		
2.项目支出拨款		
(二)其他资金收入		
1.非项目收入		
2.项目收入		
四、支出合计		
(一)财政拨款支出		
1.基本支出		
2.项目支出		
(二)其他资金支出		
1.非项目支出		
2.项目支出		
五、本期支出差额		
(一)财政拨款收支差额		
(二)其他资金收支差额		
六、年末各项资金结转结余		
(一)年末财政拨款结款结余		
1.财政拨款结转		
2.财政拨款结余		
(二)年末其他资金结转结余		

单位负责人： 审核人： 制表：

2)收入支出表的填列方法

收入支出表中的各项目都有两栏数据,即"本月数"和"本年累计数"。其中,以"本月数"栏反映各项目的本月实际发生数。编制年度收入支出表时,应当将本栏改为"上年数"栏,反映上年度各项目的实际发生数。如果本年度收入支出表规定的各个项目的名称和内容同上年度不一致,应对上年度收入支出表各项目的名称和数字按照本年度的规定进行调整,填入本年度收入支出表的"上年数"栏。"本年累计数"栏反映各项目自年初起至报告期末止的累计实际发生数。编制年度收入支出表时,应当将本栏改为"本年数"。

收入支出表"本月数"栏各项目的内容和填列方法如下:

(1)"年初各项资金结转结余"项目及其所属各明细项目,反映行政单位本年年初所有资金结转结余的金额。各明细项目应当根据"财政拨款结转""财政拨款结余""其他资金结转结余"及其明细科目的年初余额填列。本项目及其所属各明细项目的数额,应当与上年度收入支出表中"年末各项资金结转结余"各明细项目的数额相等。

(2)"各项资金结转结余调整及变动"项目及其所属各明细项目,反映行政单位因发生需要调整以前年度各项资金结转结余的事项,以及本年因调入、上缴或交回等导致各项资金结转结余变动的金额。

①"财政拨款结转结余调整及变动"项目,根据"财政拨款结转""财政拨款结余"科目下的"年初余额调整""归集上缴""归集调入"明细科目的本期贷方发生额合计数减去本期借方发生额合计数的差额填列;如为负数,以"-"号填列。

②"其他资金结转结余调整及变动"项目,根据"其他资金结转结余"科目下的"年初余额调整""结余调剂"明细科目的本期贷方发生额合计数减去本期借方发生额合计数的差额填列;如为负数,以"-"号填列。

(3)"收入合计"项目,反映行政单位本期取得的各项收入的金额。本项目应当根据"财政拨款收入"科目的本期发生额加上"其他收入"科目的本期发生额的合计数填列。

①"财政拨款收入"项目及其所属明细项目,反映行政单位本期从同级财政部门取得的各类财政拨款的金额。本项目应当根据"财政拨款收入"科目及其所属明细科目的本期发生额填列。

②"其他资金收入"项目及其所属明细项目,反映行政单位本期取得的各类非财政拨款的金额。本项目应当根据"其他收入"科目及其所属明细科目的本期发生额填列。

(4)"支出合计"项目,反映行政单位本期发生的各项资金支出金额。本项目应当根据"经费支出"和"拨出经费"科目的本期发生额的合计数填列。

①"财政拨款支出"项目及其所属明细项目,反映行政单位各期发生的财政拨款支出金额。本项目应当根据"经费支出——财政拨款支出"科目及其所属明细科目的本期发生额填列。

②"其他资金支出"项目及其所属明细项目,反映行政单位本期使用各类非财政拨款资金发生的支出金额,本项目应当根据"经费支出——其他资金支出"和"拨出经费"科目及其所属明细科目的本期发生额的合计数填列。

(5)"本期收支差额"项目及其所属各明细项目,反映行政单位本期发生的各项资金收入和支出相抵后的余额。

①"财政拨款收支差额"项目,反映行政单位本期发生的财政拨款资金收入和支出相

抵后的余额。本项目应当根据本表中"财政拨款收入"项目金额减去"财政拨款支出"项目金额后的余额填列；如为负数，以"-"号填列。

②"其他资金收支差额"项目，反映行政单位本期发生的非财政拨款资金收入和支出相抵后的余额。本项目应当根据本表中"其他资金收入"项目金额减去"其他资金支出"项目金额后的余额填列；如为负数，以"-"号填列。

（6）"年末各项资金结转结余"项目及其所属各明细项目，反映行政单位截至本年年末的各项资金结转结余金额。各明细项目应当根据"财政拨款结转""财政拨款结余""其他资金结转结余"科目的年末余额填列。

上述"年初各项资金结转结余""年末各项资金结转结余"项目及其属各明细项目，只在编制年度收入支出表时填列。

[例 12-2]　B 行政单位 2016 年度收入支出表中的"财政拨款结转""财政拨款结余""其他资金结转结余"的本年数分别为 10 000 元、5 000 元和 8 000 元。2017 年有关收入和支出科目本年发生额如表 12.6 所示。

表 12.6

单位：元

收入科目		贷方金额	支出科目			借方金额
财政拨款收入	基本支出	850 000	经费支出	财政拨款支出	基本支出	700 000
	项目支出（未完成项目）	200 000			项目支出（未完成）	120 000
	项目支出（已完成项目）	100 000			项目支出（已完成）	80 000
其他收入	非项目资金收入	400 000		其他资金支出	基本支出	250 000
					项目支出（已完成）	50 000
	项目资金收入（已完成）	150 000	拨出经费		基本支出	100 000
					项目支出（已完成）	80 000

假设 2017 年未发生调整以前年度各项资金结转结余的事项，以及本年因调入、上缴和交回等导致各项资金结转结余变动的事项。

根据上述资料，编制 B 行政单位 2017 年度收入支出表，如表 12.7 所示。

表 12.7　收入支出表

会行政 02 表

编制单位：B 行政单位　　　　　　　2017 年度　　　　　　　　　单位：元

项目	本月数	本年累计数
一、年初各项资金结转结余		23 000
（一）年初财政拨款结转结余		15 000
1.财政拨款结转		10 000
2.财政拨款结余		5 000

续表

项目	本月数	本年累计数
(二)年初其他资金结转结余		8 000
二、各项资金结转结余调整及变动		—
(一)财政拨款结转结余调整及变动		—
(二)其他资金结转结余调整及变动		—
三、收入合计		1 700 000
(一)财政拨款收入		1 150 000
1.基本支出拨款		850 000
2.项目支出拨款		300 000
(二)其他资金收入		550 000
1.非项目收入		400 000
2.项目收入		150 000
四、支出合计		1 380 000
(一)财政拨款支出		900 000
1.基本支出		700 000
2.项目支出		200 000
(二)其他资金支出		480 000
1.非项目支出		350 000
2.项目支出		130 000
五、本期支出差额		320 000
(一)财政拨款收支差额		250 000
(二)其他资金收支差额		70 000
六、年末各项资金结转结余		343 000
(一)年末财政拨款结款结余		265 000
1.财政拨款结转		240 000
2.财政拨款结余		25 000
(二)年末其他资金结转结余		78 000

单位负责人：　　　　　　审核人：　　　　　　　　　　　　制表：

12.2.3　财政拨款收入支出表

1)财政拨款收入支出表的概念及基本格式

财政拨款收入支出表是指反映行政单位在某一会计期间财政拨款收入、支出、结转及结余情况的报表,是行政单位的主要报表之一,属于动态报表。通过财政拨款收入支出表,可以提供行政单位某一会计期间财政拨款收入、支出的规模及结构情况,以及财政拨款结转结余的规模与结构情况。财政拨款收入支出表按年度编制,其基本格式如表12.8 所示。

表 12.8　财政拨款收入支出表

会行政 03 表

编制单位:　　　　　　　　　　　年度　　　　　　　　　　　单位:元

项目	年初财政拨款结转结余		调整年初财政拨款结转结余	归集调入或上缴	单位内部调剂		本年财政拨款收入	本年财政拨款支出	年末财政拨款结转结余	
	结转	结余			结转	结余			结转	结余
一、公共财政预算资金										
(一)基本支出										
1.人员经费										
2.日常公用经费										
(二)项目支出										
1.××项目										
2.××项目										
……										
二、政府性基金预算资金										
(一)基本支出										
1.人员经费										
2.日常公用经费										
(二)项目支出										
1.××项目										
2.××项目										
……										
总计										

单位负责人:　　　　　　　　审核人:　　　　　　　　　　　　制表:

2）财政拨款收入支出表的填列方法

财政拨款收入支出表中的"项目"栏内各项目,应当根据行政单位取得的财政拨款种类分项设置。其中"项目支出"根据每个项目设置。行政单位取得除公共财政预算拨款和政府性基金预算拨款以外的其他财政拨款,应当按照财政拨款种类增加相应的资金项目及明细项目。

财政拨款收入支出表各栏及其对应项目的内容和填列:

（1）"年初财政拨款结转结余"栏中各项目,反映行政单位年初各项财政拨款结转和结余的金额。各项目应当根据"财政拨款结转""财政拨款结余"及其明细科目的年初余额填列。本栏目中各项目的数额,应当与上年度财政拨款收入支出表中"年末财政拨款结转结余"栏中各项目的数额相等。

（2）"调整年初财政拨款结转结余"栏中各项目,反映行政单位对年初财政拨款结转结余的调整金额。各项目应当根据"财政拨款结转""财政拨款结余"科目中"年初余额调整"科目及其所属明细科目的本年发生额填列。如调整减少年初财政拨款结转结余,以"–"号填列。

（3）"归集调入或上缴"栏中各项目,反映行政单位本年取得主管部门归集调入的财政拨款结转结余资金和按规定实际上缴的财政拨款结转结余资金金额。各项目应当根据"财政拨款结转""财政拨款结余"科目中"归集上缴"和"归集调入"科目及其所属明细科目的本年发生额填列。对归集上缴的财政拨款结转结余资金,以"–"号填列。

（4）"单位内部调剂"栏中各项目,反映行政单位本年财政拨款结转结余资金在内部不同项目之间的调剂金额。各项目应当根据"财政拨款结转"和"财政拨款结余"科目中的"单位内部调剂"及其所属明细科目的本年发生额填列。对单位内部调剂减少的财政拨款结转结余项目,以"–"号填列。

（5）"本年财政拨款收入"栏中各项目,反映行政单位本年从同级财政部门取得的各类财政预算拨款金额。各项目应当根据"财政拨款收入"科目及其所属明细科目的本年发生额填列。

（6）"本年财政拨款支出"栏中各项目,反映行政单位本年发生的财政拨款支出金额。各项目应当根据"经费支出"科目及其所属明细科目的本年发生额填列。

（7）"年末财政拨款结转结余"栏中各项目,反映行政单位年末财政拨款结转结余的金额。各项目应当根据"财政拨款结转""财政拨款结余"科目及其所属明细科目的年末余额填列。

12.3　财务报表的审核、汇总和分析

12.3.1　行政单位财务报表审核

1) 财务报表审核的内容

行政单位财务报表编制以后,为了保证报表的质量,维护财经纪律,各行政单位会计还应对报表进行认真的审核。行政单位财务报表审核的主要内容包括:

审核编制范围是否全面,是否有漏报和重复编报现象。

审核编制方法是否符合国家统一的财务会计制度,是否符合行政单位会计决算报告的编制要求。

审核编制内容是否真实、完整、准确,审核单位账簿与报表是否相符、金额单位是否正确,有无漏报、重报项目以及虚报和瞒报等弄虚作假的现象。

审核报表中的相关数据是否衔接一致,包括表间数据之间、分户数据与汇总数据之间、报表数据与计算机录入数据之间是否衔接一致。

将报表与上年数据资料进行核对,审核数据变动是否合理。

2) 财务报表审核的方法

行政单位财务报表审核的方法应采取人工审核与计算机审核相结合。

(1) 人工审核

人工审核包括政策性审核和规范性审核。政策性审核主要以现行财务制度和有关政策规定为依据,对重点指标进行审核;规范性审核侧重于报告编制的正确性和真实性及钩稽关系等方面的审核。

(2) 计算机审核

计算机审核是利用软件提供的数据审核功能,逐户审核报表的表内表间关系,检查数据的逻辑性及数据的完整性。

3) 财务报表审核的工作方式

行政单位财务报表审核的工作方式可根据实际情况采取自行审核、集中会审、委托审核等多种形式。

(1) 自行审核

各级行政单位在上报会计报表前应自行将本单位报表以及有关数据资料,按统一规定的审核内容进行逐项复核。

(2) 集中会审

各部门、各地区组织专门力量对行政单位编制的财务报表及相关资料,按照统一的标准及要求进行集中对账或分户复核。

（3）委托审核

委托中介机构对行政单位财务报表数据及相关资料进行审核。

12.3.2　行政单位财务报表汇总

行政单位财务报表经过审核后,主管会计单位应根据本级报表和审核后的所属单位报表,编制汇总报表。行政单位财务报表逐级汇总,由主管部门上报财政部门,汇总报表种类、内容、格式与各行政单位会计编制的报表相同。

主管会计单位编制的汇总报表主要是资产负债表和收入支出总表。编制的一般方法是:主管会计单位先编出本单位的资产负债表和收入支出总表,然后与经审核无误的所属单位的资产负债和收入支出总表汇总编成本部门汇总的资产负债表和汇总的收入支出总表。在汇编中,除了为避免上下级重复计列收入和支出,将上下级单位之间对应科目的数字予以冲销外,其他各项目的数字,应将本单位报表和所属单位报表中的相同科目数字相加后直接填列,归总报表有关科目数字。

【思考与练习】

一、思考题

1.什么是行政单位财务报告和财务报表? 各自包括哪些内容?

2.什么是行政单位财务报表?

3.什么是行政单位的资产负债表和收入支出表? 如何列示?

4.什么是行政单位的财政拨款收入支出表? 按什么时间编制?

5.行政单位财务报表附注包括哪些内容?

二、练习题

（一）目的:掌握年度资产负债表和收入支出表的编制方法。

（二）资料:某行政单位的资产负债情况与收支情况。

1.甲行政单位 2016 年 12 月 31 日的资产负债表（年初余额略）如表 12.9 所示。

表 12.9　资产负债表

会行政 01 表

编制单位:甲行政单位　　　　　　2016 年 12 月 31 日　　　　　　单位:元

资产	年初余额	期末余额	负债和净资产	年初余额	期末余额
流动资产:			流动负债:		
库存现金		20 000	应缴财政款		20 000
银行存款		103 000	应缴税费		5 000

续表

资产	年初余额	期末余额	负债和净资产	年初余额	期末余额
财政应返还额度		25 000	应付职工薪酬		120 000
应收账款		30 000	应付账款		50 000
预付账款		20 000	应付政府补贴款		
其他应收款		9 000	其他应付款		5 000
存货		25 000	1 年内到期的长期负债		
流动资产合计		212 000	流动负债合计		200 000
固定资产		120 000	非流动负债：		
固定资产原价		170 000	长期应付款		60 000
减:固定资产累计折旧		50 000	受托代理负债		25 000
在建工程		230 000	非流动负债合计		85 000
无形资产		108 000	负债合计		285 000
无形资产原价		120 000			
减:累计摊销		12 000	净资产：		
待处理财产损溢			财政拨款结转		32 000
政府储备物资			财政拨款结余		
公共基础设施			其他资金结转结余		5 000
公共基础设施原价			其中:项目结转		
减:公共基础设施累计折旧			资产基金		503 000
公共基础设施在建工程			待偿债净资产		−110 000
受托代理资产		25 000	净资产合计		430 000
资产总计		715 000	负债和净资产合计		715 000

2.2017 年发生如下经济业务：

(1)收到财政部门批复的上年年末下达零余额账户用款额度 25 000 元。

(2)通过银行将应缴财政款 20 000 元上缴财政部门。

(3)收到"财政授权支付额度到账通知单",列明授权支付额度 100 000 元,均属于基本支出。

(4)计提职工薪酬 220 000 元。

(5)通过财政部门零余额账户支付职工薪酬 1 770 000 元,代扣个人所得税 220 000元,住房公积金和社会保险费 330 000 元。

(6)以银行存款上缴年初应缴税费 5 000 元,通过财政部门零余额账户支付职工承担的个人所得税 220 000 元,住房公积金和社会保险费 330 000 元。

(7)职工报销差旅费 8 000 元,退回现金 500 元。

(8)购买办公设备(属于基本支出),价值 1 000 000 元,直接交付使用,款项实行财政直接支付。

(9)将价值25 000元的受托转赠物资交付受赠人。

(10)计提本年固定资产折旧100 000元,无形资产摊销12 000元。

(11)通过单位零余额账户偿付应付账款50 000元(属于基本支出)。

(12)年末,根据对账确认本年度财政直接支付预算指标数为3 300 000元,财政直接支付实际支出数3 250 000元;本年度零余额账户用款额度下达数为125 000元,零余额账户用款额度支用数为50 000元。财政直接支付预算指标剩余资金属于基本支出。

(三)要求:

1.根据上述经济业务编制会计分录。对其中涉及"财政拨款收入"和"经费支出"科目的,要求列出二级明细科目。

2.根据要求1的账务处理结果,编制结转本年度收入和支出的会计分录。其中涉及财政拨款结转科目的,要求列出明细科目。

3.根据要求2的账务处理结果,将财政拨款结转科目所属明细科目余额转入"剩余结转"明细科目。

4.编制2017年度资产负债表和收入支出表。

第4篇

事业单位会计

第13章　事业单位资产的核算

【学习目标】

通过本章的学习,了解事业单位资产的概念及管理要求,明确事业单位资产核算的内容及计量,掌握事业单位资产类经济业务的账务处理。

13.1　事业单位资产概述

13.1.1　事业单位资产的概念及内容

事业单位资产是指事业单位占有或者使用的、能以货币计量的经济资源,包括各种财产、债权和其他权利。事业单位的资产按照流动性,分为流动资产和非流动资产。

流动资产是指预计在1年内(含1年)变现或者耗用的资产,包括货币资金、短期投资、应收及预付款项、存货等。货币资金包括库存现金、银行存款、零余额账户用款额度等。

非流动资产是指流动资产以外的资产,包括长期投资、在建工程、固定资产、无形资产等。

13.1.2　事业单位资产的计量

事业单位资产应当按照取得时的实际成本进行计量。除国家另有规定外,事业单位不得自行调整其账面价值。应收及预付款项应当按照实际发生额计量。

事业单位以支付对价方式取得的资产,应当按照取得资产时支付的现金或者现金等价物的金额,或者按照取得资产时所付出的非货币性资产的评估价值等金额计量。

13.1.3　事业单位与行政单位资产类会计科目对照

事业单位与行政单位资产类会计科目大部分相同,因两者职能不同,故资产类会计科目也存在区别。事业单位资产类会计科目增加了"短期投资""长期投资"等科目,减少了"政府储备物资""公共基础设施""受托代理资产"等科目。两者会计科目的比较如

表 13.1 所示。

表 13.1　事业单位与行政单位资产类会计科目对照表

事业单位资产类会计科目			行政单位资产类会计科目		
序号	编码	科目名称	序号	编码	科目名称
1	1001	库存现金	1	1001	库存现金
2	1002	银行存款	2	1002	银行存款
3	1011	零余额账户用款额度	3	1011	零余额账户用款额度
4	1101	短期投资			
5	1201	财政应返还额度	4	1201	财政应返还额度
	120101	财政直接支付		120101	财政直接支付
	120102	财政授权支付		120102	财政授权支付
6	1211	应收票据			
7	1212	应收账款	5	1212	应收账款
8	1213	预付账款	6	1213	预付账款
9	1215	其他应收款	7	1215	其他应收款
10	1301	存货	8	1301	存货
11	1401	长期投资			
12	1501	固定资产	9	1501	固定资产
13	1502	累计折旧	10	1502	累计折旧
14	1511	在建工程	11	1511	在建工程
15	1601	无形资产	12	1601	无形资产
16	1602	累计摊销	13	1602	累计摊销
17	1701	待处置资产损溢	14	1701	待处理财产损溢
			15	1801	政府储备物资
			16	1802	公共基础设施
			17	1901	受托代理资产

13.2　流动资产的核算

　　流动资产是指预计在 1 年内(含 1 年)变现或者耗用的资产,包括货币资金、短期投资、应收及预付款项、存货等。

13.2.1　库存现金

库存现金是指用于单位日常零星开支的货币资金。事业单位办理各项现金收付款业务应严格遵守国家有关现金管理规定,如实反映现金的收支和结存情况,保证现金的安全,提高现金使用效益。

为核算库存现金业务,事业单位应设置"库存现金"科目,反映库存现金的收支和结存情况。该科目借方反映库存现金的增加金额;贷方反映库存现金的减少金额;期末借方余额反映事业单位实际持有的库存现金。

1)现金收入的核算

事业单位现金收入的主要来源:从银行提取现金;收入转账起点以下的款项;职工交回的差旅费剩余款等。收到现金时,根据审核无误的记账凭证,借记"库存现金"科目,贷记有关科目。

[例13-1]　某事业单位9月签发现金支票一张,从银行提取现金3 000元备用。

借:库存现金　　　　　　　　　　　　　　　　　3 000
　　贷:银行存款　　　　　　　　　　　　　　　　　　3 000

如果从零余额账户用款额度提取现金3 000元,则

借:库存现金　　　　　　　　　　　　　　　　　3 000
　　贷:零余额账户用款额度　　　　　　　　　　　　3 000

2)现金支出的核算

事业单位支出现金应按现金管理规定,在允许的使用范围内办理现金支付业务。现金支出时,借记有关科目,贷记"库存现金"科目。

3)库存现金清查的核算

为加强库存现金的管理和监督,保障库存现金的安全和完整,事业单位应当设置"现金日记账",建立库存现金清查制度。库存现金的清查包括出纳人员每日的清查核对和清查小组定期或不定期的清查。库存现金清查的主要手段是实地盘点,清查小组盘点库存现金时,出纳人员应该在现场,盘点后编制"库存现金盘点报告表",列示实存、账存和溢余或短缺情况,并查明原因,及时进行账务处理。

(1)现金溢余的账务处理

事业单位现金清查发生现金溢余时,属于应支付给有关人员或单位的部分,借记"库存现金"科目,贷记"其他应付款"科目;属于无法查明原因的部分,借记"库存现金"科目,贷记"其他收入"科目。

(2)现金短缺的账务处理

事业单位现金清查发生现金短缺时,属于应由责任人赔偿的部分,借记"其他应收款"科目,贷记"库存现金"科目;属于无法查明原因的部分,报经批准后,借记"其他支出"科目,贷记"库存现金"科目。

[例 13-2]　某事业单位现金清查时,发现短缺 100 元,经查明,应由出纳员赔偿。

借:其他应收款　　　　　　　　　　　　　　100

　　贷:库存现金　　　　　　　　　　　　　　　100

[例 13-3]　某事业单位对库存现金进行现金清查时,发现现金短缺 200 元。无法查明原因,经批准转作支出。

借:其他支出　　　　　　　　　　　　　　　200

　　贷:库存现金　　　　　　　　　　　　　　　200

4) 外币业务

事业单位有外币现金的,应当分别按照人民币、各种外币设置"现金日记账"进行明细核算。有关外币现金业务的账务处理,参见"银行存款"科目的相关规定。

13.2.2　银行存款

银行存款是指存入银行或其他金融机构的各种货币,包括人民币存款和外币存款。事业单位应当按照国家有关支付结算规定,办理银行收支业务,并按事业单位会计制度的规定核算银行存款的各项收支业务。

1) 银行存款的核算

为核算银行存款业务,事业单位应设置"银行存款"科目,用来反映银行存款的收入和支出情况。该科目借方登记银行存款的增加金额;贷方登记银行存款减少的金额;期末借方余额反映事业单位实际存放在银行或其他金融机构的款项。

(1) 银行存款收入的核算

事业单位将款项存入银行或其他金融机构,借记"银行存款"科目,贷记"库存现金""事业收入""经营收入"等有关科目。

[例 13-4]　某事业单位 9 月发生以下银行收款业务,该单位为一般纳税人事业单位。

(1) 收到上级单位拨入事业经费 200 000 元,款项已存入银行。

借:银行存款　　　　　　　　　　　　　200 000

　　贷:上级补助收入　　　　　　　　　　　200 000

(2) 销售产品收到货款 50 000 元(不含税),增值税 8 500 元,款项已存入银行。

借:银行存款　　　　　　　　　　　　　58 500

　　贷:经营收入　　　　　　　　　　　　　50 000

　　　　应缴税费——应缴增值税(销项税额)　　8 500

(2) 银行存款支出的核算

事业单位提取和支出银行存款时,借记有关科目,贷记"银行存款"科目。

2) 外币业务

事业单位发生外币业务的,应当按照业务发生当日(或当期期初)的即期汇率,将外币金额折算为人民币记账,并登记外币金额和汇率。

期末,各种外币账户的外币余额应当按照期末的即期汇率折算为人民币,作为外币账户期末人民币余额。调整后的各种外币账户人民币余额与原账面人民币余额的差额,作为汇兑损益计入相关支出。

13.2.3 零余额账户用款额度

1)零余额账户用款额度的概念

零余额账户用款额度是指实行国库集中支付的事业单位根据财政部门批复的用款计划收到和支用的零余额账户用款额度。事业单位零余额账户属于财政国库单一账户体系,由财政部门为事业单位在商业银行开设,用于支付事业单位授权支付业务。代理银行每日终了应与国库单一账户清算,清算后该账户余额为零。

2)零余额账户用款额度的核算

事业单位应设置"零余额账户用款额度"科目核算零余额账户用款额度收到和支用情况,该科目借方登记增加金额;贷方登记减少金额;期末借方余额反映事业单位尚未支用的零余额账户用款额度。

(1)事业单位在财政授权支付方式下,收到代理银行盖章的"授权支付到账通知书"时,根据通知书所列数额,借记本科目,贷记"财政补助收入"科目。

(2)事业单位按规定支用额度时,借记"事业支出"等科目,贷记本科目。

(3)事业单位从零余额账户提取现金时,借记"库存现金"科目,贷记本科目。

(4)事业单位因购货退回等发生国库授权支付额度退回的,属于以前年度支付的款项,按照退回金额,借记本科目,贷记"财政补助结转""财政补助结余""存货"等有关科目;属于本年度支付的款项,按照退回金额,借记本科目,贷记"事业支出""存货"等有关科目。

(5)事业单位年度终了,依据代理银行提供的对账单作注销额度的相关财务处理,借记"财政应返还额度——财政授权支付"科目,贷记本科目。事业单位本年度财政授权支付预算指标数大于零余额账户用款额度下达数的,根据未下达的用款额度,借记"财政应返还额度——财政授权支付"科目,贷记"财政补助收入"科目。

(6)下年年初,事业单位依据代理银行提供的额度恢复到账通知书作恢复额度的相关账务处理,借记本科目,贷记"财政应返还额度——财政授权支付"科目。事业单位收到财政部门批复的上年年末未下达零余额账户用款额度的,借记本科目,贷记"财政应返还额度——财政授权支付"科目。

[例13-5] 某事业单位本年度财政授权支付预算数为 1 000 000 元,实际收到代理银行"授权支付到账通知书"的金额是 800 000 元,本年度通过零余额账户支付750 000元。

(1)收到"授权支付到账通知书"

借:零余额账户用款额度　　　　　　　　　　　　　800 000

　　贷：财政补助收入　　　　　　　　　　　　　　　　800 000

（2）按规定支用额度时

借：事业支出　　　　　　　　　　　　　　　　　　750 000

　　贷：零余额账户用款额度　　　　　　　　　　　　750 000

（3）年度终了，依据代理银行提供的对账单作注销额度

借：财政应返还额度——财政授权支付　　　　　　　50 000

　　贷：零余额账户用款额度　　　　　　　　　　　　50 000

（4）根据本年度未下达的用款额度（下年继续留用）

借：财政应返还额度——财政授权支付　　　　　　　200 000

　　贷：财政补助收入　　　　　　　　　　　　　　　200 000

（5）下年年初，依据代理银行提供的额度恢复到账通知书作恢复额度

借：零余额账户用款额度　　　　　　　　　　　　　50 000

　　贷：财政应返还额度——财政授权支付　　　　　　50 000

（6）收到上年年末未下达的用款额度

借：零余额账户用款额度　　　　　　　　　　　　　200 000

　　贷：财政应返还额度——财政授权支付　　　　　　200 000

13.2.4　财政应返还额度

　　财政应返还额度是指实行国库集中支付的事业单位应收财政返还的资金额度。实行财政国库集中收付制度改革的事业单位，在年度终了时，财政应返还额度的构成分为以下部分：一是直接支付预算指标数与直接支付实际支出数的差额；二是授权支付预算指标数与下达零余额账户用款额度的差额；三是零余额账户用款额度与财政授权支付实际支出数的差额。事业单位当年尚未使用的指标结余，经财政部门批准，下年可以继续使用时，当年作为财政应返还额度处理。

　　事业单位为核算应收财政应返还的资金额度，应设置"财政应返还额度"科目，借方登记增加金额；贷方登记减少金额；期末借方余额反映事业单位应收财政返还的资金额度。本科目应当设置"财政直接支付""财政授权支付"两个明细科目进行明细核算。

1）财政直接支付

　　财政直接支付是指由财政部门签发支付令，代理银行根据财政部门的支付指令，通过国库单一账户体系将资金直接支付到收款人或用款单位账户。

　　"财政应返还额度——财政直接支付"科目，用来核算事业单位未支出的财政直接支付指标结余数，经财政部门批准，可留作下年使用的资金额度。

　　（1）年度终了，事业单位根据本年度财政直接支付预算指标数与当年财政直接支付实际支出数的差额，借记本科目（财政直接支付），贷记"财政补助收入"科目。

　　（2）下年度恢复财政直接支付额度后，事业单位以财政直接支付方式发生实际支出时，借记有关科目，贷记本科目（财政直接支付）。

[**例**13-6]　某事业单位年度终了时,本年度财政直接支付预算指标数与当年直接支付实际支出数的差额为 500 000 元。经财政部门批准,下年继续使用。

借:财政应返还额度——财政直接支付　　　　　　500 000

　　贷:财政补助收入　　　　　　　　　　　　　　　500 000

[**例**13-7]　续[例13-6],下年年初恢复财政直接支付额度后,发生一笔直接支付支出 45 800 元。

借:事业支出　　　　　　　　　　　　　　　　　45 800

　　贷:财政应返还额度——财政直接支付　　　　　　45 800

2)财政授权支付

财政授权支付是国库集中支付的另一种方式,是指预算单位按照部门预算和用款计划确定资金用途,经财政部门授权,自行开具支付令送代理银行,通过国库单一账户体系中的单位零余额账户或特设专户,将财政性资金支付到收款人或用款单位账户。

"财政应返还额度——财政授权支付"科目,用来核算事业单位未支出的财政授权支付预算结余数,经财政部门批准,可留作下年使用的资金额度。

(1)年度终了,事业单位依据代理银行提供的对账单作注销额度的相关账务处理,借记"财政应返还额度——财政授权支付"科目,贷记"零余额账户用款额度"科目。

事业单位本年度财政授权支付预算指标数大于零余额账户用款额度下达数的,根据未下达的用款额度,借记"财政应返还额度——财政授权支付"科目,贷记"财政补助收入"科目。

(2)下年年初,事业单位依据代理银行提供的额度恢复到账通知书作恢复额度的相关账务处理,借记"零余额账户用款额度"科目,贷记"财政应返还额度——财政授权支付"科目。

事业单位收到财政部门批复的上年年末未下达零余额账户用款额度时,借记"零余额账户用款额度"科目,贷记"财政应返还额度——财政授权支付"科目。

13.2.5　应收票据

1)应收票据的概念及分类

应收票据是指因开展经营活动销售产品、提供有偿服务等而收到的商业汇票。商业汇票是由出票人签发的、经承兑人承兑,委托付款人在见票时或者在一定付款日期支付确定的金额给收款人或者持票人的票据,包括银行承兑汇票和商业承兑汇票。根据我国现行法律的规定,商业汇票的付款期限不得超过 6 个月,符合条件的商业汇票的持票人,可以持未到期的商业汇票和贴现凭证向银行申请贴现。

2)应收票据的核算

事业单位应设置"应收票据"科目核算事业单位因开展经营活动销售产品、提供有偿服务等而收到的商业汇票。该科目借方登记应收票据的增加金额;贷方登记减少金额;期末借方余额反映事业单位持有的商业汇票票面金额。本科目应当按照开出、承兑商业汇票的单位等进行明细核算。

事业单位应当设置"应收票据备查簿",逐笔登记每一笔应收票据的种类、号数、出票日期、到期日、票面金额、交易合同号和付款人、承兑人、背书人姓名或单位名称、背书转让日、贴现日期、贴现率和贴现净额、收款日期、收回金额和退票情况等资料。应收票据到期结清票款或退票后,应当在备查簿内逐笔注销。

(1)事业单位因销售产品、提供服务等收到商业汇票,按照商业汇票的票面金额,借记本科目,按照确认的收入金额,贷记"经营收入"等科目,按照应缴增值税金额,贷记"应缴税费——应缴增值税"科目。

[例13-8] 某事业单位(一般纳税人)销售一批产品给华通公司,货已发出,价款30 000元,增值税5 100元,收到华通公司开来的一张60天到期的银行承兑汇票,面值35 100元。

借:应收票据   35 100

　　贷:经营收入   30 000

　　　　应缴税费——应缴增值税(销项税额)   5 100

(2)事业单位持有的应收票据到期收回,按照实际收到的商业汇票票面金额,借记"银行存款"科目,贷记本科目。

(3)应收票据贴现。应收票据贴现是指事业单位以未到期的商业汇票在到期前向银行融通资金,银行从票据到期值中扣除按银行贴现率计算的贴现息后,将剩余金额即贴现净值支付给事业单位。

事业单位持未到期的商业汇票向银行贴现,按照实际收到的金额(即扣除贴现息后的净额),借记"银行存款"科目,按照贴现息,借记"经营支出"等科目,按照商业汇票的票面金额,贷记"应收票据"科目。

[例13-9] 某事业单位贴现应收票据一张,面值23 400元,期限90天,持票60天,年贴现率8%。

(1)若不带息

贴现息 = 23 400 元×8%÷360×(90−60) = 156 元

贴现净值 = 23 400 元−156 元 = 23 244 元

借:银行存款   23 244

　　经营支出   156

　　贷:应收票据   23 400

(2)若带息,且年利率为6%

到期值 = 23 400 元×(1+6%÷360×90) = 23 751 元

贴现息 = 23 751 元×8%÷360×30 = 158.34 元

贴现净值 = 23 751 元−158.34 元 = 23 592.66 元

借:银行存款   23 592.66

　　贷:应收票据   23 400

其他收入 192.66

（4）商业汇票背书转让。事业单位将持有的商业汇票背书转让以取得所需物资时，按照取得物资的成本，借记有关科目，按照商业汇票的票面金额，贷记"应收票据"科目，如有差额，借记或贷记"银行存款"等科目。

（5）贴现应收票据到期收回。事业单位贴现的应收票据到期后，如果付款人按期向银行支付票款，事业单位在应收票据备查簿上注销该应收票据，贴现事业单位的责任解除。

如果已贴现的商业汇票到期后，承兑人无法支付票款，贴现银行将从已贴现单位的银行账户将票款划出。

13.2.6 应收账款

1）应收账款的概念

应收账款是指事业单位因开展经营活动销售商品或提供劳务等应收取的款项。应收账款的入账价值包括销售商品或提供劳务等的价款、增值税及为购货方垫付的运杂费等。在计算应收账款的入账金额时，应当考虑有关的折扣因素。

2）应收账款的核算

事业单位应设置"应收账款"科目核算事业单位因开展经营活动销售产品、提供有偿服务等而应收取的款项。应收账款的增加记借方；减少记贷方；期末借方余额反映事业单位尚未收回的应收账款。本科目应当按照购货、接受劳务单位（或个人）进行明细核算。

（1）事业单位发生应收账款时，按照应收未收金额，借记本科目，按照确认的收入金额，贷记"经营收入"等科目，按照应缴增值税金额，贷记"应缴税费——应缴增值税"科目。

[例13-10] 某科研事业单位9月发生下列经济业务，该单位增值税税率为6%。

（1）9月5日向金星公司提供劳务，取得服务收入30 000元（含税），增值税税率为6%。合同约定，享受现金折扣的条件为（含税）：2/10,1/20,n/30。

不含税收入 = 30 000 元÷（1+6%）= 28 301.89 元

增值税 = 28 301.89 元×6% = 1 698.11 元

借：应收账款——金星公司   30 000
  贷：经营收入   28 301.89
    应缴税费——应缴增值税（销项税额）   1 698.11

（2）9月10日收到金星公司支付的货款。收到款项29 400元（30 000元−30 000元×2%）。

借：银行存款   29 400
  经营支出   600
  贷：应收账款——金星公司   30 000

（2）事业单位收回应收账款时，按照实际收到的金额，借记"银行存款"等科目，贷记本科目。

（3）事业单位注销应收账款。事业单位逾期 3 年或以上，有确凿证据表明确实无法收回的应收账款，按照规定报经批准后予以核销。核销的应收账款，应在备查簿中保留登记。

①转入待处置资产时，按照待核销的应收账款金额，借记"待处置资产损溢"科目，贷记本科目。

②报经批准予以核销时，借记"其他支出"科目，贷记"待处置资产损溢"科目。

③已核销应收账款在以后期间收回的，按照实际收回的金额，借记"银行存款"等科目，贷记"其他收入"科目。

[例 13-11]　某科研院所一笔 10 000 元的应收账款已超过 3 年，有确凿证据表明无法收回，经批准予以核销。

（1）转入待处置资产时

借：待处置资产损溢　　　　　　　　　　　　　　　　　10 000

　　贷：应收账款　　　　　　　　　　　　　　　　　　　　　10 000

（2）核销时

借：其他支出　　　　　　　　　　　　　　　　　　　　10 000

　　贷：待处置资产损溢　　　　　　　　　　　　　　　　　　10 000

假设[例 13-11]中已核销的应收账款以后又收回，收回时

借：银行存款　　　　　　　　　　　　　　　　　　　　10 000

　　贷：其他收入　　　　　　　　　　　　　　　　　　　　　10 000

13.2.7　预付账款

预付账款是指按照购货、劳务合同规定预付给供应单位的款项，如预付材料款等。预付账款按实际发生的金额入账。

事业单位应设置"预付账款"科目，核算事业单位预付货款的支付和结算情况。该科目增加记借方；减少记贷方；期末借方余额反映事业单位实际预付但尚未结算的款项。本科目应当按照供应单位（或个人）进行明细核算。

1）发生预付账款

事业单位发生预付账款时，按照实际预付的金额，借记本科目，贷记"零余额账户用款额度""财政补助收入""银行存款"等科目。

2）收到物资或完成劳务

（1）事业单位收到所购物资或劳务，按照购入物资或劳务的成本，借记有关科目，按照相应预付账款的金额，贷记本科目，按照补付的款项，贷记"零余额账户用款额度""财政补助收入""银行存款"等科目。

（2）如果收到所购固定资产、无形资产的，按照确定的资产成本，借记"固定资产"

"无形资产"科目,贷记"非流动资产基金——固定资产、无形资产"科目;同时,按资产购置支出,借记"事业支出""经营支出"等科目,按照相应预付账款金额,贷记本科目,按照补付的款项,贷记"零余额账户用款额度""财政补助收入""银行存款"等科目。

[例13-12] 某事业单位(一般纳税人)10月发生下列经济业务:

10月3日向某公司购买材料一批,按合同规定预付5 000元。10月15日材料收到并验收入库,实际价款为20 000元,增值税为3 400元。通过授权支付方式补付余款。

(1)预付货款时

借:预付账款   5 000

    贷:银行存款   5 000

(2)材料验收入库并补付余款时

借:存货——×材料   20 000

    应缴税费——应缴增值税(进项税额)   3 400

    贷:预付账款   5 000

      零余额账户用款额度   18 400

3)注销预付账款

事业单位逾期3年或以上、有确凿证据表明因供货单位破产、撤销等原因已无望再收到所购物资,且确实无法收回的预付账款,按照规定报经批准后予以核销。核销的预付账款,应在备查簿中保留登记。

[例13-13] 某事业单位预付给宏昌公司货款5 000元,期限已超过3年,有确凿证据表明该款项无法收回,经批准核销。

(1)转入待处置资产时

借:待处置资产损溢   5 000

    贷:预付账款   5 000

(2)批准核销时

借:其他支出   5 000

    贷:待处置资产损溢   5 000

假设[例13-13]中核销的预付账款又收回,收回时

借:银行存款   5 000

    贷:其他收入   5 000

13.2.8 其他应收款

其他应收款是指除财政应返还额度、应收票据、应收账款、预付账款以外的其他各项应收及暂付款项,如职工预借的差旅费、拨付给内部有关部门的备用金、应向职工收取的各种垫付款项等。

事业单位应设置"其他应收款"科目,核算事业单位其他应收款的发生和结算情况,该科目增加记借方;减少记贷方;期末借方余额反映事业单位尚未收回的其他应收款。

本科目应当按照其他应收款的类别以及债务单位(或个人)进行明细核算。

1)发生其他应收款

事业单位发生其他各种应收及暂付款项时,借记本科目,贷记"银行存款""库存现金"等科目。

2)收回或转销其他应收款

事业单位收回或转销其他各种应收及暂付款项时,借记"库存现金""银行存款"等科目,贷记本科目。

3)发放备用金

事业单位内部实行备用金制度的,有关部门使用备用金后应当及时到财务部门报销并补足备用金。财务部门核定并发放备用金时,借记本科目,贷记"库存现金"等科目。根据报销数用现金补足备用金定额时,借记有关科目,贷记"库存现金"等科目,报销数和拨补数不再通过本科目核算。

[例 13-14] 某事业单位发生下列经济业务:

(1)该事业单位对后勤部门实行备用金制度,财务部门发放后勤部门本年备用金100 000元

借:其他应收款——备用金(后勤部门)　　　　　　100 000
　　贷:银行存款　　　　　　　　　　　　　　　　　　　　100 000

(2)后勤部门报销零星支出 20 000 元

借:事业支出　　　　　　　　　　　　　　　　　　20 000
　　贷:库存现金　　　　　　　　　　　　　　　　　　　　20 000

4)注销其他应收款

事业单位其他应收款逾期 3 年或以上、有确凿证据表明确实无法收回的,按照规定报经批准后予以核销。核销的其他应收款,应在备查簿中保留登记。

其他应收款转入待处置资产时,按照待核销的其他应收款金额,借记"待处置资产损溢"科目,贷记本科目。报经批准予以核销时,借记"其他支出"科目,贷记"待处置资产损溢"科目。已核销其他应收款在以后期间收回的,按照实际收回的金额,借记"银行存款"等科目,贷记"其他收入"科目。

[例 13-15] 某事业单位一笔 20 000 元的其他应收款,已逾期 3 年且有确凿证据表明无法收回,按规定进行报批核销。

(1)转入待处置资产时

借:待处置资产损溢　　　　　　　　　　　　　　20 000
　　贷:其他应收款　　　　　　　　　　　　　　　　　　20 000

(2)批准核销时

借:其他支出　　　　　　　　　　　　　　　　　　20 000
　　贷:待处置资产损溢　　　　　　　　　　　　　　　　20 000

假设[例13-15]中已核销的其他应收款又收回并存入银行,收回时

借:银行存款   20 000

  贷:其他收入   20 000

13.2.9　存货

1)存货的内容

存货是指事业单位在开展业务及其他活动中为耗用而储存的各种材料、燃料、包装物、低值易耗品及达不到固定资产标准的用具、装具、动植物等资产。事业单位随买随用的零星办公用品,可以在购进时直接列作支出,不作为存货核算。

2)存货的核算

事业单位应设置"存货"科目核算存货的收入、发出和结存情况。存货的增加记借方;减少记贷方;期末借方余额反映事业单位存货的实际成本。

事业单位应当通过明细核算或辅助登记方式,登记取得存货成本的资金来源(区分财政补助资金、非财政专项资金和其他资金)。发生自行加工存货业务的事业单位,应当在本科目下设置"生产成本"明细科目,归集核算自行加工存货所发生的实际成本(包括耗用的直接材料费用、发生的直接人工费用和分配的间接费用)。

(1)取得存货的核算

事业单位取得存货的方式主要有购入、自制存货、接受捐赠和无偿调入。

①购入存货

事业单位购入的存货验收入库,按照确定的成本,借记本科目,贷记"银行存款""应付账款""财政补助收入""零余额账户用款额度"等科目。

属于增值税一般纳税人的事业单位购入非自用材料的,按照确定的成本(不含增值税进项税额),借记本科目,按照增值税专用发票上注明的增值税税额,借记"应缴税费——应缴增值税(进项税额)"科目,按照实际支付或应付的金额,贷记"银行存款""应付账款"等科目。

[例13-16]　某事业单位属于一般纳税人,购入生产用A材料,价款20 000元,增值税3 400元,运杂费200元。

借:存货——A材料   20 200

  应缴税费——应缴增值税(进项税额)   3 400

  贷:银行存款   23 600

②自制存货

事业单位自制的存货在加工过程中发生各种费用时,借记本科目(生产成本),贷记本科目(领用材料相关的明细科目)、"应付职工薪酬""银行存款"等科目。

事业单位加工完成的存货验收入库,按照所发生的实际成本,借记本科目(相关明细科目),贷记本科目(生产成本)。

[例 13-17] 某事业单位自制存货一批,领用材料成本 50 000 元,生产工人工资 5 000 元,用银行存款支付生产耗用电费 1 500 元。加工完成后验收入库。

(1)领用原材料

借:存货——生产成本　　　　　　　　　　　　　50 000
　　贷:存货——材料　　　　　　　　　　　　　　　50 000

(2)应付工人工资

借:存货——生产成本　　　　　　　　　　　　　5 000
　　贷:应付职工薪酬　　　　　　　　　　　　　　　5 000

(3)支付水电费

借:存货——生产成本　　　　　　　　　　　　　2 000
　　贷:银行存款　　　　　　　　　　　　　　　　2000

(4)完工验收入库

借:存货——产成品　　　　　　　　　　　　　　57 000
　　贷:存货——生产成本　　　　　　　　　　　　　57 000

③接受捐赠、无偿调入的存货

事业单位接受捐赠、无偿调入的存货验收入库,按照确定的成本,借记本科目,按照发生的相关税费、运输费等,贷记"银行存款"等科目,按照其差额,贷记"其他收入"科目。

事业单位存货如果按名义金额入账,按照名义金额,借记本科目,贷记"其他收入"科目;按照发生的相关税费、运输费等,借记"其他支出"科目,贷记"银行存款"等科目。

[例 13-18] 某事业单位接受捐赠材料一批,发票载明材料价款 5 000 元,用现金支付运杂费 200 元。

借:存货——材料　　　　　　　　　　　　　　　5 200
　　贷:库存现金　　　　　　　　　　　　　　　　　200
　　　其他收入　　　　　　　　　　　　　　　　5 000

如果上例中材料成本只能以名义金额入账。

借:存货——材料　　　　　　　　　　　　　　　1
　　贷:其他收入　　　　　　　　　　　　　　　　　1
借:其他支出　　　　　　　　　　　　　　　　　200
　　贷:库存现金　　　　　　　　　　　　　　　　　200

(2)发出存货的核算

事业单位发出存货时,由领用部门填写"存货领用单",向存货管理部门领取。存货管理部门发出存货后,在"存货领用单"上加盖"付讫"戳记,登记存货明细账。事业单位发出存货的方式主要有开展业务活动领用、发出,以及对外捐赠和无偿调出。

①开展业务活动等领用、发出存货,按照领用、发出存货的实际成本,借记"事业支出""经营支出"等科目,贷记本科目。

②对外捐赠、无偿调出存货,转入待处置资产时,按照存货的账面余额,借记"待处置

201

资产损溢"科目,贷记本科目。

属于增值税一般纳税人的事业单位对外捐赠、无偿调出购进的非自用材料,转入待处置资产时,按照存货的账面余额与相关增值税进项税额转出余额的合计金额,借记"待处置资产损溢"科目,按照存货的账面余额,贷记本科目,按照转出的增值税进项税额,贷记"应缴税费——应缴增值税(进项税额转出)"科目。

事业单位实际捐出、调出存货时,按照"待处置资产损溢"科目的相应余额,借记"其他支出"科目,贷记"待处置资产损溢"科目。

[例 13-19]　某事业单位为一般纳税人,对外捐赠一批非自用材料,账面余额 10 000元,增值税税率 17%。

(1)转入待处置资产时

借:待处置资产损溢　　　　　　　　　　　　　　　　　　11 700
　　贷:存货——材料　　　　　　　　　　　　　　　　　10 000
　　　　应缴税费——应缴增值税(进项税额转出)　　　　　1 700

(2)捐赠调出时

借:其他支出　　　　　　　　　　　　　　　　　　　　　11 700
　　贷:待处置资产损溢　　　　　　　　　　　　　　　　11 700

(3)存货清查的核算

事业单位为客观反映存货库存情况,应定期盘点清查存货,每年至少盘点一次。对发生的存货盘盈、盘亏或者报废、毁损,应当及时查明原因,按照规定报经批准后进行账务处理。

①事业单位盘盈的存货,按同类或类似存货的市场价值入账;同类或类似存货的实际成本、市场价格均无法可靠取得的,按照名义金额入账。借记本科目,贷记"其他收入"科目。

②盘亏或者毁损、报废的存货。

a.盘亏或者毁损、报废的存货转入待处置资产时,按照待处置存货的账面余额,借记"待处置资产损溢——处置资产价值"科目,贷记本科目。

属于增值税一般纳税人的事业单位购进的非自用材料发生盘亏或者毁损、报废的,转入待处置资产时,按照存货的账面余额与相关增值税进项税额转出金额的合计金额,借记"待处置资产损溢——处置资产价值"科目,按照存货的账面余额,贷记本科目,按照转出的增值税进项税额,贷记"应缴税费——应缴增值税(进项税额转出)"科目。

b.报经批准予以处置时,按照"待处置资产损溢——处置资产价值"科目的相应余额,借记"其他支出"科目,贷记"待处置资产损溢——处置资产价值"科目。

[例 13-20]　某事业单位(一般纳税人),年终盘点时,盘亏非自用 B 材料一批,该批材料账面余额 1 000 元,该批材料增值税 170 元,为自然灾害损失,经批准给予处置。盘亏事业用 A 材料 2 000 元,经批准给予处置。

（1）盘亏 B 材料时

借：待处置资产损溢——处置资产价值　　　　　　　1 170

　　贷：存货——B 材料　　　　　　　　　　　　　　1 000

　　　　应缴税费——应缴增值税（进项税额转出）　　170

（2）经批准处置时

借：其他支出　　　　　　　　　　　　　　　　　　1 170

　　贷：待处置资产损溢——处置资产价值　　　　　　1 170

（3）盘亏 A 材料时

借：待处置资产损溢——处置资产价值　　　　　　　2 000

　　贷：存货——A 材料　　　　　　　　　　　　　　2 000

（4）经批准处置时

借：其他支出　　　　　　　　　　　　　　　　　　2 000

　　贷：待处置资产损溢——处置资产价值　　　　　　2 000

13.3　对外投资的核算

13.3.1　对外投资的概念

对外投资是指利用货币资金、实物或无形资产等方式向其他单位的投资。对外投资的目的是将暂时闲置的资产投资于其他单位，以获取一定的投资回报。事业单位对外投资应当严格遵守国家法律、行政法规以及财政部门、主管部门关于对外投资的有关规定。在保证单位正常运转和事业发展的前提下，按照国家有关规定可以对外投资的，应当履行相关审批程序。事业单位不得使用财政拨款及其结余进行对外投资，不得从事股票、期货、基金、企业债券等投资，国家另有规定的除外。

13.3.2　对外投资的核算

1）短期投资

事业单位应设置"短期投资"科目核算短期投资的取得及收回情况。该科目借方登记短期投资取得时实际支付的成本；贷方登记出售或收回短期投资的成本；期末借方余额反映事业单位持有的短期投资成本。事业单位短期投资主要是国债投资。本科目应当按照国债投资的种类等进行明细核算。

（1）事业单位取得短期投资时，按照其实际成本（包括购买价款以及税金、手续费等相关税费）作为投资成本，借记本科目，贷记"银行存款"等科目。

（2）事业单位短期投资持有期间收到利息时，按照实际收到的金额，借记"银行存款"科目，贷记"其他收入——投资收益"科目。

（3）事业单位出售短期投资或到期收回短期国债本息，按照实际收到的金额，借记"银行存款"科目，按照出售或收回短期国债的成本，贷记本科目，按照其差额，贷记或借记"其他收入——投资收益"科目。

[例13-21]　某事业单位用自有资金购买国库券100 000元，期限3个月，另支付佣金、税金等2 000元。每月收到利息1 500元，到期收回本金100 000元及当月利息1 500元。

（1）买入国库券时

借：短期投资——国库券　　　　　　　　　102 000

　　贷：银行存款　　　　　　　　　　　　　102 000

（2）每月收到债券利息时

借：银行存款　　　　　　　　　　　　　　　1 500

　　贷：其他收入——投资收益　　　　　　　　1 500

（3）出售国库券时

借：银行存款　　　　　　　　　　　　　　101 500

　　其他收入——投资收益　　　　　　　　　　500

　　贷：短期投资　　　　　　　　　　　　　102 000

2）长期投资

事业单位应设置"长期投资"科目核算长期投资取得和转让情况，该科目借方登记长期投资增加金额；贷方登记减少金额；期末借方余额反映事业单位持有的长期投资成本。本科目应当按照长期投资的种类和被投资单位等进行明细核算。长期投资包括长期股权投资和长期债券投资。

（1）长期股权投资

①取得长期股权投资，应当按照其实际成本作为投资成本。

a.以货币资金取得的长期股权投资，按照实际支付的全部价款（包括购买价款以及税金、手续费等相关税费）作为投资成本，借记本科目，贷记"银行存款"等科目；同时，按照投资成本金额，借记"事业基金"科目，贷记"非流动资产基金——长期投资"科目。

[例13-22]　某事业单位以银行存款600 000元投入某企业，取得长期股权投资，款项通过银行转账支付。

借：长期投资——长期股权投资　　　　　　600 000

　　贷：银行存款　　　　　　　　　　　　　600 000

借：事业基金　　　　　　　　　　　　　　600 000

　　贷：非流动资产基金——长期投资——股权投资　600 000

b.以固定资产取得的长期股权投资，按照评估价值加上相关税费作为投资成本，借记本科目，贷记"非流动资产基金——长期投资"科目，按发生的相关税费，借记"其他支出"科目，贷记"银行存款""应缴税费"等科目；同时，按照投出固定资产对应的非流动资产基金，借记"非流动资产基金——固定资产"科目，按照投出固定资产已计提折旧，借记

"累计折旧"科目,按投出固定资产的账面余额,贷记"固定资产"科目。

[例 13-23]　某事业单位以原价为 1 600 000 元的机器设备,投资 A 企业,取得长期股权投资。经评估确认该批机器价值为 1 800 000 元。该批机器已累计计提折旧 600 000 元,发生运费 5 000 元。款项通过银行存款支付。

借:长期投资——长期股权投资　　　　　　　　　　1 805 000
　　贷:非流动资产基金——长期投资——股权投资　　　1 805 000
借:其他支出　　　　　　　　　　　　　　　　　　　5 000
　　贷:银行存款　　　　　　　　　　　　　　　　　　　5 000
借:非流动资产基金——固定资产　　　　　　　　　1 000 000
　　累计折旧　　　　　　　　　　　　　　　　　　　600 000
　　贷:固定资产　　　　　　　　　　　　　　　　　　1 600 000

c.以已入账无形资产取得的长期股权投资,按照评估价值加上相关税费作为投资成本,借记本科目,贷记"非流动资产基金——长期投资"科目,按发生的相关税费,借记"其他支出"科目,贷记"银行存款""应缴税费"等科目;同时,按照投出无形资产对应的非流动资产基金,借记"非流动资产基金——无形资产"科目,按照投出无形资产已计提摊销,借记"累计摊销"科目,按照投出无形资产的账面余额,贷记"无形资产"科目。

[例 13-24]　某事业单位以已入账的一项无形资产对外投资,取得被投资单位股权。该项无形资产账面原值为 200 000 元,已累计摊销 50 000 元,评估价值为 300 000 元。发生其他费用 15 000 元,以银行存款支付。

借:长期投资——长期股权投资　　　　　　　　　　315 000
　　贷:非流动资产基金——长期投资——股权投资　　　315 000
借:其他支出　　　　　　　　　　　　　　　　　　　15 000
　　贷:银行存款　　　　　　　　　　　　　　　　　　　15 000
同时,
借:非流动资产基金——无形资产　　　　　　　　　150 000
　　累计摊销　　　　　　　　　　　　　　　　　　　50 000
　　贷:无形资产　　　　　　　　　　　　　　　　　　200 000

事业单位以未入账无形资产取得的长期股权投资,按照评估价值加上相关税费作为投资成本,借记本科目,贷记"非流动资产基金——长期投资"科目,按照发生的相关税费,借记"其他支出"科目,贷记"银行存款""应缴税费"等科目。

[例 13-25]　假设[例 13-24]中对外投资的无形资产未入账,则:
借:长期投资——长期股权投资　　　　　　　　　　315 000
　　贷:非流动资产基金——长期投资——股权投资　　　315 000
借:其他支出　　　　　　　　　　　　　　　　　　　15 000
　　贷:银行存款　　　　　　　　　　　　　　　　　　　15 000

②长期股权投资持有期间,收到利润等投资收益时,按照实际收到的金额,借记"银行存款"等科目,贷记"其他收入——投资收益"科目。

③转让长期股权投资

事业单位将长期股权投资转入待处置资产时,按照待转让长期股权投资的账面余额,借记"待处置资产损溢——处置资产价值"科目,贷记本科目。

实际转让时,按照所转让长期股权投资对应的非流动资产基金,借记"非流动资产基金——长期投资"科目,贷记"待处置资产损溢——处置资产价值"科目。

转让长期股权投资过程中取得转让价款时,借记"库存现金""银行存款"等科目,贷记"待处置资产损溢——处置净收入"科目。

转让长期股权投资过程中发生相关费用,借记"待处置资产损溢——处置净收入"科目,贷记"库存现金""银行存款"等科目。

转让完毕,按照转让价款扣除相关费用后的净收入,借记"待处置资产损溢——处置净收入"科目,贷记"应缴国库款"等科目。

[例13-26] 某事业单位将账面余额为 1 600 000 元的一项长期股权投资转让给其他单位,取得转让价款 2 000 000 元,发生转让费用 5 000 元。

(1)转入待处置资产时

借:待处置资产损溢——处置资产价值　　　　　　1 600 000
　　贷:长期投资——长期股权投资　　　　　　　　　　1 600 000

(2)实际转让时

借:非流动资产基金——长期投资——股权投资　1 600 000
　　贷:待处置资产损溢——处置资产价值　　　　　　　1 600 000

(3)取得转让价款时

借:银行存款　　　　　　　　　　　　　　　　2 000 000
　　贷:待处置资产损溢——处置净收入　　　　　　　　2 000 000

(4)支付转让费用时

借:待处置资产损溢——处置净收入　　　　　　　5 000
　　贷:银行存款　　　　　　　　　　　　　　　　　　　5 000

(5)转让完毕处理净收入时

借:待处置资产损溢——处置净收入　　　　　　1 995 000
　　贷:应缴国库款　　　　　　　　　　　　　　　　　1 995 000

④因被投资单位破产清算等原因,有确凿证据表明长期股权投资发生损失,应按照规定报经批准后予以核销。

事业单位将待核销长期股权投资转入待处置资产时,按照待核销的长期股权投资账面余额,借记"待处置资产损溢"科目,贷记本科目。报经批准予以核销时,借记"非流动资产基金——长期投资"科目,贷记"待处置资产损溢"科目。

[例13-27] 某事业单位有确凿证据表明本单位一项长期股权投资 500 000 元,因被

投资单位破产,无法收回投资,经批准予以核销。

(1)转入待处置资产时

借:待处置资产损溢 500 000
　　贷:长期投资——长期股权投资 500 000

(2)经批准核销时

借:非流动资产基金——长期股权投资 500 000
　　贷:待处置资产损溢 500 000

(2)长期债券投资

①事业单位长期债券投资在取得时,应当按照其实际成本作为投资成本。以货币资金购入的长期债券投资,按照实际支付的全部价款(包括购买价款以及税金、手续费等相关税费)作为投资成本,借记本科目,贷记"银行存款"等科目;同时,按照投资成本金额,借记"事业基金"科目,贷记"非流动资产基金——长期投资"科目。

②事业单位长期债券投资持有期间收到利息时,按照实际收到的金额,借记"银行存款"等科目,贷记"其他收入——投资收益"科目。

③事业单位对外转让或到期收回长期债券投资本息,按照实际收到的金额,借记"银行存款"等科目,按照收回长期投资的成本,贷记本科目,按照其差额,贷记或借记"其他收入——投资收益"科目;同时,按照收回长期投资对应的非流动资产基金,借记"非流动资产基金——长期投资"科目,贷记"事业基金"科目。

[例 13-28]　某事业单位购入某股份有限公司发行的债券,期限为 3 年,面值为 50 000元,购入时支付手续费 800 元,款项均以银行存款支付。该债券年利率为 6%,每年支付一次利息。3 年后该债券到期收回本息。

(1)取得投资时

借:长期投资——长期债券投资 50 800
　　贷:银行存款 50 800

借:事业基金 50 800
　　贷:非流动资产基金——长期投资——债券投资 50 800

(2)第 1、2 年分别取得利息时

借:银行存款 3 000
　　贷:其他收入——投资收益——债券投资 3 000

(3)到期收回本息时

借:银行存款 53 000
　　贷:长期投资——长期债券投资 50 800
　　　　其他收入——投资收益 2 200

借:非流动资产基金——长期投资——债券投资 50 800
　　贷:事业基金 50 800

行政单位没有对外投资业务,因行政单位的资金来源财政拨款,故财政资金是不能用来对外投资的。而事业单位有一部分资金来于事业活动或经营活动,在不违反国家法律、行政法规以及财政部门、主管部门有关对外投资的规定的情况下是可以对外投资的。

13.4 非流动资产的核算

13.4.1 固定资产

1)事业单位固定资产的概念

固定资产是指事业单位持有的使用期限超过1年(不含1年)、单位价值在规定标准以上,并在使用过程中基本保持原有物质形态的资产。单位价值虽未达到规定标准(一般设备单位价值在1 000元,专用设备单位价值在1 500元),但使用期限超过1年(不含1年)的大批同类物资,作为固定资产核算和管理。

2)事业单位固定资产的分类

事业单位的固定资产一般分为六类:房屋及构筑物;专用设备;通用设备;文物和陈列品;图书、档案;家具、用具、装具及动植物。事业单位的固定资产明细目录由国务院主管部门制定,报国务院财政部门备案。具体如下:

房屋和建筑物。房屋和建筑物是指事业单位拥有占有权和使用权的房屋、建筑物及其附属设施。其中,房屋包括办公用房、业务用房、库房、职工宿舍用房、职工食堂、锅炉房等;建筑物包括道路、围墙、水塔等;附属设备包括房屋、建筑物内的电梯、通信线路、输电线路、水气管道等。

专用设备。专用设备是指事业单位根据业务工作的实际需要购置的各种具有专门性能和专门用途的设备,如学校的教学仪器、科研单位的科研仪器、医院的医疗器械等。

通用设备。通用设备是指事业单位用于业务工作的通用性设备,如办公用的复印机、交通工具等。

文物和陈列品。文物和陈列品是指博物馆、展览馆、纪念馆等文化事业单位的各种文物和陈列品,如古物、字画、纪念物品等。

图书、档案。图书、档案是指专业用图书馆、文化馆、档案馆贮藏的书籍、档案,以及单位贮藏的图书、档案,如业务用书、档案室档案、单位图书馆及展览室的图书等。

家具、用具、装具及动植物,如办公桌椅、文件柜等办公家具、厨卫用具、实验用动物及名贵树木花卉等。

事业单位应当根据固定资产定义,结合本单位的具体情况,制订适合于本单位的固定资产目录、具体分类方法,作为进行固定资产核算的依据。

3)事业单位固定资产的核算

事业单位应设置"固定资产"科目,核算固定资产的原价增减及结存情况。该科目借方登记增加的固定资产原价;贷方登记减少的固定资产原价;期末余额在借方,反映事业单位期末结存的固定资产原价。

事业单位应当设置"固定资产登记簿"和"固定资产卡片",按照固定资产类别、项目和使用部门等进行明细核算。出租、出借的固定资产,应当设置备查簿进行登记。

(1)固定资产增加的核算

①购入固定资产的核算

a.事业单位购入不需安装的固定资产,按照确定的固定资产成本,借记本科目,贷记"非流动资产基金——固定资产"科目;同时,按照实际支付金额,借记"事业支出""经营支出""专用基金——修购基金"等科目,贷记"财政补助收入""零余额账户用款额度""银行存款"等科目。

[例 13-29]　某事业单位用修购基金购入一台不需安装的设备用于事业活动,价款总计 15 000 元,增值税 2 550 元,运杂费 500 元。款项均通过财政授权支付方式支付。

借:固定资产　　　　　　　　　　　　　　　　　　18 050
　　贷:非流动资产基金——固定资产　　　　　　　　　　18 050
借:专用基金——修购基金　　　　　　　　　　　　　18 050
　　贷:零余额账户用款额度　　　　　　　　　　　　　　18 050

b.事业单位购入需要安装的固定资产,先通过"在建工程"科目核算。安装完工交付使用时,借记本科目,贷记"非流动资产基金——固定资产"科目;同时,借记"非流动资产基金——在建工程"科目,贷记"在建工程"科目。

[例 13-30]　假设[例 13-29]中的设备需要安装,发生安装费 200 元,用现金支付。

(1)收到设备时
借:在建工程　　　　　　　　　　　　　　　　　　18 050
　　贷:非流动资产基金——固定资产　　　　　　　　　　18 050
借:专用基金——修购基金　　　　　　　　　　　　　18 050
　　贷:零余额账户用款额度　　　　　　　　　　　　　　18 050
(2)安装时
借:在建工程　　　　　　　　　　　　　　　　　　　200
　　贷:非流动资产基金——在建工程　　　　　　　　　　　200
借:专用基金　　　　　　　　　　　　　　　　　　　200
　　贷:库存现金　　　　　　　　　　　　　　　　　　　200
(3)安装完成交付使用时
借:固定资产　　　　　　　　　　　　　　　　　　18 250
　　贷:非流动资产基金——固定资产　　　　　　　　　　18 250
借:非流动资产基金——在建工程　　　　　　　　　　18 250
　　贷:在建工程　　　　　　　　　　　　　　　　　　18 250

c.事业单位购入固定资产扣留质量保证金的,应当在取得固定资产时,按照确定的成本,借记本科目(不需安装)或"在建工程"科目(需要安装),贷记"非流动资产基金——

固定资产、在建工程"科目。

取得固定资产开具全款发票的,应当同时按照构成资产成本的全部支出金额,借记"事业支出""经营支出""专用基金——修购基金"等科目,按照实际支付金额,贷记"财政补助收入""零余额账户用款额度""银行存款"等科目,按照扣留的质量保证金,贷记"其他应付款"[扣留期在1年以内(含1年)]或"长期应付款"[扣留期超过1年]科目。

取得的发票金额不包括质量保证金的,应当同时按照不包括质量保证金的支出金额,借记"事业支出""经营支出""专用基金——修购基金"等科目,贷记"财政补助收入""零余额账户用款额度""银行存款"等科目。

[**例** 13-31] 续[例 13-29],如果在支付款项时,扣留质量保证金3 000元,质保期为1年。收到供应商开具的全额发票。

借:固定资产	18 050	
贷:非流动资产基金——固定资产		18 050
借:专用基金——修购基金	18 050	
贷:零余额账户用款额度		15 050
其他应付款		3 000

[**例** 13-32] 续[例 13-29]中,假设供应商开具的是不包括质量保证金的发票,则:

借:固定资产	18 050	
贷:非流动资产基金——固定资产		18 050
借:专用基金——修购基金	15 050	
贷:零余额账户用款额度		15 050

如果[例 13-31]和[例 13-32],质保期满,没有出现质量问题,采用授权支付方式补付质保金。

购入固定资产扣留质量保证金取得全款发票的,退质量保证金时

借:其他应付款	3 000	
贷:零余额账户用款额度		3 000

购入固定资产扣留质量保证金取得的发票金额不包括质量保证金时

借:事业支出	3 000	
贷:零余额账户用款额度		3 000

②自行建造的固定资产,工程完工交付使用时,按自行建造过程中发生的实际支出,借记本科目,贷记"非流动资产基金——固定资产"科目;同时,借记"非流动资产基金——在建工程"科目,贷记"在建工程"科目。已交付使用但尚未办理竣工决算手续的固定资产,按照估计价值入账,待确定实际成本后再进行调整。

[**例** 13-33] 某事业单位自行建造一栋办公用房,已完工交付使用,建造成本为8 000 000元。

借:固定资产	8 000 000	
贷:非流动资产基金——固定资产		8 000 000

借：非流动资产基金——在建工程　　　　　　　　8 000 000

　　贷：在建工程　　　　　　　　　　　　　　　　　　8 000 000

③在原有固定资产基础上进行改建、扩建、修缮固定资产。其成本按照原固定资产账面价值（"固定资产"科目账面余额减去"累计折旧"科目账面余额后的净值）加上改建、扩建、修缮发生的支出，再扣除固定资产拆除部分的账面价值后的金额确定。

a.将固定资产转入改建、扩建、修缮时，按固定资产的账面价值，借记"在建工程"科目，贷记"非流动资产基金——在建工程"科目；同时，按固定资产对应的非流动资产基金，借记"非流动资产基金——固定资产"科目，按固定资产已计提折旧，借记"累计折旧"科目，按固定资产的账面余额，贷记本科目。

b.工程完工交付使用时，借记本科目，贷记"非流动资产基金——固定资产"科目；同时，借记"非流动资产基金——在建工程"科目，贷记"在建工程"科目。

[例13-34]　某事业单位改造一栋事业活动用办公楼，该房屋账面原值为1 500 000元，已提累计折旧300 000元。改建过程中以银行存款支付相关费用600 000元。工程已完工交付使用。

（1）将固定资产转入改建

借：在建工程　　　　　　　　　　　　　　　　1 200 000

　　贷：非流动资产基金——在建工程　　　　　　　　1 200 000

借：非流动资产基金——固定资产　　　　　　　1 200 000

　　累计折旧　　　　　　　　　　　　　　　　　300 000

　　贷：固定资产　　　　　　　　　　　　　　　　　1 500 000

（2）改建过程中支付费用时

借：在建工程　　　　　　　　　　　　　　　　　600 000

　　贷：非流动资产基金——在建工程　　　　　　　　　600 000

借：事业支出　　　　　　　　　　　　　　　　　600 000

　　贷：银行存款　　　　　　　　　　　　　　　　　　600 000

（3）工程完工交付使用时

借：固定资产　　　　　　　　　　　　　　　　1 800 000

　　贷：非流动资产基金——固定资产　　　　　　　　1 800 000

借：非流动资产基金——在建工程　　　　　　　1 800 000

　　贷：在建工程　　　　　　　　　　　　　　　　　1 800 000

④融资租入的固定资产，按照确定的成本，借记本科目（不需安装）或"在建工程"科目（需安装），按照租赁协议或者合同确定的租赁价款，贷记"长期应付款"科目，按照其差额，贷记"非流动资产基金——固定资产、在建工程"科目；同时，按照实际支付的相关税费、运输费、途中保险费、安装调试费等，借记"事业支出""经营支出"等科目，贷记"财政补助收入""零余额账户用款额度""银行存款"等科目。

定期支付租金时，按照支付的租金金额，借记"事业支出""经营支出"等科目，贷记

"财政补助收入""零余额账户用款额度""银行存款"等科目;同时,借记"长期应付款"科目,贷记"非流动资产基金——固定资产"科目。

[例13-35] 某事业单位以融资租赁方式租入一台设备用于事业活动,按照租赁协议规定,设备的价款为1 000 000元,租期5年,每年以授权支付方式支付租金200 000元。另外,以授权支付方式支付运杂费2 000元。该项固定资产不需安装。

（1）租入固定资产时

借：固定资产　　　　　　　　　　　　　　　　　　1 002 000

　　贷：非流动资产基金——固定资产　　　　　　　　　　　2 000

　　　　长期应付款　　　　　　　　　　　　　　　1 000 000

借：事业支出　　　　　　　　　　　　　　　　　　　　2 000

　　贷：零余额账户用款额度　　　　　　　　　　　　　　　2 000

（2）每年以授权支付方式支付租金时

借：事业支出　　　　　　　　　　　　　　　　　　　200 000

　　贷：零余额账户用款额度　　　　　　　　　　　　　200 000

借：长期应付款　　　　　　　　　　　　　　　　　　200 000

　　贷：非流动资产基金——固定资产　　　　　　　　　200 000

⑤跨年度分期付款购入固定资产的核算,参照融资租入固定资产。

⑥接受捐赠、无偿调入的固定资产,按照确定的固定资产成本,借记本科目（不需安装）或"在建工程"科目（需安装）,贷记"非流动资产基金——固定资产、在建工程"科目;按照发生的相关税费、运输费等,借记"其他支出"科目,贷记"银行存款"等科目。

[例13-36] 某事业单位接受外单位捐赠一台设备,发票单据注明的价值为50 000元,以自有资金银行存款支付运杂费800元。

借：固定资产　　　　　　　　　　　　　　　　　　　50 800

　　贷：非流动资产基金——固定资产　　　　　　　　　　50 800

借：其他支出　　　　　　　　　　　　　　　　　　　　　800

　　贷：银行存款　　　　　　　　　　　　　　　　　　　　800

⑦盘盈的固定资产,按照确定的入账价值,借记本科目,贷记"非流动资产基金——固定资产"科目。

（2）固定资产后续支出的核算

①为增加固定资产使用效能或延长其使用年限而发生的改建、扩建或修缮等后续支出,应当计入固定资产成本,通过"在建工程"科目核算,完工交付使用时转入本科目。有关账务处理,参见改建、扩建或修缮固定资产的账务处理。

②为维护固定资产的正常使用而发生的日常修理等后续支出,应当计入当期支出但不计入固定资产成本,借记"事业支出""经营支出"等科目,贷记"财政补助收入""零余额账户用款额度""银行存款"等科目。

（3）固定资产减少的核算

①事业单位报经批准出售、无偿调出、对外捐赠固定资产的核算。

出售、无偿调出、对外捐赠固定资产，转入待处置资产时，按照待处置固定资产的账面价值，借记"待处置资产损溢"科目，按照已计提折旧，借记"累计折旧"科目，按照固定资产的账面余额，贷记本科目。

实际出售、调出、捐出时，按照处置固定资产对应的非流动资产基金，借记"非流动资产基金——固定资产"科目，贷记"待处置资产损溢"科目。

出售固定资产过程中取得价款，借记"库存现金""银行存款"等科目，贷记"待处置资产损溢——处置净收入"科目。

出售、无偿调出、对外捐赠固定资产过程中发生相关税费，借记"待处置资产损溢——处置净收入"科目，贷记"库存现金""银行存款"等科目。

处置完毕，按照处置收入扣除相关处置费用后的净收入，借记"待处置资产损溢——处置净收入"科目，贷记"应缴国库款"等科目。

[例13-37]　某事业单位一台账面余额150 000元的设备因闲置对外出售，已计提折旧50 000元，售价为80 000元，发生相关费用1 000元。款项均通过银行存款支付。

（1）转入待处置资产时

借：待处置资产损溢——处置资产价值　　　　　　100 000

　　累计折旧　　　　　　　　　　　　　　　　　50 000

　　　贷：固定资产　　　　　　　　　　　　　　　　150 000

（2）实际出售时

借：非流动资产基金——固定资产　　　　　　　　100 000

　　　贷：待处置资产损溢——处置资产价值　　　　　100 000

（3）出售取得价款时

借：银行存款　　　　　　　　　　　　　　　　　80 000

　　　贷：待处置资产损溢——处置净收入　　　　　　80 000

（4）发生相关费用时

借：待处置资产损溢——处置净收入　　　　　　　1 000

　　　贷：银行存款　　　　　　　　　　　　　　　　1 000

（5）出售完毕时

借：待处置资产损溢——处置净收入　　　　　　　79 000

　　　贷：应缴国库款　　　　　　　　　　　　　　　79 000

②事业单位以固定资产对外投资，按照评估价值加上相关税费作为投资成本，借记"长期投资"科目，贷记"非流动资产基金——长期投资"科目，按发生的相关税费，借记"其他支出"科目，贷记"银行存款""应缴税费"等科目；同时，按照投出固定资产对应的非流动资产基金，借记"非流动资产基金——固定资产"科目，按照投出固定资产已计提折旧，借记"累计折旧"科目，按照投出固定资产的账面余额，贷记本科目。

③事业单位盘亏或者毁损、报废的固定资产,转入待处置资产时,按照待处置固定资产的账面价值,借记"待处置资产损溢"科目,按照已计提折旧,借记"累计折旧"科目,按照固定资产的账面余额,贷记本科目。

报经批准予以处置时,按照处置固定资产对应的非流动资产基金,借记"非流动资产基金——固定资产"科目,贷记"待处置资产损溢"科目。

4)固定资产折旧

事业单位固定资产折旧是指在固定资产使用寿命内,按照确定的方法对应折旧金额进行系统分摊。事业单位除文物和陈列品,动植物,图书、档案,以名义金额计量的固定资产以外的固定资产,都应计提折旧。

事业单位应设置"累计折旧"科目核算固定资产计提的累计折旧金额。该科目属于资产类账户,但其增加和减少方与资产类相反,贷方登记累计折旧的增加金额;借方登记减少金额;期末贷方余额反映事业单位计提的固定资产折旧累计数。本科目应当按照所对应固定资产的类别、项目等进行明细核算。

(1)事业单位按月计提固定资产折旧时,按照实际计提金额,借记"非流动资产基金——固定资产"科目,贷记"累计折旧"科目。

[例13-38] 某事业单位按月计提折旧,当月应计提的折旧额为52 000元。

借:非流动资产基金——固定资产　　　　　　　　52 000
　　贷:累计折旧　　　　　　　　　　　　　　　　　　　　52 000

(2)事业单位处置固定资产时,按照所处置固定资产的账面价值,借记"待处置资产损溢"科目,按照已计提折旧,借记本科目,按照固定资产的账面余额,贷记"固定资产"科目。

13.4.2 在建工程

1)在建工程的概念

在建工程是指事业单位已经发生必要支出,但尚未完工交付使用的各种建筑(包括新建、改建、扩建、修缮等)和设备安装工程。在建工程达到交付使用状态时,应当按照规定办理工程竣工财务决算和资产交付使用手续。

2)在建工程(非基本建设项目)的核算

事业单位应设置"在建工程"科目,核算事业单位在建工程的实际成本。本科目借方登记各项工程的实际成本;贷方登记结转已完工工程的实际成本;期末借方余额反映事业单位尚未完工工程的实际成本。事业单位应当在"在建工程"科目下设置"基建工程"和"设备安装"明细科目,核算由基建账套并入的在建工程成本和设备安装成本。

(1)建筑工程

①事业单位将固定资产转入改建、扩建或修缮等时,按照固定资产的账面价值,借记本科目,贷记"非流动资产基金——在建工程"科目;同时,按照固定资产对应的非流动资产基金,借记"非流动资产基金——固定资产"科目,按照已计提折旧,借记"累计折旧"

科目,按照固定资产的账面余额,贷记"固定资产"科目。

②事业单位根据工程价款结算账单与施工企业结算工程价款时,按照实际支付的工程价款,借记本科目,贷记"非流动资产基金——在建工程"科目;同时,借记"事业支出"等科目,贷记"财政补助收入""零余额账户用款额度""银行存款"等科目。

③事业单位为建筑工程借入的专门借款的利息,属于建设期间发生的,计入在建工程成本,借记本科目,贷记"非流动资产基金——在建工程"科目;同时,借记"其他支出"科目,贷记"银行存款"科目。

④事业单位工程完工交付使用时,按照建筑工程所发生的实际成本,借记"固定资产"科目,贷记"非流动资产基金——固定资产"科目;同时,借记"非流动资产基金——在建工程"科目,贷记本科目。

[例13-39]　某事业单位改建一栋办公楼,该办公楼原值657 000元,已提折旧400 000元。在改建过程中按合同支付施工单位工程款550 000元,另支付工程借款利息15 000元,款项通过财政直接支付方式支付。

（1）将固定资产转入改建

借:在建工程　　　　　　　　　　　　　　　　257 000
　　贷:非流动资产基金——在建工程　　　　　　　　257 000
同时,
借:非流动资产基金——固定资产　　　　　　　257 000
　　累计折旧　　　　　　　　　　　　　　　400 000
　　贷:固定资产　　　　　　　　　　　　　　　　657 000

（2）支付工程价款

借:在建工程　　　　　　　　　　　　　　　　550 000
　　贷:非流动资产基金——在建工程　　　　　　　　550 000
同时,
借:事业支出　　　　　　　　　　　　　　　　550 000
　　贷:财政补助收入　　　　　　　　　　　　　　　550 000

（3）支付工程借款利息

借:在建工程　　　　　　　　　　　　　　　　15 000
　　贷:非流动资产基金——在建工程　　　　　　　　15 000
同时,
借:其他支出　　　　　　　　　　　　　　　　15 000
　　贷:财政补助收入　　　　　　　　　　　　　　　15 000

（4）完工交付使用

借:固定资产　　　　　　　　　　　　　　　　822 000
　　贷:非流动资产基金——固定资产　　　　　　　　822 000
同时,
借:非流动资产基金——在建工程　　　　　　　822 000

贷:在建工程　　　　　　　　　　　　　　　822 000

(2)设备安装

①事业单位购入需要安装的设备,按照确定的成本,借记本科目,贷记"非流动资产基金——在建工程"科目;同时,按照实际支付金额,借记"事业支出""经营支出"等科目,贷记"财政补助收入""零余额账户用款额度""银行存款"等科目。

②事业单位融资租入需要安装的设备,按照确定的成本,借记本科目,按照租赁协议或者合同确定的租赁价款,贷记"长期应付款"科目,按照其差额,贷记"非流动资产基金——在建工程"科目;同时,按照实际支付的相关税费、运输费、途中保险费等,借记"事业支出""经营支出"等科目,贷记"财政补助收入""零余额账户用款额度""银行存款"等科目。

③事业单位购入设备发生安装费用,借记本科目,贷记"非流动资产基金——在建工程"科目;同时,借记"事业支出""经营支出"等科目,贷记"财政补助收入""零余额账户用款额度""银行存款"等科目。

④设备安装完工交付使用时,借记"固定资产"科目,贷记"非流动资产基金——固定资产"科目;同时,借记"非流动资产基金——在建工程"科目,贷记本科目。

[例13-40] 某事业单位购入一套需要安装的专用设备用于事业活动,价款400 000元,款项通过财政直接支付方式支付,以授权支付方式支付安装费15 000元,安装完工后,经验收合格交付使用。

(1)支付价款

借:在建工程　　　　　　　　　　　　　　　400 000
　　贷:非流动资产基金——在建工程　　　　　　　　400 000

同时,

借:事业支出　　　　　　　　　　　　　　　400 000
　　贷:财政补助收入　　　　　　　　　　　　　　400 000

(2)支付安装费

借:在建工程　　　　　　　　　　　　　　　15 000
　　贷:非流动资产基金——在建工程　　　　　　　　15 000

同时,

借:事业支出　　　　　　　　　　　　　　　15 000
　　贷:零余额账户用款额度　　　　　　　　　　　　15 000

(3)安装完工后交付使用

借:固定资产　　　　　　　　　　　　　　　415 000
　　贷:非流动资产基金——固定资产　　　　　　　　415 000

同时,

借:非流动资产基金——在建工程　　　　　　　415 000
　　贷:在建工程　　　　　　　　　　　　　　　　415 000

13.4.3　无形资产

1）无形资产的概念

无形资产是指事业单位持有的没有实物形态可辨认的非货币资产,包括专利权、商标权、著作权、土地使用权、非专利技术等。无形资产具有无实体性、专用性、地域性、时间性和不确定性等特点。事业单位购入的不构成相关硬件不可缺少组成部分的应用软件,应当作为无形资产核算。

2）无形资产的核算

事业单位应设置"无形资产"科目,核算事业单位无形资产原价的增减变动及结存情况。该科目借方登记取得无形资产的成本;贷方登记无形资产核销的金额和转出的金额;期末借方余额反映事业单位无形资产的原价。该科目应当按照无形资产的类别、项目等进行明细核算。

（1）无形资产增加的核算

①事业单位购入的无形资产,按照确定的无形资产成本,借记本科目,贷记"非流动资产基金——无形资产"科目;同时,按照实际支付的金额,借记"事业支出"等科目,贷记"财政补助收入""零余额账户用款额度""银行存款"等科目。

[**例 13-41**]　某事业单位用自有资金购入一项专利权,价款 70 000 元,其他费用1 500元。款项通过单位零余额账户支付。

```
借:无形资产                          71 500
    贷:非流动资产基金——无形资产              71 500
借:事业支出                          71 500
    贷:零余额账户用款额度                    71 500
```

②事业单位委托软件公司开发软件,支付软件开发费时,按照实际支付金额,借记"事业支出"等科目,贷记"财政补助收入""零余额账户用款额度""银行存款"等科目。软件开发完成交付使用时,按照软件开发费总额,借记本科目,贷记"非流动资产基金——无形资产"科目。

[**例 13-42**]　某事业单位委托软件开发公司开发软件用于事业活动,软件开发费用300 000 元。根据合同支付开发费用 50 000 元,款项通过银行存款转账支付。

```
借:事业支出                          50 000
    贷:银行存款                          50 000
```

[**例 13-43**]　上述软件已开发完成,经测试,交付使用。按合同通过零余额账户用款额度支付剩余 250 000 元开发费用。

```
借:事业支出                          250 000
    贷:零余额账户用款额度                    250 000
```

同时,

借:无形资产　　　　　　　　　　　　　　　　　　300 000
　　贷:非流动资产基金——无形资产　　　　　　　　300 000

③事业单位自行开发并按法律程序申请取得的无形资产,按照依法取得时发生的注册费、聘请律师费等费用,借记本科目,贷记"非流动资产基金——无形资产"科目;同时,借记"事业支出"等科目,贷记"财政补助收入""零余额账户用款额度""银行存款"等科目。

事业单位依法取得前所发生的研究开发支出,应于发生时直接计入当期支出,借记"事业支出"等科目,贷记"财政补助收入""零余额账户用款额度""银行存款"等科目。

[例13-44]　某事业单位自行开发一项专利权,用于事业活动。注册前发生研究开发费用150 000元,开发成功后申请注册费50 000元。研究开发费通过银行存款转账支付,注册费通过零余额账户用款额度支付。

(1)开发完成前发生各项支出时

借:事业支出　　　　　　　　　　　　　　　　　　150 000
　　贷:银行存款　　　　　　　　　　　　　　　　　150 000

(2)开发完成后发生注册费时

借:事业支出　　　　　　　　　　　　　　　　　　50 000
　　贷:零余额账户用款额度　　　　　　　　　　　　50 000

同时,

借:无形资产　　　　　　　　　　　　　　　　　　50 000
　　贷:非流动资产基金——无形资产　　　　　　　　50 000

④接受捐赠、无偿调入的无形资产,按照确定的无形资产成本,借记本科目,贷记"非流动资产基金——无形资产"科目;同时,按照发生的相关税费等,借记"其他支出"科目,贷记"银行存款"等科目。

[例13-45]　某事业单位接受捐赠专利权一项,凭据注明该项专利权价值为80 000元,发生相关费用1 500元,通过零余额账户用款额度支付。

借:无形资产　　　　　　　　　　　　　　　　　　81 500
　　贷:非流动资产基金——无形资产　　　　　　　　81 500

借:其他支出　　　　　　　　　　　　　　　　　　1 500
　　贷:零余额账户用款额度　　　　　　　　　　　　1 500

(2)无形资产后续支出的核算

①事业单位为增加无形资产的使用效能而发生的后续支出,如对软件进行升级改造或扩展其功能等所发生的支出,应当计入无形资产的成本,借记本科目,贷记"非流动资产基金——无形资产"科目;同时,借记"事业支出"等科目,贷记"财政补助收入""零余额账户用款额度""银行存款"等科目。

[例13-46]　某事业单位对一套应用软件进行升级改造,改造后将增加其使用效能,

改造过程中发生相关支出 30 000 元,通过银行转账支付。

借:无形资产　　　　　　　　　　　　　　　　30 000
　　贷:非流动资产基金——无形资产　　　　　　　　30 000
借:事业支出　　　　　　　　　　　　　　　　　30 000
　　贷:银行存款　　　　　　　　　　　　　　　　　30 000

②事业单位为维护无形资产的正常使用而发生的后续支出,如对软件进行漏洞修补、技术维护等所发生的支出,应当计入当期支出但不计入无形资产成本,借记"事业支出"等科目,贷记"财政补助收入""零余额账户用款额度""银行存款"等科目。

（3）无形资产减少的核算

①事业单位转让、无偿调出、对外捐赠无形资产。转入待处置资产时,按照待处置无形资产的账面价值,借记"待处置资产损溢——处置资产价值"科目,按照已计提摊销,借记"累计摊销"科目,按照无形资产的账面余额,贷记本科目。

实际转让、调出、捐出时,按照处置无形资产对应的非流动资产基金,借记"非流动资产基金——无形资产"科目,贷记"待处置资产损溢——处置资产价值"科目。

转让无形资产过程中取得价款时,按照取得的价款,借记"银行存款"等科目,贷记"待处置资产损溢——处置净收入"科目。

发生相关税费时,借记"待处置资产损溢——处置净收入"科目,贷记"银行存款"等科目。

出售价款扣除相关税费后的净收入净值,借记"待处置资产损溢——处置净收入"科目,贷记"应缴国库款"科目。

[例 13-47]　某事业单位出售一项专利权,账面原值为 250 000 元,已摊销 50 000 元。合同约定出售价款为 230 000 元,已收到价款存入银行。出售过程中发生其他费用 20 000 元,通过银行转账支付。

（1）转入待处置资产

借:待处置资产损溢——处置资产价值　　　　　200 000
　　累计摊销　　　　　　　　　　　　　　　　　50 000
　　贷:无形资产　　　　　　　　　　　　　　　　　250 000

（2）实际出售

借:非流动资产基金——无形资产　　　　　　　200 000
　　贷:待处置资产损溢——处置资产价值　　　　　　200 000

（3）收到出售价款

借:银行存款　　　　　　　　　　　　　　　　230 000
　　贷:待处置资产损溢——处置净收入　　　　　　　230 000

（4）支付其他费用

借:待处置资产损溢——处置净收入　　　　　　20 000
　　贷:银行存款　　　　　　　　　　　　　　　　　20 000

（5）结转损益

借：待处置资产损溢——处置净收入   210 000

 贷：应缴国库款   210 000

②以已入账无形资产对外投资，按照评估价值加上相关税费作为投资成本，借记"长期投资"科目，贷记"非流动资产基金——长期投资"科目，按照发生的相关税费，借记"其他支出"科目，贷记"银行存款""应缴税费"等科目。同时，按照投出无形资产对应的非流动资产基金，借记"非流动资产基金——无形资产"科目，按照投出无形资产的已计提摊销，借记"累计摊销"科目，按照投出无形资产的账面余额，贷记本科目。该内容核算例题见［例13-24］。

③无形资产预期不能为事业单位带来服务潜力或经济利益的，应当按照规定报经批准后将该无形资产的账面价值予以核销。

转入待处置资产时，按照待核销无形资产的账面价值，借记"待处置资产损溢"科目，按照已计提摊销，借记"累计摊销"科目，按照无形资产的账面余额，贷记本科目。

报经批准予以核销时，按照核销无形资产对应的非流动资产基金，借记"非流动资产基金——无形资产"科目，贷记"待处置资产损溢"科目。

［**例13-48**］ 某事业单位一项账面原值为70 000元的应用软件，预期无利用价值，经批准予以核销。该软件已摊销50 000元。

借：待处置资产损溢   20 000

 累计摊销   50 000

 贷：无形资产   70 000

借：非流动资产基金——无形资产   20 000

 贷：待处置资产损溢   20 000

3）无形资产摊销

（1）无形资产摊销的管理要求

无形资产摊销是指在无形资产使用寿命内，按照确定的方法对应摊销金额进行系统分摊。事业单位应当对无形资产进行摊销，以名义金额计量的无形资产除外。事业单位的无形资产按以下要求摊销：

①事业单位无形资产摊销的年限：法律规定有效年限的，按照法律规定的有效年限作为摊销年限；法律没有规定有效年限的，按照相关合同或单位申请书中的受益年限作为摊销年限；法律没有规定有效年限、相关合同或单位申请书也没有规定受益年限的，按照不少于10年的期限摊销。

②事业单位应当采用年限平均法对无形资产进行摊销。

③事业单位无形资产的应摊销金额为其成本。

④事业单位应当自无形资产取得当月起，按月计提无形资产摊销。

⑤因发生后续支出而增加无形资产成本的，应当按照重新确定的无形资产成本，重新计算摊销额。

（2）无形资产摊销的核算

事业单位为核算无形资产计提的累计摊销,应设置"累计摊销"科目。该科目借方登记累计摊销减少的金额;贷方登记累计摊销增加的金额;期末贷方余额反映事业单位计提的无形资产摊销累计数。本科目应当按照对应无形资产的类别、项目等进行明细核算。

事业单位应按月计提无形资产摊销,摊销时按照应计提摊销金额,借记"非流动资产基金——无形资产"科目,贷记本科目。

[例 13-49]　某事业单位本月新增一项专利权,成本为 150 000 元,预计使用年限 5 年,每月摊销额为 2 500 元。

借:非流动资产基金——无形资产　　　　　　　　　　2 500
　　贷:累计摊销　　　　　　　　　　　　　　　　　　　2 500

【思考与练习】

一、思考题

1.什么是事业单位的资产? 事业单位的资产包括哪些种类?

2.事业单位资产的管理要求有哪些?

3.事业单位资产的确认和计量有哪些规定?

4.什么是事业单位的存货?

5.什么是事业单位的固定资产? 事业单位固定资产的核算与行政单位固定资产的核算有何区别?

6.固定资产的后续支出如何进行账务处理?

二、练习题

练习题一

（一）目的:练习事业单位流动资产的核算。

（二）资料:某事业单位（一般纳税人）2016 年 12 月发生下列经济业务:

1.从事专业业务活动的工作人员李维出差预借差旅费,财务部门付以现金 2 000 元。

2.现金盘点,发现现金长款 100 元,原因待查。

3.11 月末银行美元户余额 32 000 美元,美元与人民币的汇率为 1∶6.3,人民币余额为 201 600 元。12 月收到某外国友人捐赠的 8 000 美元,当日汇率为 1∶6.25。该年年末美元与人民币的汇率为 1∶6.2。

4.从零余额账户中支付购买办公用品的款项 500 元。

5.收到单位零余额账户代理银行转来的财政授权支付到账通知书,反映事业单位财政授权支付额度 443 000 元。该事业单位从单位零余额账户提取现金 600 元,以备日常开支。

6.年终,本年度财政授权支付预算指标数为 885 000 元,单位零余额账户代理银行收到零余额账户用款额度 875 000 元,本年度财政授权支付实际支出数为 870 000 元。次年年初,收到财政批复的上年未下达的单位零余额账户用款额度 10 000 元。收到代理银行提供的额度恢复到账通知书,恢复财政授权支付额度 5 000 元。

（三）要求:根据上述经济业务编制相应的会计分录。

练习题二

（一）目的:练习事业单位对外投资的核算。

（二）资料:某事业单位(一般纳税人)2016 年 12 月发生下列经济业务:

1.用银行存款购入 A 公司 2015 年 1 月 1 日发行的债券 2 000 张,每张债券面值 1 000 元,另外用银行存款支付给经纪人佣金 1 000 元,债券年利率为 5%,5 年期,到期一次还本付息。编制取得债券到期还本付息的会计分录。

2.以本单位多余的一批丙材料向某企业投资,材料的账面余额为 10 000 元,该批材料应负担的增值税为 1 700 元,合同协议价为 13 000 元。如果该单位为小规模纳税人,应该怎样进行账务处理?

3.向 B 公司投入一项专利权,账面价值为 240 000 元,账面余额为 280 000 元。双方协议价为 250 000 元。

4.以一批设备和材料对外投资,设备账面余额为 2 000 000 元,已计提折旧 300 000 元。合同协议价为 1 500 000 元。材料账面余额为 4 000 元,双方协议价 5 000 元。

5.收回期限为 6 个月的国库券 30 000 元,利息收入 1 500 元,款项存入银行。

6.将所持甲公司的长期债券 1000 张全部售出,每张面值 100 元,收入价款 180 000 元,存入银行。

（三）要求:根据以上经济业务编制会计分录。

练习题三

（一）目的:练习事业单位非流动资产的核算。

（二）资料:某事业单位 2017 年 9 月发生下列经济业务:

1.融资租入经营用设备一台。按租赁协议规定,设备协议价 50 000 元,运杂费 1 000 元,途中保险费 500 元,安装调试费 1 500 元。租期 5 年,每年支付租金 10 000 元。当付清最后一笔租金时,事业单位可以拥有该设备的所有权。设备安装调试完毕交付使用。

2.经批准报废汽车一辆,原价 160 000 元,残值变价收入 10 000 元,通过银行支付清理费用 5 000 元。

3.收到上级单位无偿调入的汽车一辆,市场价值为 120 000 元。

4.收到某企业捐赠的 10 台空调,其发票单据记载的价值为 15 000 元,该单位以银行存款支付其运费 200 元,空调已安装完毕交付使用。

(三)要求:根据以上经济业务编制会计分录。

第14章 事业单位负债的核算

【学习目标】

通过本章的学习,了解事业单位负债的概念和管理要求,明确事业单位负债核算的内容及确认原则,掌握事业单位负债类经济业务的账务处理。

14.1 事业单位负债概述

14.1.1 事业单位负债的概念及内容

事业单位负债是指事业单位所承担的能以货币计量,需要以资产或者劳务偿还的债务,包括借入款项、应付款项、暂存款项、应缴款项等。事业单位应缴款项包括事业单位收取的应当上缴国库或者财政专户的资金、应缴税费,以及其他按照国家有关规定应当上缴的款项。事业单位的负债按照流动性,分为流动负债和非流动负债。

14.1.2 事业单位负债的计价

根据《事业单位会计准则》规定,事业单位的负债应当按照合同金额或实际发生额进行计量。在具体的账务处理过程中,负债计价应当遵循以下两项原则:第一,各项负债应当按照实际发生额记账;第二,负债已经发生而数额需要预计的,应当合理预计,待实际数额确定以后再进行调整。

14.1.3 事业单位与行政单位负债类会计科目对照

事业单位负债类会计科目在行政单位会计科目的基础上增加了"短期借款""长期借款""应缴财政专户款""预收账款""应付票据"等科目,减少了"应付政府补贴款""受托代理负债"等科目,事业单位"应缴财政款"与行政单位"应缴国库款"科目名称有所区别。两者会计科目的比较如表14.1所示。

表 14.1　事业单位与行政单位负债类会计科目对照表

事业单位负债类会计科目			行政单位负债类会计科目		
序号	编码	科目名称	序号	编码	科目名称
18	2001	短期借款			
19	2101	应缴税费	19	2101	应缴税费
20	2102	应缴国库款	18	2001	应缴财政款
21	2103	应缴财政专户款			
22	2201	应付职工薪酬	20	2201	应付职工薪酬
23	2301	应付票据			
24	2302	应付账款	21	2301	应付账款
25	2303	预收账款			
			22	2302	应付政府补贴款
26	2305	其他应付款	23	2305	其他应付款
27	2401	长期借款			
28	2402	长期应付款	24	2401	长期应付款
			25	2901	受托代理负债

14.2　流动负债的核算

流动负债是指预计在 1 年(含 1 年)偿还的负债,事业单位的流动负债包括短期借款、应缴款项、应付职工薪酬、应付及预收款、应缴税费等。

14.2.1　短期借款

短期借款是事业单位借入的期限在 1 年内(含 1 年)的各种借款。事业单位为核算短期借款,应设置"短期借款"科目,该科目贷方登记短期借款的增加数;借方登记短期借款的偿还金额;期末贷方余额反映事业单位尚未偿还的短期借款本金。该科目应按债权单位和种类进行明细核算。

1)取得短期借款

(1)事业单位借入各种短期借款时,按照实际借入的金额,借记"银行存款"科目,贷记本科目。

[**例 14-1**]　某事业单位 8 月 1 日向银行借入 3 个月的借款 200 000 元,用于事业活动,借款年利率为 6%,到期一次还本付息。

借:银行存款   200 000

  贷:短期借款   200 000

（2）事业单位签发的银行承兑汇票到期,本单位无力支付票款的,按照银行承兑汇票的票面金额,借记"应付票据"科目,贷记本科目。

[例14-2] 某事业单位签发的 50 000 元银行承兑汇票到期,无力偿还票款。

借:应付票据   50 000

  贷:短期借款——××银行   50 000

2）短期借款利息

事业单位支付短期借款利息时,借记"其他支出"科目,贷记"银行存款"科目。

3）偿还短期借款

事业单位偿还短期借款时,借记本科目,贷记"银行存款"科目。

14.2.2 应付及预收款项

1）应付账款

（1）应付账款的概念

应付账款是指事业单位因购买货物或接受劳务等应付给供应单位的款项。应付账款主要因购买方和销售方取得货物和支付货款在时间上不一致形成的负债。应付账款的入账时间确认:当单料同时收到时,货物验收后入账;当货物已收到,发票账单月末仍未收到时,按暂估入账处理。

（2）应付账款的核算

事业单位应设置"应付账款"科目核算因购买材料、物资等而应付的款项,该科目贷方登记应付账款的增加数;借方登记减少金额;期末贷方余额反映事业单位尚未支付的应付账款。本科目应当按照债权单位(或个人)进行明细核算。

①事业单位购入材料、物资等已验收入库但货款尚未支付的,按照应付未付的金额,借记"存货"等科目,贷记本科目。

[例14-3] 某事业单位(一般纳税人)从甲公司购买材料一批,增值税专用发票上注明价款 50 000 元,增值税 8 500 元,材料已验收入库,款项尚未支付。

借:存货   50 000

  应缴税费——应缴增值税(进项税额) 8 500

  贷:应付账款——甲公司   58 500

②事业单位无法偿付或债权人豁免偿还的应付账款,借记本科目,贷记"其他收入"科目。

226

2)应付票据

(1)应付票据的概念

应付票据是指事业单位因购买材料、物资等而开出、承兑的商业汇票,包括银行承兑汇票和商业承兑汇票。商业汇票的付款期限最长为 6 个月,应付票据按是否带息分为带息应付票据和不带息应付票据两种。事业单位应当设置"应付票据备查簿",详细登记每一笔应付票据的种类、号数、出票日期、到期日、票面金额、交易合同号、收款人姓名或单位名称,以及付款日期和金额等资料。应付票据到期结清票款后,应当在备查簿内逐笔注销。

(2)应付票据的核算

事业单位应设置"应付票据"科目,核算因购买材料、物资等而开出、承兑的商业汇票,该科目贷方登记应付票据的增加金额;借方登记减少金额;期末贷方余额反映事业单位开出、承兑的尚未到期的商业汇票票面金额。本科目应当按照债权单位进行明细核算。

①事业单位开出、承兑商业汇票时,借记"存货"等科目,贷记"应付票据"科目。以承兑商业汇票抵付应付账款时,借记"应付账款"科目,贷记"应付票据"科目。

②支付银行承兑汇票的手续费时,借记"事业支出""经营支出"等科目,贷记"银行存款"等科目。

③商业汇票到期时,应按下列情况进行处理:

收到银行支付到期票据的付款通知时,借记本科目,贷记"银行存款"科目。

银行承兑汇票到期,本单位无力支付票款的,按照汇票票面金额,借记本科目,贷记"短期借款"科目。

商业承兑汇票到期,本单位无力支付票款的,按照汇票票面金额,借记本科目,贷记"应付账款"科目。

[例 14-4] 某事业单位(一般纳税人)以银行承兑汇票方式从 A 公司购入甲材料一批用于事业活动,发票注明价款 20 000 元,增值税 3 400 元,材料已验收入库,开出 6 个月到期的银行承兑汇票一张,面值 23 400 元,年利率 6%,支付银行承兑手续费 25 元。

购入材料,开出汇票时

借:存货——甲材料	20 000
应交税费——应交增值税(进项税额)	3 400
贷:应付票据——A 公司	23 400

支付银行手续费时

借:事业支出	25
贷:银行存款	25

[例 14-5] 承上例,银行承兑汇票到期,按期付款。

应付票据到期应付利息 = 23 400 元×6%÷12×6 = 702 元

借:应付票据——A 公司	23 400

| 其他支出 | 702 |
| 贷:银行存款 | 24 102 |

3)预收账款

(1)预收账款的概念

预收账款是指事业单位按照合同规定,向购买单位或接受劳务的单位在未发出商品或提供劳务时预收的款项。通常包括预收的货款、预收购货定金等。事业单位在收到预收款时,确认为一项负债。事业单位按合同规定提供商品或劳务后,将预收款转成收入。

(2)预收账款的核算

事业单位应设置"预收账款"科目核算预收的款项增减变化情况。该科目贷方登记预收账款的增加金额;借方登记预收账款的减少金额;期末贷方余额反映事业单位按合同规定预收但尚未实际结算的款项。本科目应当按照债权单位进行明细核算。

①事业单位从付款方预收款项时,按照实际预收的金额,借记"银行存款"等科目,贷记本科目。

②事业单位确认有关收入时,借记"预收账款"科目,按照应确认的收入金额,贷记"经营收入"等科目,按照付款方补付或退回付款方的金额,借记或贷记"银行存款"等科目。

③事业单位无法偿付或债权人豁免偿还的预收账款,借记"预收账款"科目,贷记"其他收入"科目。

[例14-6] 某事业单位(一般纳税人)向甲公司销售产品一批,价税合计58 500元。双方合同约定,先预收甲公司5 000元的货款,款项已存入银行。

| 借:银行存款 | 5 000 |
| 贷:预收账款——甲公司 | 5 000 |

4)其他应付款

(1)其他应付款的概念

其他应付款是指事业单位除应缴税费、应缴国库款、应缴财政专户款、应付职工薪酬、应付票据、应付账款、预收账款以外的其他各项偿还期限在1年内(含1年)的应付及暂收款项,如存入保证金等。

(2)其他应付款的核算

事业单位设置"其他应付款"科目,核算其他应付款增减变化及余额情况。该科目贷方登记其他应付款的增加金额;借方登记减少金额;期末贷方余额反映事业单位尚未支付的其他应付款。本科目应当按照其他应付款的类别、单位、个人进行明细核算。

①事业单位发生其他各项应付及暂收款项时,借记"银行存款"等科目,贷记本科目。

②支付其他应付款项时,借记本科目,贷记"银行存款"等科目。

③无法偿付或债权人豁免偿还的其他应付款项,借记本科目,贷记"其他收入"科目。

[例14-7] 某事业单位收取包装物押金5 000元存入银行。

借:银行存款　　　　　　　　　　　　　　　　　　　5 000

　　贷:其他应付款　　　　　　　　　　　　　　　　　　　5 000

收回上述包装物,退回押金 5 000 元。

借:其他应付款　　　　　　　　　　　　　　　　　　　5 000

　　贷:银行存款　　　　　　　　　　　　　　　　　　　5 000

如果上述包装物押金 5 000 元,因故无法偿付。

借:其他应付款　　　　　　　　　　　　　　　　　　　5 000

　　贷:其他收入　　　　　　　　　　　　　　　　　　　5 000

事业单位与行政单位其他应收款的核算内容和方法基本相似。

14.2.3　应缴款项

应缴款项是指事业单位应缴未缴的各种款项,包括应缴国库款、应上缴财政专户款和各种应缴税费。

1)应缴国库款

事业单位应缴国库款是指事业单位按规定应缴入国库的各种款项,包括事业单位代收纳入预算管理的政府性基金、行政事业收费收入、罚没收入、无主财物变价收入、其他按预算管理规定应上缴国库的款项。

事业单位为核算应缴国库款增减变化及结余情况,应设置"应缴国库款"科目,该科目贷方登记应缴国库款增加的金额;借方登记减少金额;期末贷方余额反映事业单位应缴入国库但尚未缴纳的款项。本科目应当按照应缴国库的各款项类别进行明细核算。

(1)事业单位按规定计算确定或实际取得应缴国库的款项时,借记有关科目,贷记"应缴国库款"科目。

(2)处置资产取得的应上缴国库的处置净收入的账务处理,参见"待处置资产损溢"账务处理。

(3)上缴款项时,借记"应缴国库款"科目,贷记"银行存款"等科目。

[例 14-8]　某事业单位收到罚没收入 5 000 元,款项已存入银行。

借:银行存款　　　　　　　　　　　　　　　　　　　5 000

　贷:应缴国库款——罚没收入　　　　　　　　　　　　5 000

2)应缴财政专户款

应缴财政专户款是指事业单位按规定代收的应缴入财政专户的款项。事业单位按规定代收的应缴财政专户款必须上缴同级财政专户,收入和支出实行收支两条线管理,不得坐收坐支。

事业单位为核算应缴入财政专户的款项,应设置"应缴财政专户款"科目,该科目贷方登记应缴财政专户款的增加金额;借方登记减少金额;期末贷方余额反映事业单位应缴入财政专户但尚未缴纳的款项。本科目应当按照应缴财政专户的各款项类别进行明细核算。

（1）事业单位取得应缴财政专户的款项时，借记有关科目，贷记"应缴财政专户款"科目。

（2）上缴款项时，借记"应缴财政专户款"科目，贷记"银行存款"等科目。

[**例**14-9]　某高校收到一笔学费收入50 000元，存入银行，月末上缴财政专户。

收到款项时

借：银行存款　　　　　　　　　　　　　　　　　50 000

　贷：应缴财政专户款　　　　　　　　　　　　　　　　50 000

上缴专户时

借：应缴财政专户款　　　　　　　　　　　　　　50 000

　贷：银行存款　　　　　　　　　　　　　　　　　　　50 000

3）应缴税费

事业单位应缴税费是指事业单位按税法规定应缴纳的各种税费。它包括营业税、增值税、城市维护建设税、教育费附加、车船税、房产税、城镇土地使用税、企业所得税等。

事业单位为核算应缴纳的各种税费，应设置"应缴税费"科目，该科目贷方登记应缴税费增加金额；借方登记减少金额；期末贷方余额反映事业单位应缴未缴的税费金额，期末借方余额反映事业单位多缴或可抵扣的税费金额。

事业单位应当按照应缴纳的税费种类进行明细核算。属于增值税一般纳税人的事业单位，其应缴增值税明细账中应当设置"进项税额""已交税金""销项税额""进项税额转出"等专栏。

（1）应缴增值税的核算

增值税是对在我国境内销售或者进口货物、提供加工、修理修配劳务、销售不动产以及提供应税服务的单位和个人就其实现的增值额征收的一个税种。事业单位增值税纳税人分为一般纳税人和小规模纳税人。

①属于增值税一般纳税人的事业单位购入非自用材料的，按照确定的成本（不含增值税进项税额），借记"存货"科目，按照增值税专用发票上注明的增值税税额，借记本科目（应缴增值税——进项税额），按照实际支付或应付的金额，贷记"银行存款""应付账款"等科目。

[**例**14-10]　某事业单位（一般纳税人）购入一批非自用材料，价款30 000元，增值税5 100元，款项以银行存款支付。

借：存货——材料　　　　　　　　　　　　　　　30 000

　应缴税费——应缴增值税（进项税额）　　　　　5 100

　贷：银行存款　　　　　　　　　　　　　　　　　　　35 100

如果上述事业单位为小规模纳税人或虽为一般纳税人，但购入材料为自用，则账务处理为：

借：存货——材料　　　　　　　　　　　　　　　35 100

　贷：银行存款　　　　　　　　　　　　　　　　　　　35 100

②属于增值税一般纳税人的事业单位所购进的非自用材料发生盘亏、毁损、报废,对外捐赠、无偿调出等税法规定不得从增值税销项税额中抵扣进项税额的,将所购进的非自用材料转入待处置资产时,按照材料的账面余额与相关增值税进项税额转出金额的合计金额,借记"待处置资产损溢"科目,按照材料的账面余额,贷记"存货"科目,按照转出的增值税进项税额,贷记本科目(应缴增值税——进项税额转出)。

[例 14-11]　某事业单位(一般纳税人)期末盘亏非自用材料 2 000 元,增值税 340元。经批准核销。

(1)转入待处置资产损溢

借:待处置资产损溢——处置资产价值　　　　　　　　　　　　2 340
　　贷:存货　　　　　　　　　　　　　　　　　　　　　　　　2 000
　　　　应缴税费——应缴增值税(进项税额转出)　　　　　　　　 340

(2)经批准处置

借:其他支出　　　　　　　　　　　　　　　　　　　　　　　2 340
　　贷:待处置资产损溢——处置资产价值　　　　　　　　　　　　2 340

③属于增值税一般纳税人的事业单位销售应税产品或提供应税服务,按照包含增值税的价款总额,借记"银行存款""应收账款""应收票据"等科目,按照扣除增值税销项税额后的价款金额,贷记"经营收入"等科目,按照增值税专用发票上注明的增值税金额,贷记本科目(应缴增值税——销项税额)。

[例 14-12]　某事业单位销售产品取得经营收入 10 000 元,增值税 1 700 元,款项已存入银行。

借:银行存款　　　　　　　　　　　　　　　　　　　　　　　11 700
　　贷:经营收入　　　　　　　　　　　　　　　　　　　　　　10 000
　　　　应缴税费——应缴增值税(销项税额)　　　　　　　　　　1 700

④属于增值税一般纳税人的事业单位实际缴纳增值税时,借记本科目(应缴增值税——已交税金),贷记"银行存款"科目。

⑤属于增值税小规模纳税人的事业单位销售应税产品或提供应税服务,按照实际收到或应收的价款,借记"银行存款""应收账款""应收票据"等科目,按照实际收到或应收的价款扣除增值税税额后的金额,贷记"经营收入"等科目,按照应缴增值税的金额,贷记本科目(应缴增值税)。实际缴纳增值税时,借记本科目(应缴增值税),贷记"银行存款"科目。

(2)应缴城市维护建设税和教育费附加

城市维护建设税是我国为了加强城市的维护建设,扩大和稳定城市维护建设资金的来源,对有经营收入的单位和个人征收的一个税种。城市维护建设税以纳税人实际缴纳的增值税、消费税税额为计税依据,分别与增值税、消费税同时缴纳。教育附加费是对缴纳增值税、消费税的单位和个人征收的一种附加税。

事业单位发生城市维护建设税和教育费附加纳税义务的,按税法规定计算的应缴税费金额,借记"待处置资产损溢——处置净收入"科目(出售不动产应缴的税费)或有关支出科目,贷记本科目。实际缴纳时,借记本科目,贷记"银行存款"科目。

(3)应缴所得税

①企业所得税

企业所得税是对事业单位生产经营所得和其他所得征收的一种税。事业单位发生企业所得税纳税义务的,按照税法规定计算的应缴税金数额,借记"非财政补助结余分配"科目,贷记本科目。实际缴纳时,借记本科目,贷记"银行存款"科目。

[例14-13] 某事业单位应纳税所得额为 300 000 元,所得税税率为 25%,计算并缴纳企业所得税。

该事业单位应纳所得税 = 300 000 元×25% = 75 000 元

借:非财政补助结余分配　　　　　　　　　　　　75 000

　　贷:应缴税费——应缴企业所得税　　　　　　　　　75 000

上缴所得税:

借:应缴税费——应缴企业所得税　　　　　　　　75 000

　　贷:银行存款　　　　　　　　　　　　　　　　　75 000

②个人所得税

事业单位个人所得税一般由单位代扣代缴,按照税法规定计算应代扣代缴的个人所得税金额,借记"应付职工薪酬"科目,贷记本科目。实际缴纳时,借记本科目,贷记"银行存款"科目。

(4)应缴房产税、城镇土地使用税、车船税

事业单位发生房产税、城镇土地使用税、车船税纳税义务的,按照税法规定计算的应缴税金数额,借记有关科目,贷记本科目。实际缴纳时,借记本科目,贷记"银行存款"科目。

事业单位发生除增值税、房产税、城市维护建设税、车船税、城镇土地使用税、所得税等之外的其他纳税义务的,按照应缴纳的税费金额,借记有关科目,贷记本科目。实际缴纳时,借记本科目,贷记"银行存款"等科目。

14.2.4　事业单位应付职工薪酬

1)应付职工薪酬的概念

应付职工薪酬是指事业单位应付给职工以及为职工支付的各项报酬。包括基本工资、绩效工资,国家统一规定的津贴补贴、社会保险费、住房公积金及其他个人收入等。

2)应付职工薪酬的核算

事业单位应设置"应付职工薪酬"科目,核算应付给职工的各项报酬,该科目贷方登记应付职工薪酬的增加金额;借方登记减少金额;期末贷方余额反映事业单位应付未付的职工薪酬。本科目应当根据国家有关规定按照"工资(离退休费)""地方(部门)津贴补贴""其他个人收入""社会保险费""住房公积金"等科目进行明细核算。

（1）事业单位计算当期应付职工薪酬,借记"事业支出""经营支出"等科目,贷记本科目。

（2）事业单位向职工支付工资、津贴补贴等薪酬,借记本科目,贷记"财政补助收入""零余额账户用款额度""银行存款"等科目。

（3）事业单位按照税法规定代扣代缴个人所得税,借记本科目,贷记"应缴税费——应缴个人所得税"科目。

（4）事业单位按照国家有关规定缴纳职工社会保险费和住房公积金,借记本科目,贷记"财政补助收入""零余额账户用款额度""银行存款"等科目。

（5）事业单位从应付职工薪酬中支付其他款项,借记本科目,贷记"财政补助收入""零余额账户用款额度""银行存款"等科目。

[例14-14]　某事业单位计算本月应发放本单位职工薪酬,计算出应发放工资总额为450 000元,其中基本工资255 000元,地方津贴补贴160 000元,其他个人收入35 000元。代扣职工住房公积金45 000元,水电费8 500元,个人所得税25 000元,社会保险36 000元。计算单位应负担的社会保险费110 000元,住房公积金45 000元。月末向社保局支付社会保险费,向住房公积金中心缴纳住房公积金,向税务局支付个人所得税。

（1）计算工资

借:事业支出——工资福利支出——基本工资　　　255 000

　　　　　　——工资福利支出——津贴补贴　　　160 000

　　　　　　——工资福利支出——其他个人收入　35 000

　　贷:应付职工薪酬——工资　　　　　　　　　255 000

　　　　　　　　　　——地方津贴补贴　　　　　160 000

　　　　　　　　　　——其他个人收入　　　　　35 000

（2）从工资中扣除代扣代缴款项

借:应付职工薪酬——基本工资　　　　　　　　　114 500

　　贷:其他应收款——水电费　　　　　　　　　　8 500

　　　其他应付款——住房公积金（个人部分）　　45 000

　　　其他应付款——社会保险费（个人部分）　　36 000

　　　应缴税费——应缴个人所得税　　　　　　　25 000

（3）从零余额账户支付职工工资

借:应付职工薪酬——基本工资　　　　　　　　　140 500

　　　　　　　　——津贴补贴　　　　　　　　　160 000

　　　　　　　　——其他个人收入　　　　　　　35 000

　　贷:零余额账户用款额度　　　　　　　　　　335 500

（4）计算单位应负担的社会保险费110 000元、住房公积金45 000元

借:事业支出——工资福利支出——住房公积金　　45 000

　　　　　　——工资福利支出——社会保险费　　110 000

　　贷:应付职工薪酬——住房公积金（单位部分）　45 000

　　　　　　——社会保险费(单位部分)　　　　110 000

　　(5)单位从零余额账户支付住房公积金 90 000 元(个人部分 45 000 元+单位部分 45 000 元),支付社会保险费 146 000 元(个人部分 36 000 元+单位部分 110 000 元),

　　借:应付职工薪酬——住房公积金(单位部分)　　45 000
　　　　　　　　　　——社会保险费(单位部分)　　110 000
　　　　其他应付款——住房公积金(个人部分)　　　45 000
　　　　其他应付款——社会保险费(个人部分)　　　36 000
　　　　贷:零余额账户用款额度　　　　　　　　　　236 000

　　(6)单位从零余额账户支付代扣个人所得税 25 000 元

　　借:应缴税费——应缴个人所得税　　　　　　　25 000
　　　　贷:零余额账户用款额度　　　　　　　　　　25 000

14.3　非流动负债的核算

　　非流动负债是指流动负债以外的负债,事业单位非流动负债包括长期借款和长期应付款等。

14.3.1　长期借款

　　长期借款是指事业单位借入的期限超过 1 年(不含 1 年)的各种借款。

　　事业单位应设置"长期借款"科目核算借入的期限超过 1 年(不含 1 年)的各种借款。该科目贷方登记长期借款的增加金额;借方登记长期借款减少的金额;期末贷方余额反映事业单位尚未偿还的长期借款金额。本科目应当按照贷款单位和贷款种类进行明细核算。对基建项目借款,应当按照具体项目进行明细核算。

　　1)取得长期借款

　　事业单位借入各项长期借款时,按照实际借入的金额,借记"银行存款"科目,贷记本科目。

　　2)长期借款利息

　　(1)事业单位为购建固定资产支付的专门借款利息,按下列情况处理:

　　属于工程项目建设期间支付的,计入工程成本,按照支付的利息,借记"在建工程"科目,贷记"非流动资产基金——在建工程"科目;同时,借记"其他支出"科目,贷记"银行存款"科目。

　　属于工程项目完工交付使用后支付的,计入当期支出但不计入工程成本,按照支付的利息,借记"其他支出"科目,贷记"银行存款"科目。

　　(2)事业单位其他长期借款利息,按照支付的利息金额,借记"其他支出"科目,贷记"银行存款"科目。

[例 14-15]　某事业单位为建造房屋向银行借入 3 年期的专门款项 5 000 000 元,年利率为 6%,每年支付利息一次,该房屋建设期为 1 年。

(1)取得借款时

借:银行存款　　　　　　　　　　　　　　　　　5 000 000

　　贷:长期借款　　　　　　　　　　　　　　　　　　　5 000 000

(2)支付利息

第一年支付利息时

借:其他支出　　　　　　　　　　　　　　　　　　300 000

　　贷:银行存款　　　　　　　　　　　　　　　　　　　300 000

同时,

借:在建工程——基建工程　　　　　　　　　　　300 000

　　贷:非流动资产基金——在建工程　　　　　　　　　300 000

第二年、第三年支付利息时,房屋建设已完工,利息不再计入"在建工程"。

借:其他支出　　　　　　　　　　　　　　　　　　300 000

　　贷:银行存款　　　　　　　　　　　　　　　　　　　300 000

3)归还长期借款

事业单位归还长期借款时,借记"长期借款"科目,贷记"银行存款"科目。

14.3.2　长期应付款

1)长期应付款的概念及科目设置

长期应付款是指事业单位发生的偿还期限超过 1 年(不含 1 年)的应付款项,如事业单位以融资租赁租入固定资产的租赁费、跨年度分期付款购入固定资产的价款等。

事业单位应设置"长期应付款"科目核算各类长期应付款项,该科目贷方登记长期应付款的增加金额;借方登记减少金额;期末贷方余额反映事业单位尚未偿还的长期应付款金额。本科目应当按照长期应付款的类别及债权单位(或个人)进行明细核算。

2)长期应付款的核算

(1)事业单位发生长期应付款时,借记"固定资产""在建工程"等科目,贷记本科目、"非流动资产基金"等科目。

(2)偿还长期应付款时,借记"事业支出""经营支出"等科目,贷记"银行存款"等科目;无法偿付或债权人豁免偿还的长期应付款,借记本科目,贷记"其他收入"科目。

[例 14-16]　某事业单位以分期付款的方式购入不需安装的设备一台用于生产经营活动,合同价款 1 000 000 元,合同约定分 4 年付清,每年付 250 000 元。设备已验收投入使用,发生运杂费 2 000 元,款项以银行存款支付。

(1)发生时

借:固定资产　　　　　　　　　　　　　　　　　1 002 000

　　贷:长期应付款　　　　　　　　　　　　　　　　　1 000 000

  非流动资产基金——固定资产   2 000

 借:经营支出   2 000

  贷:银行存款   2 000

（2）每年偿还时

 借:事业支出   250 000

  贷:银行存款   250 000

同时，

 借:长期应付款   250 000

  贷:非流动资产基金——固定资产   250 000

（3）如果上例中，偿付 3 年后，销货方豁免了剩余款项，则

 借:长期应付款   250 000

  贷:其他收入   250 000

【思考与练习】

一、思考题

 1.什么是事业单位的负债？事业单位负债主要包括哪些内容？事业单位与行政单位负债类会计科目有什么区别？

 2.事业单位流动负债包括哪些？非流动负债包括哪些？

 3.事业单位应缴国库款和应缴财政专户款有什么区别？

 4.事业单位应缴国库款主要包括哪些内容？

 5.事业单位负债确认的原则有哪些？

 6.事业单位应交税费包括哪些？

二、练习题

练习题一

（一）目的:练习流动负债的核算。

（二）资料:某事业单位 2016 年发生下列经济业务:

1.为开展事业活动向银行临时借款 100 000 元，期限 6 个月，月利率 0.6%，到期一次还本付息。

 2.上述借款到期，归还其本金和借款利息。

 3.为开展事业活动购入材料一批，开出 3 个月期限带息银行承兑汇票一张，面值 15 000元，月利率 0.5%，同时支付银行承兑手续费 60 元。

 4.上述银行承兑汇票到期，支付本金和利息。

5.为开展经营活动购入材料一批,买价 20 000 元,增值税 3 400 元,开出期限 6 个月的无息银行承兑汇票一张,以银行存款支付该无息银行承兑汇票手续费 60 元。另以银行存款支付材料运费 120 元。

6.上述开出的无息银行承兑汇票到期,单位无款兑付,银行作逾期借款处理。

(三)要求:根据上述资料编制会计分录。

练习题二

(一)目的:练习非流动负债的核算。

(二)资料:某事业单位发生下列经济业务:

1.为开展经营活动向银行借款 100 000 元,年利率为 6%,期限 1 年,到期一次还本付息,取得了银行存款。

2.上述借款 1 年期满,归还全部本金和利息。

3.为购建某项固定资产向银行借入专门借款 2 000 000 元,期限 3 年,年利率 8%,每年付息一次,款项已到账,该工程 2 年后完工交付使用。

4.以分期付款的方式购入需安装的设备一台,该设备总价款 1 500 000 元,合同约定分 5 年付清,每年付 300 000 元。以银行存款支付各种费用 3 000 元。设备已安装完成,发生安装费 5 000 元,以授权支付方式支付。

(三)要求:根据上述资料编制会计分录。

第15章 事业单位净资产的核算

【学习目标】

通过本章的学习,明确事业单位净产的概念及核算内容,掌握事业单位净资产类经济业务的账务处理。

15.1 事业单位净资产概述

15.1.1 事业单位净资产的概念及内容

事业单位净资产是指事业单位资产扣除负债后的余额,包括事业基金、非流动资产基金、专用基金、财政补助结转结余、非财政补助结转结余等。事业单位净资产体现事业单位的公立属性,不代表类似企业的所有者权益;拨款补助部门和捐赠者只是名义所有者,不能按投入比例参与事业单位的利益分配,无求偿权,但可对某些净资产规定或限定用途。

15.1.2 事业单位与行政单位净资产会计科目对照

事业单位与行政单位净资产会计科目有较大区别,除"财政补助结转和结余"科目相似外,其他净资产会计科目都不相同,特别要注意事业单位"事业基金""非流动资产基金"与行政单位"资产基金""其他资金结转结余"在核算内容和方法上的区别与联系。此外,行政单位设置了"待偿债净资产"核算因发生应付账款和长期负债等需在净资产中冲减的金额。两者净资产类会计科目对照如表15.1所示。

表 15.1　事业单位和行政单位净资产会计科目对照表

事业单位会计科目			行政单位会计科目		
序号	编码	科目名称	序号	编码	科目名称
29	3001	事业基金			
30	3101	非流动资产基金			
	310101	长期投资			
	310102	固定资产			
	310103	在建工程			
	310104	无形资产			
31	3201	专用基金			
32	3301	财政补助结转	26	3001	财政拨款结转
	330101	基本支出结转		300101	基本支出结转
	330102	项目支出结转		300102	项目支出结转
33	3302	财政补助结余	27	3002	财政拨款结余
34	3401	非财政补助结转	28	3101	其他资金结转结余
35	3402	事业结余			
36	3403	经营结余			
37	3404	非财政补助结余分配			
			29	3501	资产基金
				350101	预付款项
				350111	存货
				350121	固定资产
				350131	在建工程
				350141	无形资产
				350151	政府储备物资
				350152	公共基础设施
			30	3502	待偿债净资产

15.2　事业基金的核算

15.2.1　事业基金的概念及来源

事业基金是指事业单位拥有的非限定用途的净资产,其来源主要有以下几种:①单位未分配、未限定用途的收益。即事业结余和经营结余进行结余分配后转入,是事业基金的主要来源。②按规定留归单位的非财政专项资金结余。即非财政专项活动完成后的净结余,经拨款单位同意后留归本单位使用的部分。③事业单位对外投资所形成的事业基金。

事业单位的事业基金,主要用于弥补以后年度收支差额,但不能用于弥补经营亏损,也不得用于弥补职工福利费。

15.2.2 事业基金的核算

事业单位应设置"事业基金"科目核算事业基金增减变化及结余情况,该科目贷方登记增加金额;借方登记减少金额;期末贷方余额反映事业单位历年积存的非限定用途净资产的金额。事业单位发生需要调整以前年度非财政补助结余的事项,通过本科目核算。如果国家另有规定的,从其规定。

(1)年末,事业单位将"非财政补助结余分配"科目余额转入事业基金,借记或贷记"非财政补助结余分配"科目,贷记或借记本科目。

(2)年末,将留归本单位使用的非财政补助专项(项目已完成)剩余资金转入事业基金,借记"非财政补助结转——××项目"科目,贷记本科目。

[例15-1]　某事业单位年末将"非财政补助结余分配"科目贷方余额54 000元,转入"事业基金"科目;完工非财政补助项目结余资金5 600元,经批准留归本单位使用。

借:非财政补助结余分配　　　　　　　　　　54 000
　　贷:事业基金　　　　　　　　　　　　　　　　54 000
借:非财政补助结转——××项目　　　　　　5 600
　　贷:事业基金　　　　　　　　　　　　　　　　5 600

(3)事业单位以货币资金取得长期股权投资、长期债券投资,按照实际支付的全部价款(包括购买价款以及税金、手续费等相关税费)作为投资成本,借记"长期投资"科目,贷记"银行存款"等科目;同时,按照投资成本的金额,借记本科目,贷记"非流动资产基金——长期投资"科目。

[例15-2]　某事业单位购买3年期债券100 000元,款项以银行存款支付。

借:长期投资　　　　　　　　　　　　　　　100 000
　　贷:银行存款　　　　　　　　　　　　　　　　100 000
同时,
借:事业基金　　　　　　　　　　　　　　　100 000
　　贷:非流动资产基金——长期投资　　　　　　100 000

(4)事业单位对外转让或到期收回长期债券投资本息,按照实际收到的金额,借记"银行存款"等科目,按照收回长期投资的成本,贷记"长期投资"科目,按照其差额,贷记或借记"其他收入——投资收益"科目;同时,按照收回长期投资对应的非流动资产基金,借记"非流动资产基金——长期投资"科目,贷记本科目。

[例15-3]　续[例15-2],该事业单位转让上述债券,取得价款102 000元,款项已存

240

入银行。

借:银行存款　　　　　　　　　　　　　　　　102 000

　　贷:长期投资——债券投资　　　　　　　　　100 000

　　　其他投入——投资收益　　　　　　　　　　2 000

同时,

借:非流动资产基金——长期投资　　　　　　　100 000

　　贷:事业基金　　　　　　　　　　　　　　　100 000

15.3　非流动资产基金的核算

15.3.1　非流动资产基金的概念

非流动资产基金是指事业单位非流动资产占用的金额,包括长期投资、固定资产、在建工程和无形资产等非流动资产占用的金额。

事业单位取得长期投资、在建工程、不摊销的无形资产和不计提折旧的固定资产形成的非流动资产基金,其贷方余额反映该非流动资产原始价值占用的金额。计提固定资产折旧和需要摊销的无形资产形成的非流动资产基金,其贷方余额反映该资产账面价值占用的金额。

非流动资产基金应当在取得长期投资、固定资产、在建工程、无形资产等非流动资产或发生相关支出时予以确认。

15.3.2　非流动资产基金的核算

事业单位应设置“非流动资产基金”科目核算非流动资产占用的金额。该科目贷方登记增加金额;借方登记减少金额;期末贷方余额反映事业单位非流动资产占用的金额。本科目应当设置“长期投资”“固定资产”“在建工程”“无形资产”等科目进行明细核算。

(1)事业单位取得相关资产或发生相关支出时,借记“长期投资”“固定资产”“在建工程”“无形资产”等科目,贷记本科目等有关科目;同时或待以后发生相关支出时,借记“事业支出”等有关科目,贷记“财政补助收入”“零余额账户用款额度”“银行存款”等科目。

[例 15-4]　某事业单位以财政授权支付方式购入不需要安装设备一台用于事业活动,价款 180 000 元,从零余额账户中支付,另以银行存款支付运费 800 元。

借:固定资产　　　　　　　　　　　　　　　　180 800

　　贷:非流动资产基金——固定资产　　　　　　180 800

同时,

借:事业支出——设备购置费　　　　　　　　　180 800

　　　　贷:零余额账户用款额度　　　　　　　　　　　　180 000
　　　　　银行存款　　　　　　　　　　　　　　　　　　800

　　(2)事业单位计提固定资产折旧、无形资产摊销时,应当冲减非流动资产基金。计提固定资产折旧、无形资产摊销时,按照计提的折旧、摊销金额,借记本科目(固定资产/无形资产),贷记"累计折旧""累计摊销"科目。

　　[例15-5]　某事业单位计提某项固定资产折旧8 000元。
　　借:非流动资产基金——固定资产　　　　　　　　　8 000
　　　　贷:累计折旧　　　　　　　　　　　　　　　　　　　8 000

　　(3)事业单位处置长期投资、固定资产、无形资产,以及以固定资产、无形资产对外投资时,应当冲销该资产对应的非流动资产基金。
　　①以固定资产、无形资产对外投资,按照评估价值加上相关税费作为投资成本,借记"长期投资"科目,贷记本科目(固定资产/无形资产),按照投出资产已提折旧、摊销,借记"累计折旧""累计摊销"科目,按照投出资产的账面余额,贷记"固定资产""无形资产"科目。

　　[例15-6]　某事业单位以一项无形资产对外投资,该无形资产的评估价为140 000元,以银行存款支付相关税费5 000元。该无形资产账面余额为185 000元,已摊销56 000元。
　　该无形资产对外投资成本为145 000元(评估价140 000元+税费5 000元),无形资产账面价值为129 000元(账面余额185 000元-已摊销56 000元)。
　　借:长期投资　　　　　　　　　　　　　　　　　　145 000
　　　　贷:非流动资产基金——长期投资　　　　　　　　145 000
　　借:其他支出　　　　　　　　　　　　　　　　　　5 000
　　　　贷:银行存款　　　　　　　　　　　　　　　　　　5 000
　　同时,
　　借:非流动资产基金——无形资产　　　　　　　　　129 000
　　　　累计摊销　　　　　　　　　　　　　　　　　　56 000
　　　　贷:无形资产　　　　　　　　　　　　　　　　　　185 000

　　②出售或以其他方式处置长期投资、固定资产、无形资产,转入待处置资产时,借记"待处置资产损溢""累计折旧"(处置固定资产)或"累计摊销"(处置无形资产)科目,贷记"长期投资""固定资产""无形资产"等科目。
　　实际处置时,借记本科目(有关资产明细科目),贷记"待处置资产损溢"科目。

15.4　专用基金的核算

15.4.1　专用基金的概念及内容

专用基金是指事业单位按照规定提取或者设置的有专门用途的资金。事业单位的专用基金包括:修购基金、职工福利基金、其他基金。

15.4.2　专用基金的核算

事业单位应设置"专用基金"科目核算专用基金增减变化及结余情况,该科目贷方登记增加金额;借方登记减少金额;期末贷方余额反映事业单位专用基金余额。本科目应当按照专用基金的类别进行明细核算。

(1)事业单位提取修购基金。按规定提取修购基金的,按照提取金额,借记"事业支出""经营支出"科目,贷记"专用基金——修购基金"科目。

[**例 15-7**]　某事业单位当年事业收入为 1 000 000 元,经营收入为 700 000 元,按规定提取修购基金,购置费和修缮费各列 50%,事业收入、经营收入的提取比例分别为 5% 和 6%。

修购基金提取额 = 1 000 000 元×5%+700 000 元×6% = 50 000 元+42 000 元

= 92 000 元

购置费和修缮费各列支各列 50%,事业支出中列支设备购置费为 50 000 元×50% = 25 000元,列支修缮费 25 000 元;经营支出中列支设备购置费为 42 000 元×50% = 21 000 元,列支修缮费 21 000 元。

借:事业支出——设备购置费	25 000
——修缮费	25 000
经营支出——设备购置费	21 000
——修缮费	21 000
贷:专用基金——修购基金	92 000

(2)事业单位提取职工福利基金。年末,按规定从本年度非财政补助结余中提取职工福利基金的,按照提取金额,借记"非财政补助结余分配"科目,贷记"专用基金——职工福利基金"科目。

[**例 15-8**]　某事业单位年末非财政补助结余分配余额为 1 200 000 元,按5%提取职工福利基金。

提取金额 = 1 200 000 元×5% = 60 000 元

借:非财政补助结余分配	60 000
贷:专用基金——职工福利基金	60 000

(3)事业单位提取、设置其他专用基金。

①若有按规定提取的其他专用基金,按照提取金额,借记有关支出科目、"非财政补助结余分配"等科目,贷记本科目。

②若有按规定设置的其他专用基金,按照实际收到基金金额,借记"银行存款"等科目,贷记本科目。

(4)事业单位使用专用基金。按规定使用专用基金时,借记本科目,贷记"银行存款"等科目;使用专用基金形成固定资产的,还应借记"固定资产"科目,贷记"非流动资产基金——固定资产"科目。

[**例 15-9**] 某事业单位使用修购基金购买专用设备,设备价款 50 000 元,发生运费 800 元,款项均已通过银行存款支付。设备已验收交付使用。

借:专用基金——修购基金	50 800	
贷:银行存款		50 800
借:固定资产	50 800	
贷:非流动资产基金——固定资产		50 800

15.5 财政补助结转结余的核算

15.5.1 财政补助结转

财政补助结转是指事业单位各项财政补助收入与其相关支出相抵后剩余滚存的、须按规定管理和使用的结转资金,即当年支出预算已执行但尚未完成或因故未执行,下年需按原用途继续使用的财政补助资金。包括基本支出结转和项目支出结转。

事业单位应设置"财政补助结转"科目核算财政补助结转资金。该科目贷方登记增加金额;借方登记减少金额;期末贷方余额反映事业单位财政补助结转资金数额。本科目应当设置"基本支出结转"和"项目支出结转"两个明细科目,并在"基本支出结转"明细科目下按照"人员经费""日常公用经费"进行明细核算,在"项目支出结转"明细科目下按照具体项目进行明细核算。本科目还应当按照《政府收支分类科目》中"支出功能分类科目"相关科目进行明细核算。事业单位发生需要调整以前年度财政补助结转的事项,通过本科目核算。

1)期末结转财政补助收入和支出

(1)结转财政补助收入。期末,事业单位将财政补助收入本期发生额结转入"财政补助结转"科目,借记"财政补助收入——基本支出/项目支出"科目,贷记"财政补助结转"科目(基本支出结转/项目支出结转)。

(2)结转财政补助支出。将事业支出中财政补助支出本期发生额结转入"财政补助结转"科目,借记"财政补助结转"科目(基本支出结转/项目支出结转),贷记"事业支

出——财政补助支出——基本支出/项目支出"或"事业支出——基本支出——财政补助
支出、事业支出——项目支出——财政补助支出"科目。

[例15-10]　某事业单位期末将财政补助收入和财政补助支出转入财政补助结转。
"财政补助收入"科目的贷方余额为485 000元,其中基本支出387 000元,项目支出
98 000元;"事业支出"科目中财政补助支出的借方余额为463 000元,其中基本支出
373 000元,项目支出90 000元。

（1）结转"财政补助收入"科目余额

借:财政补助收入——基本支出　　　　　　　　　 387 000
　　　　　　　　——项目支出　　　　　　　　　　 98 000
　　贷:财政补助结转——基本支出结转　　　　　　 387 000
　　　　　　　　——项目支出结转　　　　　　　　 98 000

（2）结转"事业支出"科目中财政补助支出余额

借:财政补助结转——基本支出结转　　　　　　　 373 000
　　　　　　——项目支出结转　　　　　　　　　　 90 000
　　贷:事业支出——财政补助支出——基本支出　　 373 000
　　　　——财政补助支出——项目支出　　　　　　 90 000

2）将已完成项目的结转资金转入财政补助结余

年末,事业单位完成财政补助收支结转后,应当对财政补助各明细项目执行情况进
行分析,按照有关规定将符合财政补助结余性质的项目余额转入财政补助结余,借记或
贷记"财政补助结转"科目（项目支出结转——××项目）,贷记或借记"财政补助结余"
科目。

3）上缴、注销、归集调入财政补助结转资金

（1）事业单位按照规定上缴财政补助结转资金或注销财政补助结转额度的,按照实
际上缴资金数额或注销的资金额度数额,借记"财政补助结转"科目,贷记"财政应返还额
度""零余额账户用款额度""银行存款"等科目。

[例15-11]　某事业单位按照财政部门规定上缴"财政补助结转——基本支出结转"
14 000元。

借:财政补助结转——基本支出结转　　　　　　　 14 000
　　贷:财政应返还额度　　　　　　　　　　　　　 14 000

（2）取得主管部门归集调入财政补助结转资金或额度的,借记"财政应返还额度"
"零余额账户用款额度""银行存款"等科目,贷记"财政补助结转"科目。

15.5.2　财政补助结余

财政补助结余是指事业单位滚存的财政补助项目支出结余资金。即支出预算项目
已完成或因故终止剩余的资金。

事业单位应设置"财政补助结余"科目,核算财政补助结余资金。该科目贷方登记增加金额;借方登记减少金额;期末贷方余额反映事业单位财政补助结余资金数额。本科目应当按照《政府收支分类科目》中"支出功能分类科目"相关科目进行明细核算。事业单位发生需要调整以前年度财政补助结余的事项,通过本科目核算。

1)将已完成项目的结转资金转入财政补助结余

年末,事业单位对财政补助各明细项目执行情况进行分析,按照有关规定将符合财政补助结余性质的项目余额转入财政补助结余,借记或贷记"财政补助结转——项目支出结转——××项目"科目,贷记或借记本科目。

2)上缴、注销、归集调入财政补助结余资金

(1)事业单位按照规定上缴财政补助结余资金或注销财政补助结余额度的,按照实际上缴资金数额或注销资金额度数额,借记本科目,贷记"财政应返还额度""零余额账户用款额度""银行存款"等科目。

[例15-12] 某事业单位年终,按规定将已完工项目的结余资金5 000元,从零余额账户用款额度上缴财政部门。

借:财政补助结余   5 000
 贷:零余额账户用款额度   5 000

(2)取得主管部门归集调入财政补助结余资金或额度的,做如下账务处理:
借:财政应返还额度/零余额账户用款额度/银行存款
 贷:财政补助结余

[例15-13] 某事业单位年终,收到主管部门归集调入的财政补助结余资金15 000元,该笔资金作为财政应返还额度下年使用。

借:财政应返还额度   15 000
 贷:财政补助结余   15 000

15.6　非财政补助结转结余及其分配的核算

15.6.1　非财政补助结转

非财政补助结转是事业单位除财政补助收支以外的各专项资金收入与其相关支出相抵后剩余滚存的、须按规定用途使用的结转资金。

事业单位应设置"非财政补助结转"科目,核算非财政补助结转资金。该科目贷方登记增加金额;借方登记减少金额;期末贷方余额反映事业单位非财政补助专项结转资金数额。本科目应当按照非财政专项资金的具体项目进行明细核算。事业单位发生需要调整以前年度非财政补助结转的事项,通过本科目核算。

1)期末结转非财政补助专项收入和支出

(1)期末,事业单位将事业收入、上级补助收入、附属单位上缴收入、其他收入本期发生额中的专项资金收入结转入本科目,借记"事业收入""上级补助收入""附属单位上缴收入""其他收入"科目下各专项资金收入明细科目,贷记本科目。

(2)将事业支出、其他支出本期发生额中的非财政专项资金支出结转入本科目,借记本科目,贷记"事业支出——非财政专项资金支出"或"事业支出——项目支出——非财政专项资金支出""其他支出"科目下各专项资金支出明细科目。

[例 15-14]　某事业单位非财政专项资金收入和支出期末余额如下:

事业收入——项目支出 80 000 元;上级补助收入——项目支出 40 000 元;其他收入——项目支出 15 000 元。事业支出——项目支出 78 000 元;其他支出——项目支出 35 000 元。

(1)结转非财政补助收入

借:事业收入——项目支出 ——××项目	80 000	
上级补助收入——项目支出 ——××项目	40 000	
其他收入——项目支出——××项目	15 000	
贷:非财政补助结转——××项目		135 000

(2)结转非财政补助支出

借:非财政补助结转——××项目	113 000	
贷:事业支出——非财政专项资金支出——××项目		78 000
其他支出——非财政专项资金支出——××项目		35 000

2)已完成非财政补助项目剩余资金账务处理

年末,完成非财政补助专项收支结转后,应当对非财政补助专项结转资金各项目情况进行分析,将已完成项目的项目剩余资金区分以下情况处理:

(1)缴回原专项资金拨入单位的,借记本科目(××项目),贷记"银行存款"等科目;

(2)留归本单位使用的,借记本科目(××项目),贷记"事业基金"科目。

[例 15-15]　某事业单位非财政补助专项结转资金余额为 22 000 元,其中甲、乙项目已完工,甲项目结余 5 000 元,乙项目结余 4 000 元;丙项目未完工,结余资金 13 000 元。按规定甲项目结余资金以银行存款缴还拨款单位,乙项目结余资金留归单位使用,丙项目下年续费使用。

(1)甲项目资金结余缴还拨款单位

借:非财政补助结转——甲项目	5 000	
贷:银行存款		5 000

(2)乙项目资金结余留归单位使用

借:非财政补助结转——乙项目	13 000	
贷:事业基金		13 000

15.6.2 非财政补助结余

事业单位的非财政补助结余包括事业结余和经营结余。

1）事业结余

事业结余是指事业单位一定期间除财政补助收支、非财政专项资金收支和经营收支以外各项收支相抵后的余额。

事业单位应设置"事业结余"科目核算事业结余资金,该科目贷方登记增加金额;借方登记减少金额;期末如为贷方余额,反映事业单位自年初至报告期末累计实现的事业结余;期末如为借方余额,则反映事业单位自年初至报告期末累计发生的事业亏损。年末结账后,本科目应无余额。

（1）期末,将事业收入、上级补助收入、附属单位上缴收入、其他收入本期发生额中的非专项资金收入结转入本科目,借记"事业收入""上级补助收入""附属单位上缴收入""其他收入"科目下各非专项资金收入明细科目,贷记本科目。

（2）将事业支出、其他支出本期发生额中的非财政、非专项资金支出,以及对附属单位补助支出、上缴上级支出的本期发生额结转入本科目,借记本科目,贷记"事业支出——其他资金支出"或"事业支出——基本支出（其他资金支出）、项目支出（其他资金支出)"科目、"其他支出"科目下各非专项资金支出明细科目、"对附属单位补助支出""上缴上级支出"科目。

[**例15-16**] 某事业单位非财政非专项资金收入和支出期末发生额如下:

事业收入——非专项资金86 000元;上级补助收入——非专项资金60 000元;其他收入——非专项资金30 000元。事业支出——其他资金支出108 000元;其他支出——其他资金支出35 000元。

（1）结转非财政非专项收入

借:事业收入——非专项资金	86 000	
上级补助收入——非专项资金	60 000	
其他收入——非专项资金	30 000	
贷:事业结余		176 000

（2）结转非财政非专项支出

借:事业结余	143 000	
贷:事业支出——其他资金支出		108 000
其他支出——其他资金支出		35 000

（3）年末,完成上述结转后,将本科目余额结转入"非财政补助结余分配"科目,借记或贷记本科目,贷记或借记"非财政补助结余分配"科目。

2）经营结余

经营结余是指事业单位一定期间各项经营收支相抵后余额弥补以前年度经营亏损后的余额。

事业单位应设置"经营结余"科目,核算事业单位经营结余资金,该科目贷方登记增加金额;借方登记减少金额;期末如为贷方余额,反映事业单位自年初至报告期末累计发生的经营结余;年末结账后,本科目一般无余额;如为借方结余,反映事业单位累计发生的经营亏损,借方余额不予结转。

(1)期末,事业单位将经营收入本期发生额结转入本科目,借记"经营收入"科目,贷记本科目。将经营支出本期发生额结转入本科目,借记本科目,贷记"经营支出"科目。

[例 15-17]　某事业单位期末结转经营收入和经营支出。经营收入贷方发生额为325 700元,经营支出借方发生额为 257 900 元。

(1)结转经营收入

借:经营收入　　　　　　　　　　　　　325 700

　　贷:经营结余　　　　　　　　　　　　　325 700

(2)结转经营支出

借:经营结余　　　　　　　　　　　　　257 900

　　贷:经营支出　　　　　　　　　　　　　257 900

(2)年末,完成上述期末结转后,如本科目为贷方余额,将本科目余额结转入"非财政补助结余分配"科目,借记本科目,贷记"非财政补助结余分配"科目;如本科目为借方余额,为经营亏损,不予结转,由以后年度经营结余弥补。

15.6.3　非财政补助结余分配

非财政补助结余分配是指事业单位本年度非财政补助结余分配的情况和结果。

事业单位应设置"非财政补助结余分配"科目,核算非财政补助结余分配情况和结果,该科目贷方登记增加金额;借方登记减少金额;年末结账后,本科目应无余额。

1)年末结转

(1)将"事业结余"科目余额结转入本科目,借记或贷记"事业结余"科目,贷记或借记本科目。

(2)将"经营结余"科目贷方余额结转入本科目,借记"经营结余"科目,贷记本科目。

2)计算企业所得税

有企业所得税缴纳义务的事业单位计算出应缴纳的企业所得税,借记本科目,贷记"应缴税费——应缴企业所得税"科目。

3)提取职工福利基金

事业单位按照有关规定提取职工福利基金的,按照提取的金额,借记本科目,贷记"专用基金——职工福利基金"科目。

4)结转非财政补助结余分配

年末,按照规定缴纳所得税、提取专用基金后,将非财政补助结余分配余额结转入事业基金,借记或贷记本科目,贷记或借记"事业基金"科目。

[例15-18] 某事业单位非财政补助结余分配贷方余额为 45 350 元,该事业单位按规定缴纳企业所得税 8 500 元,提取职工福利 5 000 元后非财政补助结余分配贷方余额为 11 850 元,转入事业基金。

(1)计算应纳所得税

借:非财政补助结余分配   8 500

    贷:应缴税费——应缴企业所得税   8 500

(2)提取职工福利

借:非财政补助结余分配   5 000

    贷:专用基金——职工福利基金   5 000

(3)将非财政补助结余分配余额转入事业基金

借:非财政补助结余分配   31 850

    贷:事业基金   31 850

【思考与练习】

一、思考题

1.什么是事业单位净资产? 其内容包括哪些?

2.事业单位净资产有哪些特点? 与行政单位净资产有什么不同?

3.什么是事业单位财政补助结转结余? 如何设置其明细科目?

4.什么是事业单位专用基金? 事业单位专用基金包括哪些种类?

5.什么是事业单位事业基金? 事业单位事业基金与专用基金什么不同?

6.什么是事业单位非流动资产基金? 其包括哪些内容? 与行政单位的资产基金有何异同?

7.什么是事业单位非财政补助结转?

8.什么是事业单位事业结余? 事业单位事业结余与非财政补助结转有什么不同?

二、练习题

(一)目的:练习事业单位基金的核算。

(二)资料:某事业单位 2016 年发生下列经济业务:

1.以一项固定资产对外投资,取得一项长期投资,该固定资产的评估价值为 240 000 元。原值为 310 000 元,已提折旧 80 000 元。

2.以一项未入账的无形资产对外投资,该项无形资产的评估价为 250 000 元。

3.报废专用设备一台,该设备原值为 350 000 元,已计提折旧 280 000 元,取得变价收入 2 000 元。

4.以专用基金 3 500 元,改造职工集体福利设施,款项以授权支付方式支付。

5.年末收支结转后,"事业结余"贷方余额为 80 000 元,"经营结余"贷方余额为 150 000元,转入"非财政补助结余分配"科目。

6.按上述经营结余的 25%计提企业所得税。

7.按上述税后结余的 10%计提职工福利基金。

8.结转上述"非财政补助结余分配"科目余额。

9.本年度事业收入为 2 300 000 元,经营收入为 1 500 000 元,分别按事业收入和经营收入的 5%和 8%提取修购基金。

10.支付专用设备维修费 3 000 元,从专用基金中支出,款项通过零余额账户用度额度支付。

(三)要求:根据上述经济业务编制会计分录。

第16章 事业单位收入和支出的核算

【学习目标】

通过本章的学习,理解事业单位收入和支出的概念及特点,明确事业单位收支核算的内容及确认原则,掌握事业单位收支类经济业务的账务处理。

16.1 事业单位收入的核算

16.1.1 事业单位收入概述

1)事业单位收入的概念

事业单位收入是指事业单位为开展业务及其他活动依法取得的非偿还性资金,包括财政补助收入、事业收入、上级补助收入、附属单位上缴收入、经营收入和其他收入等。

事业单位应当将各项收入全部纳入单位预算,统一核算,统一管理。对按照规定上缴国库或者财政专户的资金,应当按照国库集中收缴的有关规定及时足额上缴,不得隐瞒、滞留、截留、挪用和坐支。

2)事业单位收入确认的原则

事业单位的收入一般应当在收到款项时予以确认,并按照实际收到的金额进行计量。采用权责发生制的经营收入,可在提供劳务或发出商品,同时收讫价款或者取得索取价款的凭据时予以确认。对长期项目的收入,应当根据年度完成进度予以合理确认。

3)事业单位与行政单位收入会计科目对照

事业单位收入来源渠道较广,其会计科目在行政单位收入会计科目的基础上增加了"事业收入""上级补助收入""附属单位上缴收入""经营收入"等科目;行政单位收入会计科目只是区分财政拨款和非财政拨款,设置了"财政拨款收入"和"其他收入"会计科目。行政单位核算财政拨款的会计科目名称为"财政拨款收入",事业单位核算财政拨款的会计科目名称为"财政补助收入"。行政单位的财政经费一般实行全额拨款方式,而事业单位一般实行差额拨款方式,因此,事业单位取得的财政拨款是对事业活动经费不足的一种补助方式。两者会计科目的比较如表 16.1 所示。

表 16.1 事业单位和行政单位收入会计科目对照表

事业单位收入会计科目			行政单位收入会计科目		
序号	编码	科目名称	序号	编码	科目名称
38	4001	财政补助收入	31	4001	财政拨款收入
39	4101	事业收入			
40	4201	上级补助收入			
41	4301	附属单位上缴收入			
42	4401	经营收入			
43	4501	其他收入	32	4011	其他收入

16.1.2 财政补助收入

1）财政补助收入的概念

财政补助收入是指事业单位从同级财政部门取得的各类财政拨款,包括基本支出补助和项目支出补助。事业单位按财政补助方式可分为全额拨款事业单位和差额拨款事业单位。

2）财政补助收入的核算

事业单位为核算财政补助收入应设置"财政补助收入"科目,该科目贷方登记财政补助收入增加的金额;借方登记减少的金额;平时余额在贷方,期末结账后,本科目应无余额。

该科目应当设置"基本支出"和"项目支出"两个明细科目,两个明细科目下按照《政府收入分类科目》中"支出功能分类"的相关科目进行明细核算;同时,在"基本支出"明细科目下按照"人员经费"和"日常公用经费"进行明细核算,在"项目支出"明细科目下按照具体项目进行明细核算。

（1）财政直接支付的财政补助收入

①事业单位根据财政国库支付执行机构委托代理银行转来的"财政直接支付入账通知书"及原始凭证,按照通知书中的直接支付入账金额,借记有关科目,贷记本科目。

[例 16-1] 某事业单位通过直接支付方式,以某项目资金购入专用设备一台,价款 30 000 元。

借:事业支出——财政补助支出——项目支出　　　300 000

　　贷:财政补助收入——项目支出　　　　　　　　　300 000

同时,

借:固定资产　　　　　　　　　　　　　　　　　300 000

　　贷:非流动资产基金——固定资产　　　　　　　　300 000

②年度终了,事业单位根据本年度财政直接支付预算指标数与当年财政直接支付实

际支出数的差额,借记"财政应返还额度——财政直接支付"科目,贷记本科目。

[例16-2]　某事业单位年初财政直接支付指标数为900 000元,年末财政直接支付实际支出数为843 000元,年末财政直接支付指标结余57 000元,其中人员经费结余2 000元,公用经费结余5 000元,项目结余50 000元。

借:财政应返还额度——财政直接支付　　　　　　　　　57 000
　　贷:财政补助收入——基本支出——人员经费　　　　　　2 000
　　　　　　　　——基本支出——日常公用经费　　　　　5 000
　　　　　　　　——项目支出　　　　　　　　　　　　50 000

③事业单位因购货退回等发生国库直接支付款项退回

属于以前年度支付的款项,按照退回金额,借记"财政应返还额度"科目,贷记"财政补助结转""财政补助结余""存货"等有关科目。

属于本年度支付的款项,按照退回金额,借记本科目,贷记"事业支出""存货"等有关科目。

[例16-3]　某事业单位上年度以财政直接支付方式支付的一笔物业管理费退回,金额为3 000元。

借:财政应返还额度——财政直接支付　　　　　　　　　3 000
　　贷:财政补助结转　　　　　　　　　　　　　　　　　3 000

如果该退回业务为本年度以直接支付方式支付的业务,则:

借:财政补助收入　　　　　　　　　　　　　　　　　　3 000
　　贷:事业支出　　　　　　　　　　　　　　　　　　　3 000

[例16-4]　某事业单位上年度购买的一批自用材料发生退货,价款为5 000元,货款已到账。

借:财政应返还额度——财政直接支付　　　　　　　　　5 000
　　贷:存货——××材料　　　　　　　　　　　　　　　5 000

如果该退回业务为本年度以直接支付方式支付的业务,则:

借:财政补助收入　　　　　　　　　　　　　　　　　　5 000
　　贷:存货　　　　　　　　　　　　　　　　　　　　　3 000

(2)财政授权支付的财政补助收入

①事业单位根据代理银行转来的"授权支付到账通知书",按照通知书中的授权支付额度,借记"零余额账户用款额度"科目,贷记本科目。

[例16-5]　某事业单位收到代理银行转来的"授权支付到账通知书",授权支付用款额度为200 000元。

借:零余额账户用款额度　　　　　　　　　　　　　　　200 000
　　贷:财政补助收入　　　　　　　　　　　　　　　　　200 000

②年度终了,事业单位本年度财政授权支付预算指标数大于零余额账户用款额度下

达数的,根据未下达的用款额度,借记"财政应返还额度——财政授权支付"科目,贷记本科目。

[例 16-6]　某事业单位本年度财政授权支付预算指标数为 500 000 元,已下达用款额度 480 000 元。本年度财政授权支付指标结余 20 000 元,其中:基本支出中日常公用经费结余 18 000 元,项目支出经费结余 2 000 元。经财政部门批准,财政授权支付结余指标下年继续使用。

借:财政应返还额度——财政授权支付　　　　　　　　20 000
　贷:财政补助收入——基本支出——日常公用经费　　　　2 000
　　　　　　　　　　——项目支出　　　　　　　　　18 000

如果上述结余指标财政予以收回,则不做账务处理。

(3)其他财政拨款

在其他财政拨款方式下,事业单位实际收到财政补助收入时,按照实际收到的金额,借记"银行存款"等科目,贷记本科目。

(4)期末结转

期末,事业单位应将"财政补助收入"科目本期发生额转入财政补助结转,借记本科目,贷记"财政补助结转"科目。

[例 16-7]　某事业单位年终"财政补助收入"科目贷方余额为 285 000 元,结转全部余额。

借:财政补助收入　　　　　　　　　　　　　　　285 000
　贷:财政补助结转　　　　　　　　　　　　　　　285 000

16.1.3　事业收入

1)事业收入的概念

事业收入是指事业单位开展专业业务活动及其辅助活动取得的收入。其中,按照国家有关规定应当上缴国库或者财政专户的资金,收到款项时不计入事业收入;从财政专户核拨给事业单位的资金和经核准不上缴国库或者财政专户的资金,计入事业收入。事业收入根据事业活动的内容不同,可划分为学校的学费收入、医院的医疗收入、科学事业收入、体育事业收入、文化事业收入等。

2)事业收入的核算

事业单位应设置"事业收入"科目,核算其开展专业业务活动及其辅助活动取得的非偿还性收入。该科目贷方登记增加金额;借方登记减少金额;期末结转后无余额。本科目应当按照事业收入类别、项目、《政府收支分类科目》中"支出功能分类"相关科目等进行明细核算。事业收入中如有专项资金收入,还应当按照具体项目进行明细核算。

(1)财政专户返还方式管理的事业收入

①收到应上缴财政专户的事业收入时,按照收到的款项金额,借记"银行存款""库存

现金"等科目,贷记"应缴财政专户款"科目。

[例16-8] 某事业单位采用财政专户返还方式管理事业收入,收到事业活动取得的收入80 000元,款项已存入银行。

借:银行存款　　　　　　　　　　　　　　　　　　80 000
　　贷:应缴财政专户款　　　　　　　　　　　　　　　　80 000

②上缴财政专户款时,按照实际上缴的款项金额,借记"应缴财政专户款"科目,贷记"银行存款"等科目。

③收到从财政专户返还的事业收入时,按照实际收到的返还金额,借记"银行存款"等科目,贷记本科目。

[例16-9] 某事业单位收到从财政专户返还的事业收入80 000元,款项已存入银行,该收入属于单位基本支出中日常公用支出预算。

借:银行存款　　　　　　　　　　　　　　　　　　80 000
　　贷:事业收入——基本支出——日常公用经费　　　　80 000

(2)其他事业收入

事业单位收到事业收入时,按照收到款项的金额,借记"银行存款""库存现金"等科目,贷记"事业收入"科目。涉及增值税业务的,相关账务处理参照"经营收入"的核算。

(3)期末结转

①将本科目本期发生额中的专项资金收入结转入非财政补助结转,借记本科目下各专项资金收入明细科目,贷记"非财政补助结转"科目。

②将本科目本期发生额中的非专项资金收入结转入事业结余,借记本科目下各非专项资金收入明细科目,贷记"事业结余"科目。

[例16-10] 某事业单位年末"事业收入"科目的贷方余额250 000元,其中专项资金170 000万元,非专项资金80 000元。

借:事业收入——基本支出　　　　　　　　　　　　80 000
　　　　　　　——项目支出　　　　　　　　　　　　170 000
　　贷:事业结余　　　　　　　　　　　　　　　　　　80 000
　　　　非财政补助结转　　　　　　　　　　　　　　170 000

16.1.4　上级补助收入

1)上级补助收入的概念

上级补助收入是指事业单位从主管部门和上级单位取得的非财政补助收入,其经费来源于主管部门或上级单位自身组织的收入和集中下级单位的收入。上级补助收入与财政补助收入的主要区别在于资金性质是否为财政资金。

2)上级补助收入的核算

事业单位为核算从主管部门和上级单位取得的非财政补助收入,应设置"上级补助收入"科目。该科目贷方登记增加金额;借方登记减少金额;平时余额在贷方,期末结账后,本科目应无余额。本科目应当按照发放补助单位、补助项目、《政府收支分类科目》中"支出功能分类"相关科目等进行明细核算。上级补助收入中如有专项资金收入,还应当按照具体项目进行明细核算。

(1)事业单位收到上级补助收入时,按照实际收到的金额,借记"银行存款"等科目,贷记本科目。

[例16-11]　某事业单位收到上级单位拨入的非财政补助资金200 000元,该资金属于某项目专项资金,款项已存入银行。

借:银行存款	200 000
贷:上级补助收入——专项资金	200 000

(2)期末结转

①将本科目本期发生额中的专项资金收入结转入非财政补助结转,借记本科目下各专项资金收入明细科目,贷记"非财政补助结转"科目。

②将本科目本期发生额中的非专项资金收入结转入事业结余,借记本科目下各非专项资金收入明细科目,贷记"事业结余"科目。

[例16-12]　某事业单位年终结转"上级补助收入",该科目贷方余额500 000元,其中专项资金收入450 000元,非专项资金收入50 000元。

(1)结转专项资金

借:上级补助收入——专项资金××项目	450 000
贷:非财政补助结转——××项目	450 000

(2)结转非专项资金

借:上级补助收入——其他资金	50 000
贷:事业结余	50 000

16.1.5　附属单位上缴收入

1)附属单位上缴收入的概念

附属单位上缴收入是指事业单位附属独立核算单位按照有关规定上缴的收入。附属单位通常是指与主体事业单位之间除资金联系之外,还存在人事任免、修改或通过预算、支持或修改其决策等关系。如果一个企业与某事业单位仅存在资金上的联系,则一般认为该企业只是事业单位的投资单位,而非附属单位。

2)附属单位上缴收入的核算

事业单位应设置"附属单位上缴收入"科目,核算附属独立核算单位按照有关规定上缴的收入。该科目贷方登记增加金额;借方登记减少金额;期末结账后,本科目应无余额。本科目应当按照附属单位、缴款项目、《政府收支分类科目》中"支出功能分类"相关科目等进行明细核算。附属单位上缴收入中如有专项资金收入,还应当按照具体项目进行明细核算。

（1）事业单位收到附属单位缴来款项时，按照实际收到的金额，借记"银行存款"等科目，贷记本科目。

[例16-13]　某事业单位收到独立核算的附属单位上缴的一笔款项 350 000 元，该款项为事业单位非专项资金收入，款项存入银行。

借：银行存款　　　　　　　　　　　　　　　　350 000

　　贷：附属单位上缴收入——其他资金　　　　　　　　350 000

（2）期末结转

①将本科目本期发生额中的专项资金收入结转入非财政补助结转，借记本科目下各专项资金收入明细科目，贷记"非财政补助结转"科目。

②将本科目本期发生额中的非专项资金收入结转入事业结余，借记本科目下各非专项资金收入明细科目，贷记"事业结余"科目。

[例16-14]　某事业单位期末"附属单位上缴收入"科目的贷方余额 54 000 元，其中专项资金收入 6 000 元，非专项资金收入 48 000 元。

借：附属单位上缴收入——其他资金　　　　　　　48 000

　　　　　　　　　　——专项资金××项目　　　　6 000

　　贷：事业结余　　　　　　　　　　　　　　　48 000

　　　　非财政补助结转　　　　　　　　　　　　　6 000

16.1.6　经营收入

1）经营收入的概念及特征

经营收入是指事业单位在专业业务活动及其辅助活动之外开展非独立核算经营活动取得的收入。

经营收入的特征：①必须是事业单位开展经营活动取得的收入，开展专业活动取得的收入只能作为事业收入。②必须是非独立核算的经营活动取得的收入，独立核算的附属单位取得的收入不纳入本单位经营收入。

2）经营收入的核算

事业单位应设置"经营收入"科目核算本单位非独立核算的经营活动取得的收入。该科目贷方登记增加金额；借方登记减少金额；期末结账后本科目无余额。本科目应当按照经营活动类别、项目、《政府收支分类科目》中"支出功能分类"相关科目等进行明细核算。

（1）取得经营收入

事业单位实现经营收入时，按照确定的收入金额，借记"银行存款""应收账款""应收票据"等科目，贷记本科目。

①属于增值税小规模纳税人的事业单位实现经营收入，按照实际出售价款，借记"银

行存款""应收账款""应收票据"等科目,按照出售价款扣除增值税税额后的金额,贷记本科目,按照应缴增值税金额,贷记"应缴税费——应缴增值税"科目。

[例 16-15]　某事业单位属于小规模纳税人,从事经营活动取得现金 848 元(含税),增值税税率 6%。款项已存入银行。

不含税价格 = 848 元 ÷ (1+6%) = 800 元

借:银行存款　　　　　　　　　　　　　　　　　　848

　贷:经营收入　　　　　　　　　　　　　　　　　　800

　　应缴税费——应缴增值税　　　　　　　　　　　　48

②属于增值税一般纳税人的事业单位实现经营收入,按照包含增值税的价款总额,借记"银行存款""应收账款""应收票据"等科目,按照扣除增值税销项税额后的价款金额,贷记本科目,按照增值税专用发票上注明的增值税金额,贷记"应缴税费——应缴增值税(销项税额)"科目。

[例 16-16]　某事业单位属于一般纳税人,对外销售产品一批,增值税专用发票上注明价款 10 000 元,增值税 1 700 元。款项已存入银行。

借:银行存款　　　　　　　　　　　　　　　　　11 700

　贷:经营收入　　　　　　　　　　　　　　　　10 000

　　应缴税费——应缴增值税(销项税额)　　　　　　1 700

(2)期末结转

事业单位期末应将经营收入本期发生额转入经营结余,借记"经营收入"科目,贷记"经营结余"科目。

16.1.7　其他收入

1)其他收入的概念

其他收入是指除财政补助收入、事业收入、上级补助收入、附属单位上缴收入、经营收入以外的各项收入,包括投资收益、银行存款利息收入、租金收入、捐赠收入、现金盘盈收入、存货盘盈收入、收回已核销应收及预付款项、无法偿付的应付及预收款项等。

2)其他收入的核算

事业单位应设置"其他收入"科目核算属于其他收入的各种款项。该科目贷方登记增加金额;借方登记减少金额;期末结账后应无余额。本科目应当按照其他收入的类别、《政府收支分类科目》中"支出功能分类"相关科目等进行明细核算。

事业单位对外投资实现的投资净损益,还应当设置"投资收益"明细科目进行核算;其他收入中如有专项资金收入(如限定用途的捐赠收入),还应当按照具体项目进行明细核算。

(1)投资收益

①事业单位对外投资持有期间收到利息、利润等时,按照实际收到的金额,借记"银

行存款"等科目,贷记本科目(投资收益)。

②事业单位出售或到期收回国债投资本息时,按照实际收到的金额,借记"银行存款"等科目,按照出售或收回国债投资的成本,贷记"短期投资""长期投资"科目,按照其差额,贷记或借记本科目(投资收益)。

(2)银行存款利息收入、租金收入

事业单位收到银行存款利息、资产承租人支付的租金,按照实际收到的金额,借记"银行存款"等科目,贷记本科目。

(3)捐赠收入

①接受捐赠现金资产,按照实际收到的金额,借记"银行存款"等科目,贷记"其他收入"科目。

②接受捐赠的存货验收入库,按照确定的成本,借记"存货"科目,按照发生的相关税费、运输费等,贷记"银行存款"等科目,按照其差额,贷记"其他收入"科目。

[**例 16-17**] 某事业单位接受捐赠存货一批,成本 12 000 元,以现金支付运杂费等 200 元。该批存货已验收入库。

借:存货   12 200
  贷:库存现金   200
    其他收入——捐赠收入   12 000

事业单位接受捐赠的固定资产、无形资产等非流动资产,不通过本科目核算。

(4)现金盘盈收入

事业单位每日现金账款核对中如发现现金溢余,属于无法查明原因的部分,借记"库存现金"科目,贷记"其他收入"科目。

(5)存货盘盈收入

事业单位盘盈的存货,按照确定的入账价值,借记"存货"科目,贷记"其他收入"科目。

(6)收回已核销应收及预付款项

事业单位已核销应收账款、预付账款、其他应收款在以后期间收回的,按照实际收回的金额,借记"银行存款"等科目,贷记"其他收入"科目。

(7)无法偿付的应付及预收款项

事业单位无法偿付或债权人豁免偿还的应付账款、预收账款、其他应付款及长期应付款,借记"应付账款""预收账款""其他应付款""长期应付款"等科目,贷记"其他收入"。

(8)期末结转

①将"其他收入"科目本期发生额中的专项资金收入结转入非财政补助结转,借记本科目下各专项资金收入明细科目,贷记"非财政补助结转"科目。

②将"其他收入"科目本期发生额中的非专项资金收入结转入事业结余,借记本科目下各非专项资金收入明细科目,贷记"事业结余"科目。

[**例 16-18**]　某事业单位年末"其他收入"科目贷方余额 500 000 元,其中专项资金收入 280 000 元,非专项资金收入 220 000 元。

　　借:其他收入——专项资金××项目　　　　280 000
　　　　　　　——其他资金　　　　　　　　220 000
　　　　贷:非财政补助结转　　　　　　　　280 000
　　　　　　事业结余　　　　　　　　　　　220 000

16.2　事业单位支出的核算

16.2.1　事业单位支出概述

1) 事业单位支出的概念及确认

事业单位支出是指事业单位开展业务及其他活动发生的资金耗费和损失,包括事业支出、经营支出、对附属单位补助支出、上缴上级支出和其他支出等。

事业单位的支出一般应当在实际支付时予以确认,并按照实际支付金额进行计量。采用权责发生制确认的支出或者费用,应当在其发生时予以确认,并按照实际发生额进行计量。

2) 事业单位与行政单位支出会计科目对照

事业单位收入来源多元化,其支出内容也比行政单位复杂,设置了 5 个支出会计科目;而行政单位收入来源有限,其支出内容也较简单,设置了 2 个支出会计科目。因事业单位与行政单位财政拨款方式不同,经济活动内容不同,故两者支出会计科目名称也不同。两者会计科目的比较如表 16.2 所示。

表 16.2　事业单位与行政单位支出会计科目对照表

事业单位支出会计科目			行政单位支出会计科目		
序号	编码	科目名称	序号	编码	科目名称
44	5001	事业支出	33	5001	经费支出
45	5101	上缴上级支出	34	5101	拨出经费
46	5201	对附属单位补助支出			
47	5301	经营支出			
48	5401	其他支出			

16.2.2 事业支出

1) 事业支出的概念

事业支出是指事业单位开展专业业务活动及其辅助活动(即事业活动)发生的基本支出和项目支出。

事业支出应当按照实际支出的金额列报,不能以拨作支,包括人员经费支出和公用经费支出。

2) 事业支出的核算

事业单位应设置"事业支出"科目核算单位开展事业活动及其辅助活动发生的支出业务。本科目应当按照"基本支出"和"项目支出","财政补助支出""非财政专项资金支出"和"其他资金支出"等层级进行明细核算,并按照《政府收支分类科目》中"支出功能分类"相关科目进行明细核算;"基本支出"和"项目支出"明细科目下应当按照《政府收支分类科目》中"支出经济分类"的款级科目进行明细核算;同时在"项目支出"明细科目下按照具体项目进行明细核算。

(1)事业单位为从事专业业务活动及其辅助活动人员计提的薪酬等,借记本科目,贷记"应付职工薪酬"等科目。

[例16-19] 某事业单位计提从事事业活动人员本月薪酬,计算出应发薪酬总额为2 020 000元,事业支出的资金性质为财政拨款。

借:事业支出——财政补助支出——基本支出——工资福利支出

　　　　　　　　　　　　　　　　　　　2 020 000

　　贷:应付职工薪酬　　　　　　　　　2 020 000

(2)事业单位开展专业业务活动及其辅助活动领用的存货,按照领用存货的实际成本,借记本科目,贷记"存货"科目。

[例16-20] 某事业单位因开展事业活动,领用A材料一批,实际成本为5 000元。

借:事业支出——基本支出　　　　　　5 000

　　贷:存货——A材料　　　　　　　　5 000

(3)事业单位开展专业业务活动及其辅助活动中发生的其他各项支出,借记本科目,贷记"库存现金""银行存款""零余额账户用款额度""财政补助收入"等科目。

[例16-21] 某事业单位在开展事业活动中,通过单位零余额账户支付办公用品2 500元,该资金性质为财政资金。

借:事业支出——财政补助支出——基本支出　　2 500

　　贷:零余额账户用款额度　　　　　　　　　2 500

(4)期末结转

①将"事业支出——财政补助支出"科目本期发生额结转入"财政补助结转"科目,借记"财政补助结转——基本支出结转/项目支出结转"科目,贷记"事业支出——财政补

助支出——基本支出/项目支出"科目。

②将"事业支出——非财政专项资金支出科目本期发生额结转入"非财政补助结转"科目,借记"非财政补助结转"科目,贷记"事业支出——非财政专项资金支出"。

③将"事业支出——其他资金支出"本期发生额结转入"事业结余"科目,借记"事业结余"科目,贷记"事业支出——其他资金支出"科目。

期末结转后"事业支出"科目应无余额。

[例16-22] 某事业单位期末结转"事业支出"科目的借方余额 550 000 元。其中,基本支出 380 000 元(财政补助支出 250 000 元,其他资金支出 130 000 元);项目支出 170 000元(财政补助支出 98 000 元,非财政专项资金支出 72 000 元)。

借:财政补助结转——基本支出结转　　　　　250 000
　　　　　　　　——项目支出结转　　　　　 98 000
　　贷:事业支出——财政补助支出——基本支出　 250 000
　　　　　　　　　　　　　　——项目支出　　　 98 000
借:非财政补助结转　　　　　　　　　　　　 72 000
　　贷:事业支出——非财政专项资金支出　　　　 72 000
借:事业结余　　　　　　　　　　　　　　 130 000
　　贷:事业支出——其他资金支出　　　　　　 130 000

16.2.3　上缴上级支出

上缴上级支出是指事业单位按照财政部门和主管部门的规定上缴上级单位的支出。事业单位上缴上级支出主要来源于事业单位的事业收入、经营收入和其他收入,即事业单位利用自身资源取得的收入。事业单位应根据相关规定和相关比例,及时向上级财政部门或主管部门上缴上级支出。

事业单位应设置"上缴上级支出"科目核算上缴上级单位的支出。该科目的借方登记增加金额;贷方登记减少金额;期末结账后,本科目应无余额。本科目应当按照收缴款项单位、缴款项目、《政府收支分类科目》中"支出功能分类"相关科目等进行明细核算。

1)上缴款项

事业单位根据规定将款项上缴上级单位时,按照实际上缴的金额,借记"上缴上级支出"科目,贷记"银行存款"等科目。

2)期末结转

期末,事业单位将该科目本期发生额转入事业结余,借记"事业结余"科目,贷记"上缴上级支出"科目。

16.2.4　对附属单位补助支出

事业单位对附属单位补助支出是指事业单位用财政补助收入之外的收入对附属单位补助发生的支出。对附属单位补助支出与附属单位上缴收入不存在对应关系。

事业单位应设置"对附属单位补助支出"科目核算发生的对附属单位补助支出业务。该科目借方登记增加金额;贷方登记减少金额;期末结账后,本科目应无余额。本科目应当按照接受补助单位、补助项目、《政府收支分类科目》中"支出功能分类"相关科目等进行明细核算。

1)发生对附属单位补助支出

事业单位发生对附属单位补助支出,按照实际支出的金额,借记"对附属单位补助支出"科目,贷记"银行存款"等科目。

2)期末结转

期末,将本科目本期发生额转入事业结余,借记"事业结余"科目,贷记"对附属单位补助支出"科目。

16.2.5 经营支出

1)经营支出的概念

经营支出是指事业单位在专业业务活动及其辅助活动之外开展非独立核算经营活动(即经营活动)发生的支出。事业单位应当严格区分经营支出和事业支出,不能将经营支出的经济业务列为事业支出,也不能将事业支出的经济业务列为经营支出。经营支出包括基本工资、补助工资、其他工资、职工福利费、社会保障费、公务费、业务费、设备购置费、修缮费和其他费用等。

2)经营支出的特征

事业单位经营支出的特征:①经营支出因非独立核算的经营性业务而发生,独立核算的经营性支出不应在"经营支出"中核算。②经营支出需要投入成本,需要从经营活动收入中得到补偿。③经营支出应当与经营收入相互配比。

事业单位开展非独立核算经营活动的,应当正确归集开展经营活动发生的各项费用;无法直接归集的,应当按照规定的标准或比例合理分摊。

3)经营支出的核算

事业单位应当设置"经营支出"科目核算非独立核算经营活动发生的支出。该科目的借方登记增加金额;贷方登记减少金额;期末结账后,本科目应无余额。本科目应当按照经营活动类别、项目、《政府收支分类科目》中"支出功能分类"相关科目等进行明细核算。

(1)事业单位在为专业业务活动及其辅助活动之外开展非独立核算经营活动人员计提的薪酬等,借记本科目,贷记"应付职工薪酬"等科目。

(2)事业单位在专业业务活动及其辅助活动之外开展非独立核算经营活动领用、发出的存货,按照领用、发出存货的实际成本,借记本科目,贷记"存货"科目。

[例16-23] 某事业单位从事一项经营活动领用材料,实际成本为800元。

借:经营支出　　　　　　　　　　　　　　　　　800

贷:存货　　　　　　　　　　　　　　　　　　　800

[例 16-24]　某事业单位(一般纳税人)开展一项非独立核算经营活动,销售产成品一批,价款 10 000 元,增值税 1 700 元。该批产成品成本为 8 000 元。货款已存入银行。

取得销售收入时

借:银行存款　　　　　　　　　　　　　　　　11 700

　　贷:经营收入　　　　　　　　　　　　　　　10 000

　　　　应缴税费——应缴增值税(销项税额)　　　1 700

结转产品成本时

借:经营支出　　　　　　　　　　　　　　　　　8 000

　　贷:存货——×产成品　　　　　　　　　　　　8 000

(3)事业单位在专业业务活动及其辅助活动之外开展非独立核算经营活动中发生的其他各项支出,借记本科目,贷记"库存现金""银行存款""应缴税费"等科目。

[例 16-25]　某事业单位开展一项非独立核算经营活动购买设备,价款 20 000 元,运杂费 300 元。款项已通过银行存款转账支付。

借:经营支出　　　　　　　　　　　　　　　　20 300

　　贷:银行存款　　　　　　　　　　　　　　　20 300

同时,

借:固定资产　　　　　　　　　　　　　　　　20 300

　　贷:非流动资产基金——固定资产　　　　　　20 300

(4)期末,事业单位将"经营支出"科目本期发生额转入经营结余,借记"经营结余"科目,贷记"经营支出"科目。

16.2.6　其他支出

1)其他支出的概念

事业单位其他支出是指除事业支出、对附属单位补助支出、上缴上级支出和经营支出以外的各项支出,包括利息支出、捐赠支出、现金盘亏损失、资产处置损失、接受捐赠(调入)非流动资产发生的税费支出等。事业单位其他支出与其他收入核算的内容不存在配比关系。

2)其他支出的核算

事业单位应设置"其他支出"科目核算除事业支出、对附属单位补助支出上缴上级支出和经营支出以外的各项支出。该科目借方登记增加金额;贷方登记减少金额;期末结账后,本科目应无余额。本科目应当按照其他支出的类别、《政府收支分类科目》中"支出功能分类"相关科目等进行明细核算。其他支出中如有专项资金支出,还应当按照具体项目进行明细核算。

（1）利息支出

事业单位支付银行借款利息时，借记"其他支出"科目，贷记"银行存款"科目。事业单位的利息在实际支付时确认支出。

（2）捐赠支出

①事业单位对外捐赠现金资产，借记"其他支出"科目，贷记"银行存款"等科目。

②事业单位对外捐出存货，借记"其他支出"科目，贷记"待处置资产损溢"科目。

[例16-26]　某事业单位属于一般纳税人，增值税率为17%，对外捐出一批非自用材料，账面余额为60 000元，以现金支付运杂费500元。

借：待处置资产损溢——处置资产价值　　　　　　　　70 200

　　贷：存货　　　　　　　　　　　　　　　　　　　　　60 000

　　　　应缴税费——应缴增值税（进项税额转出）　　　10 200

借：其他支出　　　　　　　　　　　　　　　　　　　70 200

　　贷：待处置资产损溢——处置资产价值　　　　　　　70 200

借：待处置资产损溢——处置净收入　　　　　　　　　　500

　　贷：库存现金　　　　　　　　　　　　　　　　　　　500

事业单位对外捐赠的固定资产、无形资产等非流动资产，不通过本科目核算。

（3）现金盘亏损失

事业单位每日现金账款核对中如发现现金短缺，属于无法查明原因的部分，报经批准后，借记"其他支出"科目，贷记"库存现金"科目。

（4）资产处置损失

事业单位报经批准核销应收及预付款项、处置存货，借记"其他支出"科目，贷记"待处置资产损溢"科目。

（5）接受捐赠（调入）非流动资产发生的税费支出

事业单位接受捐赠、无偿调入非流动资产发生的相关税费、运输费等，借记"其他支出"科目，贷记"银行存款"等科目。

[例16-27]　某事业单位接受捐赠一项固定资产，相关凭证载明金额为60 000元，另以银行存款支付运杂费1 600元。

借：其他支出　　　　　　　　　　　　　　　　　　　1 600

　　贷：银行存款　　　　　　　　　　　　　　　　　　　1 600

同时，

借：固定资产　　　　　　　　　　　　　　　　　　　61 600

　　贷：非流动资产基金——固定资产　　　　　　　　　61 600

事业单位以固定资产、无形资产取得长期股权投资，所发生的相关税费记入"其他支出"科目。具体账务处理参考"长期投资"账务处理。

（6）期末结转

①将"其他支出"科目本期发生额中的专项资金支出结转入非财政补助结转，借记

266

"非财政补助结转"科目,贷记"其他支出"科目下各专项资金支出明细科目。

②将"其他支出"科目本期发生额中的非专项资金支出结转入事业结余,借记"事业结余"科目,贷记"其他支出"科目下各非专项资金支出明细科目。

[例 16-28]　某事业单位期末"其他支出"科目的借方余额 6 800 元。其中,专项资金支出 3 800 元,非专项资金支出 3 000 元。

借:非财政补助结转　　　　　　　　　　　　　　　3 800
　　事业结余　　　　　　　　　　　　　　　　　　3 000
　　　贷:其他支出——专项资金支出　　　　　　　　　　　3 800
　　　　　　　　——其他资金支出　　　　　　　　　　　3 000

【思考与练习】

一、思考题

1.什么是事业单位的收入?包括哪些内容?

2.事业单位收入确认的原则有哪些?

3.事业单位收入的特点有哪些?

4.什么是事业单位支出?包括哪些内容?

5.财政补助收入与上级补助收入有什么区别?

6.什么是上缴上级支出?什么是对附属单位补助支出?

二、练习题

练习题一

(一)目的:练习事业单位收入的核算。

(二)资料:某事业单位(一般纳税人)2016 年发生下列经济业务:

1.事业单位收到代理银行转来的《授权支付到账通知书》,通知书中的授权支付额度 300 000 元,资金性质为财政拨款。

2.收到应上缴财政专户的事业收入 2 000 元,存入银行。

3.以银行存款上缴财政专户款 5 000 元。

4.收到从财政专户返还的事业收入 30 000 元。已收到《授权支付到账通知书》。

5.收到附属单位按规定缴来的款项 10 000 元,款项已存入银行。

6.开展经营活动对外销售产品 100 件,每件售价 300 元(不含税),购货单位以转账支票付款,该事业单位已将提货单的发票联交给购货单位,适用增值税率为 17%。

7.以货币资金对外投资,收到投资分红 70 000 元,款项已存入银行。

8.收到到期兑现的长期债券投资的本息共计 31 500 元,其中利息为 1 500 元,款项已存入银行。

（三）要求:根据上述资料编制会计分录。

练习题二

（一）目的:练习事业单位支出的核算。

（二）资料:某事业单位(一般纳税人)2017 年发生下列经济业务 :

1.为从事专业业务活动人员计提薪酬等,计算当期应付职工工资 80 000 元。

2.开展专业业务活动领用材料一批,领用材料的实际成本 10 000 元。

3.以现金支付本单位职工报销出差费用 500 元。

4.以银行转账方式购入随买随用办公用品 2 500 元。

5.通过政府采购购入专用设备一台 50 000 元,已经验收投入使用,款项未支付。

6.为在专业业务活动及其辅助活动之外开展非独立核算经营活动人员计提薪酬等,计算应付经营人员工资薪酬 200 000 元。

7.开展非独立核算经营活动领用存货一批,发出存货的实际成本为 50 000 元。

8.以银行存款支付开展非独立核算经营活动中发生的业务支出 1 000 元。

（三）要求:根据上述资料编制会计分录。

第17章　事业单位财务会计报告

【学习目标】
　　通过本章的学习,理解事业单位财务会计报告的概念及构成,了解事业单位会计报表的特点和种类,掌握事业单位会计报表的编制方法。

17.1　事业单位财务会计报告概述

17.1.1　事业单位财务会计报告的概念

　　事业单位财务会计报告是反映事业单位某一特定日期的财务状况和某一会计期间的事业成果、预算执行等会计信息的文件。事业单位财务会计报告包括财务报表和其他应在财务会计报告中披露的信息和资料。财务报表是对事业单位财务状况、事业成果、预算执行情况等的结构性表述,包括会计报表和附注。事业单位会计报表至少应包括资产负债表、收入支出表、财政补助收入支出表。

17.1.2　事业单位会计报表的种类

1) 按照经济内容分类

　　事业单位会计报表按反映的经济内容可分为静态报表和动态报表。静态报表反映事业单位特定日期资产、负债和净资产的构成,如资产负债表。动态报表反映事业单位一定时期收支情况的报表,如收入支出表。

2) 按照报送对象分类

　　事业单位会计报表按报送对象可分为内部报表和外部报表。内部报表是指为适应组织内部经营管理需要而编制的、不对外公开的会计报表。外部报表是报送给事业单位外部有关方面,满足会计信息使用者需要的报表,有统一规定的格式与指标体系,必须按规定和要求编制。

3）按照编制单位分类

事业单位会计报表按编制单位可分为单位会计报表和汇总会计报表。单位会计报表反映本单位预算执行情况和资金活动情况的报表。汇总会计报表反映主管部门对本单位和所属单位的报表进行汇总后编制的报表。

4）按照编制时间分类

事业单位会计报表按编制时间分为月报和年报。月报反映单位截至报告月份财务状况和收入支出情况的会计报表。年报全面反映事业单位全年财务状况和收支情况及结果的报表。

17.1.3 事业单位会计报表的编制要求

事业单位会计报表应当根据登记完整、核对无误的账簿记录和其他有关资料编制，做到数据真实、计算准确、内容完整、报送及时。

1）数据真实

数据真实是对会计核算工作和会计信息质量的基本要求，只有利用真实的会计信息才能客观地反映和评价事业单位资金活动的过程和结果。会计报表的数字要根据真实可靠的账簿记录填列各项内容，编制会计报表前要做好期末清理结算和结账工作，保证账表相符，账账相符，账实相符。

2）计算准确

事业单位编制会计报表时，报表中各项目的数字应按规定方法正确计算填列；报表之间有关联的数字必须相互衔接注意报表数据间的钩稽关系。

3）内容完整

事业单位应按规定的种类、格式、项目和内容编制会计报表，不能漏报，以保证会计报表体系所反映经济内容的完整。会计报表中未能反映的重要事项，应当在会计报表附注中进行说明。

4）报送及时

事业单位应按规定的时间编制会计报表，并及时向相关部门报送会计报表。

17.2 事业单位财务报表的编制

17.2.1 资产负债表

1）资产负债表的概念

资产负债表是指反映事业单位在某一特定日期的财务状况的报表，主要反映事业单位在某一时点占有或使用的资产、应负担的债务以及净资产情况。事业单位资产负债表应按月度和年度编制。

2）资产负债表的格式

资产负债表的基本格式分为表首、正表和表尾三部分（见表 17.1）。表首包括编制单位、编报日期和货币单位。正表部分根据平衡等式：资产＝负债＋净资产，将表格分为左右两方，左边列示资产，右边列示负债和净资产。资产和负债按流动性分为流动资产和非流动资产、流动负债和非流动负债。表尾部分至少包括单位负责人、主管会计工作的负责人、会计机构负责人（会计主管人员）和编制人签章，以明确会计报表的责任主体，保证会计报表真实性和完整性。

表 17.1　资产负债表

会事业 01 表

编制单位：　　　　　　　　　　年　　月　　日　　　　　　　　　　单位:元

资产	期末余额	年初余额	负债和净资产	期末余额	年初余额
流动资产：			流动负债：		
货币资金			短期借款		
短期投资			应缴税费		
财政应返还额度			应缴国库款		
应收票据			应缴财政专户款		
应收账款			应付职工薪酬		
预付账款			应付票据		
其他应收款			应付账款		
存货			预收账款		
其他流动资产			其他应付款		
流动资产合计			其他流动负债		
非流动资产			流动负债合计		
长期投资			非流动负债		
固定资产			长期借款		
固定资产原价			长期应付款		
减:累计折旧			非流动负债合计		
在建工程			负债合计		
无形资产			净资产：		
无形资产原价			事业基金		
减:累计摊销			非流动资产基金		
待处置资产损溢			专用基金		
非流动资产合计			财政补助结转		

271

续表

资产	期末余额	年初余额	负债和净资产	期末余额	年初余额
			财政补助结余		
			非财政补助结转		
			非财政补助结余		
			1.事业结余		
			2.经营结余		
			净资产合计		
资产总计			负债和净资产总计		

单位负责人　　　　　　会计负责人　　　　　　会计主管　　　　　　编制人

3）资产负债表的编制方法

（1）年初余额的填列

资产负债表"年初余额"栏内各项数字,应当根据上年年末资产负债表"期末余额"栏内数字填列。如果本年度资产负债表规定的各项目的名称和内容同上年度不一致,应当对上年年末资产负债表各项目的名称和数字按照本年度的规定进行调整,填入本表"年初余额"栏内。

（2）期末余额的填列

①资产类项目

"货币资金"项目,反映事业单位期末库存现金、银行存款和零余额账户用款额度的合计数。本项目应当根据"库存现金""银行存款""零余额账户用款额度"科目的期末余额合计填列。

"短期投资"项目,反映事业单位期末持有的短期投资成本。本项目应当根据"短期投资"科目的期末余额填列。

"财政应返还额度"项目,反映事业单位期末财政应返还额度的金额。本项目应当根据"财政应返还额度"科目的期末余额填列。

"应收票据"项目,反映事业单位期末持有的应收票据的票面金额。本项目应当根据"应收票据"科目的期末余额填列。

"应收账款"项目,反映事业单位期末尚未收回的应收账款余额。本项目应当根据"应收账款"科目的期末余额填列。

"预付账款"项目,反映事业单位预付给商品或者劳务供应单位的款项。本项目应当根据"预付账款"科目的期末余额填列。

"其他应收款"项目,反映事业单位期末尚未收回的其他应收款余额。本项目应当根据"其他应收款"科目的期末余额填列。

"存货"项目,反映事业单位期末为开展业务活动及其他活动耗用而储存的各种材料、燃料、包装物、低值易耗品及达不到固定资产标准的用具、装具、动植物等的实际成本。本项目应当根据"存货"科目的期末余额填列。

"其他流动资产"项目,反映事业单位除上述各项之外的其他流动资产,如将在1年内(含1年)到期的长期债券投资。本项目应当根据"长期投资"等科目的期末余额分析填列。

"长期投资"项目,反映事业单位持有时间超过1年(不含1年)的股权和债权性质的投资。本项目应当根据"长期投资"科目期末余额减去其中将于1年内(含1年)到期的长期债券投资余额后的金额填列。

"固定资产"项目,反映事业单位期末各项固定资产的账面价值。本项目应当根据"固定资产"科目期末余额减去"累计折旧"科目期末余额后的金额填列。"固定资产原价"项目,反映事业单位期末各项固定资产的原价。本项目应当根据"固定资产"科目的期末余额填列。"累计折旧"项目,反映事业单位期末各项固定资产的累计折旧。本项目应当根据"累计折旧"科目的期末余额填列。

"在建工程"项目,反映事业单位期末尚未完工交付使用的在建工程发生的实际成本。本项目应当根据"在建工程"科目的期末余额填列。

"无形资产"项目,反映事业单位期末持有的各项无形资产的账面价值。本项目应当根据"无形资产"科目期末余额减去"累计摊销"科目期末余额后的金额填列。"无形资产原价"项目,反映事业单位期末持有的各项无形资产的原价。本项目应当根据"无形资产"科目的期末余额填列。"累计摊销"项目,反映事业单位期末各项无形资产的累计摊销。本项目应当根据"累计摊销"科目的期末余额填列。

"待处置资产损溢"项目,反映事业单位期末待处置资产的价值及处置损溢。本项目应当根据"待处置资产损溢"科目的期末借方余额填列;如"待处置资产损溢"科目期末为贷方余额,则以"-"号填列。

"非流动资产合计"项目,按照"长期投资""固定资产""在建工程""无形资产""待处置资产损溢"项目金额的合计数填列。

②负债类项目

"短期借款"项目,反映事业单位借入的期限在1年内(含1年)的各种借款。本项目应当根据"短期借款"科目的期末余额填列。

"应缴税费"项目,反映事业单位应交未交的各种税费。本项目应当根据"应缴税费"科目的期末贷方余额填列;如"应缴税费"科目期末为借方余额,则以"-"号填列。

"应缴国库款"项目,反映事业单位按规定应缴入国库的款项(应缴税费除外)。本项目应当根据"应缴国库款"科目的期末余额填列。

"应缴财政专户款"项目,反映事业单位按规定应缴入财政专户的款项。本项目应当根据"应缴财政专户款"科目的期末余额填列。

"应付职工薪酬"项目,反映事业单位按有关规定应付给职工及为职工支付的各种薪酬。本项目应当根据"应付职工薪酬"科目的期末余额填列。

"应付票据"项目,反映事业单位期末应付票据的金额。本项目应当根据"应付票据"科目的期末余额填列。

"应付账款"项目,反映事业单位期末尚未支付的应付账款的金额。本项目应当根据"应付账款"科目的期末余额填列。

"预收账款"项目,反映事业单位期末按合同规定预收但尚未实际结算的款项。本项目应当根据"预收账款"科目的期末余额填列。

"其他应付款"项目,反映事业单位期末应付未付的其他各项应付及暂收款项。本项目应当根据"其他应付款"科目的期末余额填列。

"其他流动负债"项目,反映事业单位除上述各项之外的其他流动负债,如承担的将于1年内(含1年)偿还的长期负债。本项目应当根据"长期借款""长期应付款"等科目的期末余额分析填列。

"长期借款"项目,反映事业单位借入的期限超过1年(不含1年)的各项借款本金。本项目应当根据"长期借款"科目的期末余额减去其中将于1年内(含1年)到期的长期借款余额后的金额填列。

"长期应付款"项目,反映事业单位发生的偿还期限超过1年(不含1年)的各种应付款项。本项目应当根据"长期应付款"科目的期末余额减去其中将于1年内(含1年)到期的长期应付款余额后的金额填列。

③净资产类项目

"事业基金"项目,反映事业单位期末拥有的非限定用途的净资产。本项目应当根据"事业基金"科目的期末余额填列。

"非流动资产基金"项目,反映事业单位期末非流动资产占用的金额。本项目应当根据"非流动资产基金"科目的期末余额填列。

"专用基金"项目,反映事业单位按规定设置或提取的具有专门用途的净资产。本项目应当根据"专用基金"科目的期末余额填列。

"财政补助结转"项目,反映事业单位滚存的财政补助结转资金。本项目应当根据"财政补助结转"科目的期末余额填列。

"财政补助结余"项目,反映事业单位滚存的财政补助项目支出结余资金。本项目应当根据"财政补助结余"科目的期末余额填列。

"非财政补助结转"项目,反映事业单位滚存的非财政补助专项结转资金。本项目应当根据"非财政补助结转"科目的期末余额填列。

"非财政补助结余"项目,反映事业单位自年初至报告期末累计实现的非财政补助结余弥补以前年度经营亏损后的余额。本项目应当根据"事业结余""经营结余"科目的期末余额合计填列;如"事业结余""经营结余"科目的期末余额合计为亏损数,则以"-"号填列。在编制年度资产负债表时,本项目金额一般应为"0";若不为"0",本项目金额应为"经营结余"科目的期末借方余额("-"号填列)。

"事业结余"项目,反映事业单位自年初至报告期末累计实现的事业结余。本项目应当根据"事业结余"科目的期末余额填列;如"事业结余"科目的期末余额为亏损数,则以"-"号填列。在编制年度资产负债表时,本项目金额应为"0"。

"经营结余"项目,反映事业单位自年初至报告期末累计实现的经营结余弥补以前年度经营亏损后的余额。本项目应当根据"经营结余"科目的期末余额填列;如"经营结余"科目的期末余额为亏损数,则以"-"号填列。在编制年度资产负债表时,本项目金额一般应为"0";若不为"0",本项目金额应为"经营结余"科目的期末借方余额("-"号填列)。

17.2.2　事业单位收入支出表

事业单位收入支出表是指反映事业单位在某一会计期间的事业成果及其分配情况的报表。事业单位收入支出表应按月度和年度编制。

1) 收入支出表的格式

收入支出表的基本格式分为表首、正表和表尾三部分(见表 17.2)。表首和表尾部分与资产负债表相同,正表部分根据公式:收入-支出=结余,分别计算出财政补助结转结余、事业结转结余和经营结余,再将非财政补助结余进行分配后,其余额转入事业基金。

表 17.2　收入支出表

编制单位:　　　　　　　　　　20××年 12 月 31 日　　　　　　　　　　单位:元

项目	本月数	本年累计数
一、本期财政补助结转结余		
财政补助收入		
减:事业支出(财政补助支出)		
二、本期事业结转结余		
(一)事业类收入		
1.事业收入		
2.上级补助收入		
3.附属单位上缴收入		
4.其他收入		
其中:捐赠收入		
减:(二)事业类支出		
1.事业支出（非财政补助支出）		
2.上缴上级支出		
3.对附属单位补助支出		
4.其他支出		
三、本期经营结余		
经营收入		
减:经营支出		
四、弥补以前年度亏损后的经营结余		

续表

项目	本月数	本年累计数
五、本年非财政补助结转结余		
减:非财政补助结转		
六、本年非财政补助结余		
减:应缴企业所得税		
减:提取专用基金		
七、转入事业基金		

单位负责人　　　　　会计负责人　　　　　会计主管　　　　　编制人

2)收入支出表的编制方法

收入支出表"本月数"栏反映各项目的本月实际发生数。在编制年度收入支出表时,应当将本栏改为"上年数"栏,反映上年度各项目的实际发生数。如果本年度收入支出表规定的各项目的名称和内容同上年度不一致,应当对上年度收入支出表各项目的名称和数字按照本年度的规定进行调整,填入本年度收入支出表的"上年数"栏。

本表"本年累计数"栏反映各项目自年初起至报告期末止的累计实际发生数。编制年度收入支出表时,应当将本栏改为"本年数"。

(1)本期财政补助结转结余

①"本期财政补助结转结余"项目,反映事业单位本期财政补助收入与财政补助支出相抵后的余额。本项目应当按照本表中"财政补助收入"项目金额减去"事业支出(财政补助支出)"项目金额后的余额填列。

②"财政补助收入"项目,反映事业单位本期从同级财政部门取得的各类财政拨款。本项目应当根据"财政补助收入"科目的本期发生额填列。

③"事业支出(财政补助支出)"项目,反映事业单位本期使用财政补助发生的各项事业支出。本项目应当根据"事业支出——财政补助支出"科目的本期发生额填列,或者根据"事业支出——基本支出(财政补助支出)""事业支出——项目支出(财政补助支出)"科目的本期发生额合计填列。

(2)本期事业结转结余

④"本期事业结转结余"项目,反映事业单位本期除财政补助收支、经营收支以外的各项收支相抵后的余额。本项目应当按照本表中"事业类收入"项目金额减去"事业类支出"项目金额后的余额填列;如为负数,以"-"号填列。

⑤"事业类收入"项目,反映事业单位本期事业收入、上级补助收入、附属单位上缴收入、其他收入的合计数。本项目应当按照本表中"事业收入""上级补助收入""附属单位上缴收入""其他收入"项目金额的合计数填列。

"事业收入"项目,反映事业单位开展专业业务活动及其辅助活动取得的收入。本项目应当根据"事业收入"科目的本期发生额填列。

"上级补助收入"项目,反映事业单位从主管部门和上级单位取得的非财政补助收入。本项目应当根据"上级补助收入"科目的本期发生额填列。

"附属单位上缴收入"项目,反映事业单位附属独立核算单位按照有关规定上缴的收入。本项目应当根据"附属单位上缴收入"科目的本期发生额填列。

"其他收入"项目,反映事业单位除财政补助收入、事业收入、上级补助收入、附属单位上缴收入、经营收入以外的其他收入。本项目应当根据"其他收入"科目的本期发生额填列。

"捐赠收入"项目,反映事业单位接受现金、存货捐赠取得的收入。本项目应当根据"其他收入"科目所属相关明细科目的本期发生额填列。

⑥"事业类支出"项目,反映事业单位本期事业支出(非财政补助支出)、上缴上级支出、对附属单位补助支出、其他支出的合计数。本项目应当按照本表中"事业支出(非财政补助支出)""上缴上级支出""对附属单位补助支出""其他支出"项目金额的合计数填列。

"事业支出(非财政补助支出)"项目,反映事业单位使用财政补助以外的资金发生的各项事业支出。本项目应当根据"事业支出——非财政专项资金支出""事业支出——其他资金支出"科目的本期发生额合计填列,或者根据"事业支出——基本支出(其他资金支出)""事业支出——项目支出(非财政专项资金支出、其他资金支出)"科目的本期发生额合计填列。

"上缴上级支出"项目,反映事业单位按照财政部门和主管部门的规定上缴上级单位的支出。本项目应当根据"上缴上级支出"科目的本期发生额填列。

"对附属单位补助支出"项目,反映事业单位用财政补助收入之外的收入对附属单位补助发生的支出。本项目应当根据"对附属单位补助支出"科目的本期发生额填列。

"其他支出"项目,反映事业单位除事业支出、上缴上级支出、对附属单位补助支出、经营支出以外的其他支出。本项目应当根据"其他支出"科目的本期发生额填列。

(3)本期经营结余

⑦"本期经营结余"项目,反映事业单位本期经营收支相抵后的余额。本项目应当按照本表中"经营收入"项目金额减去"经营支出"项目金额后的余额填列;如为负数,以"-"号填列。

⑧"经营收入"项目,反映事业单位在专业业务活动及其辅助活动之外开展非独立核算经营活动取得的收入。本项目应当根据"经营收入"科目的本期发生额填列。

⑨"经营支出"项目,反映事业单位在专业业务活动及其辅助活动之外开展非独立核算经营活动发生的支出。本项目应当根据"经营支出"科目的本期发生额填列。

(4)弥补以前年度亏损后的经营结余

⑩"弥补以前年度亏损后的经营结余"项目,反映事业单位本年度实现的经营结余扣除本年年初未弥补经营亏损后的余额。本项目应当根据"经营结余"科目年末转入"非财

政补助结余分配"科目前的余额填列；如该年年末余额为借方余额，以"-"号填列。

（5）本年非财政补助结转结余

⑪"本年非财政补助结转结余"项目，反映事业单位本年除财政补助结转结余之外的结转结余金额。如本表中"弥补以前年度亏损后的经营结余"项目为正数，本项目应当按照本表中"本期事业结转结余""弥补以前年度亏损后的经营结余"项目金额的合计数填列；如为负数，以"-"号填列。如本表中"弥补以前年度亏损后的经营结余"项目为负数，本项目应当按照本表中"本期事业结转结余"项目金额填列；如为负数，以"-"号填列。

⑫"非财政补助结转"项目，反映事业单位本年除财政补助收支外的各专项资金收入减去各专项资金支出后的余额。本项目应当根据"非财政补助结转"科目本年贷方发生额中专项资金收入转入金额合计数减去本年借方发生额中专项资金支出转入金额合计数后的余额填列。

（6）本年非财政补助结余

⑬"本年非财政补助结余"项目，反映事业单位本年除财政补助之外的其他结余金额。本项目应当按照本表中"本年非财政补助结转结余"项目金额减去"非财政补助结转"项目金额后的金额填列；如为负数，以"-"号填列。

⑭"应缴企业所得税"项目，反映事业单位按照税法规定应缴纳的企业所得税金额。本项目应当根据"非财政补助结余分配"科目的本年发生额分析填列。

⑮"提取专用基金"项目，反映事业单位本年按规定提取的专用基金金额。本项目应当根据"非财政补助结余分配"科目的本年发生额分析填列。

（7）转入事业基金

⑯"转入事业基金"项目，反映事业单位本年按规定转入事业基金的非财政补助结余资金。本项目应当按照本表中"本年非财政补助结余"项目金额减去"应缴企业所得税""提取专用基金"项目金额后的余额填列；如为负数，以"-"号填列。

上述（4）至（7）项目，只有在编制年度收入支出表时才填列；编制月度收入支出表时，可以不设置此4个项目及其明细项目。

17.2.3　财政补助收入支出表

财政补助收入支出表是指反映事业单位在某一会计年度财政补助收入、支出、结转及结余情况的报表。收入支出表中的数据与财政补助收入支出表存在包含与被包含的关系，后者是对前者相关数据的进一步说明。财政补助收入支出表详细反映财政资金的投入和使用情况，便于全面了解和评价财政预算资金执行进度和效果。

1)财政补助收入支出表的格式

表 17.3　财政补助收入支出表

编制单位：　　　　　　　　　年　月　日　　　　　　　　　单位:元

项目	本年数	上年数
一、年初财政补助结转结余		
(一)基本支出结转		
1.人员经费		
2.日常公用经费		
(二)项目支出结转		
××项目		
(三)项目支出结余		
二、调整年初财政补助结转结余		
(一)基本支出结转		
1.人员经费		
2.日常公用经费		
(二)项目支出结转		
××项目		
(三)项目支出结余		
三、本年归集调入财政补助结转结余		
(一)基本支出结转		
1.人员经费		
2.日常公用经费		
(二)项目支出结转		
××项目		
(三)项目支出结余		
四、本年上缴财政补助结转结余		
(一)基本支出结转		
1.人员经费		
2.日常公用经费		
(二)项目支出结转		
××项目		
(三)项目支出结余		
五、本年财政补助收入		

续表

项目	本年数	上年数
（一）基本支出		
1.人员经费		
2.日常公用经费		
（二）项目支出		
××项目		
六、本年财政补助支出		
（一）基本支出		
1.人员经费		
2.日常公用经费		
（二）项目支出		
××项目		
七、年末财政补助结转结余		
（一）基本支出结转		
1.人员经费		
2.日常公用经费		
（二）项目支出结转		
××项目		
（三）项目支出结余		

单位负责人　　　　　　会计负责人　　　　　　会计主管　　　　　编制人

财政补助收入支出表的基本格式分为表首、正表和表尾三部分（见表17.3）。表首和表尾部分与资产负债表相同。正表部分各项目之间的关系可表示为下列公式：

年初财政补助结转结余±调整年初财政补助结转结余+本年归集调入财政补助结转结余-本年上缴财政补助结转结余+本年财政补助收入-本年财政补助支出=年末财政补助结转结余

2）财政补助收入支出表的填列方法

财政补助收入支出表"上年数"栏内各项数字，应当根据上年度财政补助收入支出表"本年数"栏内数字填列。

财政补助收入"本年数"栏各项目的内容和填列方法：

（1）"年初财政补助结转结余"项目及其所属各明细项目，反映事业单位本年年初财政补助结转和结余余额。各项目应当根据上年度财政补助收入支出表中"年末财政补助结转结余"项目及其所属各明细项目"本年数"栏内数字填列。

280

(2)"调整年初财政补助结转结余"项目及其所属各明细项目,反映事业单位因本年发生需要调整以前年度财政补助结转结余的事项,而对年初财政补助结转结余的调整金额。各项目应当根据"财政补助结转""财政补助结余"科目及其所属明细科目的本年发生额分析填列。如调整减少年初财政补助结转结余,以"-"号填列。

(3)"本年归集调入财政补助结转结余"项目及其所属各明细项目,反映事业单位本年度取得主管部门归集调入的财政补助结转结余资金或额度金额。各项目应当根据"财政补助结转""财政补助结余"科目及其所属明细科目的本年发生额分析填列。

(4)"本年上缴财政补助结转结余"项目及其所属各明细项目,反映事业单位本年度按规定实际上缴的财政补助结转结余资金或额度金额。各项目应当根据"财政补助结转""财政补助结余"科目及其所属明细科目的本年发生额分析填列。

(5)"本年财政补助收入"项目及其所属各明细项目,反映事业单位本年度从同级财政部门取得的各类财政拨款金额。各项目应当根据"财政补助收入"科目及其所属明细科目的本年发生额填列。

(6)"本年财政补助支出"项目及其所属各明细项目,反映事业单位本年度发生的财政补助支出金额。各项目应当根据"事业支出"科目所属明细科目本年发生额中的财政补助支出数填列。

(7)"年末财政补助结转结余"项目及其所属各明细项目,反映事业单位截至本年年末的财政补助结转和结余余额。各项目应当根据"财政补助结转""财政补助结余"科目及其所属明细科目的年末余额填列。

17.2.4　会计报表附注

1)会计报表附注的概念

会计报表附注是指对在会计报表中列示项目的文字描述或明细资料,以及对未能在会计报表中列示项目的说明等。

2)会计报表附注的内容

事业单位的会计报表附注至少应当披露下列内容:

(1)遵循《事业单位会计准则》《事业单位会计制度》的声明;

(2)单位整体财务状况、业务活动情况的说明;

(3)会计报表中列示的重要项目的进一步说明,包括其主要构成、增减变动情况等;

(4)重要资产处置情况的说明;

(5)重大投资、借款活动的说明;

(6)以名义金额计量的资产名称、数量等情况,以及以名义金额计量理由的说明;

(7)以前年度结转结余调整情况的说明;

(8)有助于理解和分析会计报表需要说明的其他事项。

【思考与练习】

一、思考题

1.什么是事业单位财务会计报告？

2.事业单位的会计报表主要包括哪些种类？

3.事业单位编制会计报表有哪些要求？

4.什么是会计报表附注？事业单位会计报表附注至少披露哪些内容？

5.事业单位如何编制财务情况说明书？

二、练习题

（一）目的：练习事业单位财政补助收入支出表的编制。

（二）资料：某事业单位2017年12月收入、支出和结转结余科目的年初数和本年发生额如表17.4所示。假设本年年末甲项目已完成，剩余资金转入财政补助结余，乙项目未完成，剩余资金下年继续使用。

表17.4　收入支出本年发生额及结转结余年初数

2017年12月31日　　　　　　　　　　　　　　　　单位：元

会计科目			年初数（贷方）	本年发生额	
				借方	贷方
财政补助结转	基本支出结转	人员经费	1 200		
		日常公用经费	1 400		
	项目支出结转	甲项目	6 400		
		乙项目	3 000		
财政补助收入	基本支出	人员经费			85 000
		日常公用经费			104 000
	项目支出	甲项目			5 000
		乙项目			5 600
事业支出	财政补助支出	基本支出　人员经费		84 500	
		日常公用经费		103 400	
		项目支出　甲项目		10 080	
		乙项目		8 400	
合计			12 000	206 380	199 600

（三）要求：根据上述资料编制2017年财政补助收入支出表。

参考文献

[1] 王银梅.预算会计:第 2 版[M].大连:东北财经大学出版社,2017.

[2] 王俊霞.预算会计[M].西安:西安交通大学出版社,2018.

[3] 财政部.关于印发《财政总预算会计制度》的通知(财库〔2015〕192 号)[EB/OL].
   [2015-10-10].中华人民共和国财政部网.

[4] 财政部.中华人民共和国财政部令第 78 号-政府会计准则-基本准则[EB/OL].[2015-
   11-02].中华人民共和国财政部网.

[5] 中华人民共和国财政部令第 71 号-行政单位财务规则[EB/OL].[2012-12-10].中华
   人民共和国财政部网.

[6] 财政部.关于印发《行政单位会计制度》的通知财库〔2013〕218 号[EB/OL].[2013-
   12-25].中华人民共和国财政部网.

[7] 中华人民共和国财政部令第 68 号-事业单位财务规则[EB/OL].[2012-02-22].中华
   人民共和国财政部网.

[8] 财政部.中华人民共和国财政部令第 72 号-事业单位会计准则[EB/OL].[2012-12-
   12].中华人民共和国财政部网.

[9] 财政部.关于印发《事业单位会计制度》的通知财会〔2012〕22 号[EB/OL].[2013-01-
   05].中华人民共和国财政部网.